本书为西北民族大学
2010年重点学术著作出版基金资助项目

敦煌体育研究

DUNHUANG TIYU YANJIU

▶ 陈　康◎编著

中国社会科学出版社

图书在版编目（CIP）数据

敦煌体育研究 / 陈康编著 . —北京：中国社会科学
出版社，2012.1

ISBN 978 - 7 - 5161 - 0315 - 9

Ⅰ.①敦… Ⅱ.①陈… Ⅲ.①敦煌学—古代体育—
研究—中国 Ⅳ.①G812.92

中国版本图书馆 CIP 数据核字（2011）第 237525 号

责任编辑　门小薇（xv_men@126.com）

责任校对　李　莉

封面设计　李尘工作室

技术编辑　戴　宽

出版发行　中国社会科学出版社

社　　址　北京鼓楼西大街甲 158 号　　邮　编　100720

电　　话　010 - 84029453　　　　　　传　真　010 - 84017153

网　　址　http：//www.csspw.cn

经　　销　新华书店

印刷装订　三河君旺印装厂

版　　次　2012 年 1 月第 1 版　　　　印　次　2012 年 1 月第 1 次印刷

开　　本　710×1000　1/16

印　　张　20.25

字　　数　282 千字

定　　价　42.00 元

前　言

中国体育史学要有大的发展，相关学科的基础研究非常重要。本书的特点就是从构建体育考古学的理论基础入手，把敦煌体育史料研究的方法归入体育考古学的范畴，再以敦煌体育史料及相关资料为基础进行研究分析。近现代西方考古学的理论进入中国以来，尤其是从斯坦因对中国西北地区的考古研究开始，无论是丝绸之路考古，还是敦煌学的研究，新材料的发现一直是这一学科的方向和前沿。

这是本书所要突出的重点。

体育是一种社会文化现象，是研究人的身体活动的科学，它离不开人所赖以生存的地理环境和历史背景。我们研究体育科学，绝对不能从体育到体育，因为人类社会一开始是没有体育这个概念的，体育是从其他社会文化现象中派生出来的。如我们要研究体育经济学，首先要深入研究经济学，然后才能研究经济学中的体育经济现象。敦煌体育研究的是敦煌壁画、遗书以及周边地区的史料中所承载的不同历史时代的古代人类参加体育活动的信息。它研究的是敦煌学中的体育部分或者说是体育考古学的敦煌体育部分。所以我们首先要深入了解古代敦煌以及敦煌学的概念。重点要对不同时代的敦煌壁画、遗书及相关史料中的古代人类的体育活动以及历史背景做深入研究。

敦煌体育，是指在敦煌莫高窟壁画、雕塑及藏经洞文献和敦煌及其周边地区的考古发现的体育遗物和遗迹，比如角斗、射术、剑术、徒手格斗、相扑、武舞、围棋、气功、体育器械、场地、规则等方面的内容，兼及敦煌史地中的体育内容。这些都是敦煌体育研

究的范围和对象。我们现在深入研究敦煌体育的目的，就是为灿烂而不完整的中国体育史提供极富价值的新材料。大凡中国中古时代的体育，都可利用敦煌学资料来填补空白或纠正错误。比如 2008 年北京奥林匹克运动会中的"火娃"形象，就可以在敦煌壁画中找到出处。

敦煌体育研究无论从敦煌学、考古学，还是体育史学来看，都是一个新型的研究领域，属于交叉学科，因此，本课题涉及体育史学、敦煌学、考古学等诸多学科领域。在我们多年研究中发现，敦煌学领域的许多基本材料都需要用考古学的方法加以论证，那么敦煌体育的学科归属问题就出现了，完善和发展一个新的学科体系——体育考古学是非常必要的。我们的主要思想是通过对敦煌壁画、雕塑及其相关地域有关中国古代传统体育的实物资料的调查研究，探索中国古代体育历史发展、演变的规律，最终是为了说明中国古代体育的社会功能和文化价值。主攻的关键是对新材料的挖掘研究和多学科的综合研究。独到之处是运用考古学和体育史学的研究方法来研究敦煌古代体育史料，为构建体育考古学的理论体系，打好实践研究的基础。在研究方法上既要借助考古学的研究方法，诸如考古调查等室外搜集材料的方法，也就是用田野考古技术来搜集相关的材料，具体如照相、测量、绘图、统计等各个方面，也要借用文献史料（主要是与体育相关的材料）来印证历史上的诸多体育项目，这里就有一个考古学上的研究方法和体育史学研究方法的结合问题。在考证、惩妄、备异、论辩四个方面就中国传统体育的社会职能和文化价值进行梳理。

关于敦煌体育，已有许多学者进行了或深或浅的研究。目前，对敦煌壁画和敦煌遗书中的体育史料的研究，我认为可以从两个方面继续进行：一方面，可以对已研究的成果进行深入的再研究，成果要尽可能的接近历史的原貌；另一方面，挖掘敦煌体育研究的新材料，尤其是地下文物和传世文物，这些体育文物对敦煌体育史料的研究来说是新材料的补充。河西走廊各县市博物馆的体育文物，甚至是丝绸之路上的体育文物，还有传世的体育文物，都应该纳入我们深入研究敦煌体育的范畴。

李重申教授在敦煌体育研究的领域是老前辈，作出了突出的贡献，他的许多研究成果给了我启发和帮助。这本书是给西北民族大学体育学院民族传统体育学硕士点的研究生上"敦煌体育"课的主要材料，是我多年研究敦煌体育的科研成果，也选用了其他敦煌学专家和我的研究生们的一些研究成果。其中，第一章至第二章中选用了李伟国先生、荣新江教授、刘金宝教授、谭世宝先生、宁可先生、颜廷亮先生的研究成果；第四、七、十一章是段小强教授和我共同完成的研究成果，其中的一些问题是我和 2007 级研究生贾兆滨同学、杨永波同学以及 2008 级研究生尹铮同学合作完成；第九章是我与 2007 级研究生张正中同学合作的研究成果；第十二章选用的是卜键先生和兰州交通大学郝招教授的研究成果；第十三章选用的是我与 2008 级研究生曹明同学合作完成的研究成果；第十四章选用了我与西北民族大学体育学院耿彬老师合作完成的研究成果，一部分选用了李重申教授的研究成果；第十五章选用的是敦煌研究院胡同庆研究员的研究成果，一部分是我与耿彬老师合作完成的研究成果。

西北民族大学体育学院 2009 级研究生刘传运、周丽、孟丽娜、孙晓玲、廖康利、杨桂兰、陈双鲁、李虎、刘小斌、史小磊同学帮我进行了认真的校对工作。孟丽娜同学帮我完成了很多打字工作。在这里一并感谢他们！

2010 年 12 月 30 日　于兰州

目　录

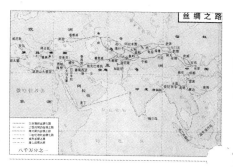

第一章 敦煌

　　我们进行体育科学的研究，绝对不能从体育到体育，体育是一个客观存在的社会文化现象，在人类社会发展的初期，并没有专门的"体育"，它客观存在于人类的其他社会活动中，它是从其他社会文化现象中派生出来的。我们要研究"体育"这种文化现象，就要首先研究产生"体育"这种文化现象的其他社会文化的基础理论。敦煌体育是敦煌学的一个分支，敦煌学就像一本大百科全书，它包含自然科学和社会科学诸多领域的历史资料，其中也有许多有关中国古代人类身体活动的资料。虽然这些资料在敦煌，但它浓缩的是一个时代的方方面面。研究敦煌体育也就是研究中国古代人类体育活动的历史。这些古代史料为什么在敦煌，而不在其他地方？为什么藏经洞里放了跨度达1000多年的古代文献资料？是谁存放的？学者们研究了几十年，也没有全部搞清楚这些问题。所以我们要研究敦煌体育，首先就要了解有关敦煌的地理、历史、文化及其相关的问题，才能发现敦煌文书、壁画、文物中记载的古代体育产生、发展、演变的蛛丝马迹。

第一节　丝绸之路

"丝绸之路"是对远古以来连接亚洲、非洲、欧洲的东西交通道路的雅称。它不仅是世界最长的一条通商之路，也是古代人类东西方文化的交流之路。世界历史的许多重大事件，就发生在这条道路上或其周围地区。

"丝绸之路"具有数条干线和许多分支，但大致可分做四条：第一条是草原丝绸之路，指横贯欧亚大陆北方草原地带的交通通道；第二条是沙漠丝绸之路（也有人称作是沙漠绿洲之路），指经过中亚沙漠地带中片片绿洲的道路；第三条是海上丝绸之路，指经过东南亚、印度，到达波斯湾、红海的南海路；第四条是西南丝绸之路，指经过四川、贵州、云南、西藏、广西而到印度、东南亚以远的通道（如图1所示）。

一般人所说的"丝绸之路"，主要指沙漠绿洲之路。

汉代丝绸之路的基本走向是东面始于西汉的首都长安（今西安）或东汉的首都洛阳，经咸阳，一条路沿泾河而上经固原、景泰进入河西走廊；另一条路沿渭水西行，经陇西、金城（今兰州）进入河西走廊。沿河西走廊西行，经武威、张掖、酒泉，到敦煌。由敦煌出玉门关或阳关，穿过白龙堆到罗布泊地区的楼兰。汉代西域分南北、西道，分岔点在楼兰。北道西行，经渠犁（今库尔勒）焉耆、龟兹（今库车）、姑墨（今阿克苏），至疏勒（今喀什）。南道自鄯善（今若羌），经且末、精绝（今民丰尼雅遗址）、于阗（今和田）、皮山、莎车，至疏勒。从疏勒西行，越葱岭（今帕米尔），至大宛（今费尔干纳）。由此可西行至大月氏（在今阿富汗）、康居、奄蔡、安息（今伊朗），最远可达大秦（罗马帝国）的梨轩（又作黎轩，在埃及的亚历山大城）。另外一条道路是，从皮山西南行，越悬渡

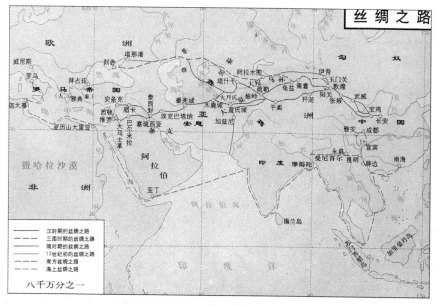

图1 丝绸之路①

（今克什米尔西北之达地斯坦）经罽宾（今阿富汗喀布尔河下游），
乌戈山离（今阿富汗与伊朗交界处的锡斯坦），西南至条支（在今
波斯湾头）。如果从罽宾向南行，至印度河口（今巴基斯坦的卡拉
奇）转海路，也可以到达安息和罗马等地。

　　敦煌地处河西走廊西端，在古代中原王朝的西北边境，陆上丝
绸之路干道经过这里由东往西去，使得敦煌在古代中西文化交流史
上扮演着重要的角色。亚欧大陆出土的考古资料，揭示了先秦时期
东西方交往的存在。在先秦的典籍中，把西方运来的玉称之为"禹
氏边上之玉"，"禹氏"即月氏，表明在中原与西域直接沟通以前的
相当长一段时间里，游牧于敦煌、祁连间的月氏人扮演着向中原运
输玉石的角色。大概正是因为于阗的玉源源不断地经过敦煌运到内
地，所以当汉武帝在敦煌西北设立第一座关时就把它叫做"玉门关"
了。丝绸之路的中国段的前身就是"玉石之路"。公元前138年，汉

---

　　① 资料来源：中国地图出版社出版的《世界历史地图集》

中人张骞应征前往，在历史上首次打通了联系中原与西域各国的丝绸之路，而这条路正是从敦煌延续出去的。

历史上的丝绸之路也不是一成不变的，随着地理环境的变化和政治、宗教形势的演变，不断有一些新的道路被开通，也有一些道路的走向有所变化，甚至被废弃。

十六国、北朝时期，丝绸之路时通时不通。隋炀帝即位以后，国势日益强盛。于是出兵击破吐谷浑，西突厥也被迫投降，敦煌得到了安宁，丝绸之路再度被打通。

据裴矩《西域图记》序记载，当时中原通往西域的道路共有三条，伊吾、高昌、鄯善分别是三条西行道路的起点，而这三条道路在进入河西时就"总凑敦煌，是其咽喉之地"。

丝绸之路开通以后，中国的丝绸源源不断地运往西方，成为罗马帝国时髦的服装原料；同时，西方各国珍禽异物、宗教思想，也陆陆续续流入中原。位于丝绸之路干线上的敦煌，成为东西方的贸易中心和商品中转站。

盛唐时期，西域诸国的使者，中原的戍卒和民伕，西行求法和东来弘道的僧侣，内地和西域、中亚的商人等不断通过敦煌往来于中原与西域，中国与印度、西亚之间，中原的丝绸、瓷器、汉文典籍等继续经过敦煌源源西去。同时，西域、中亚等地的珍宝和特产以及宗教、文化等也继续经由敦煌传往内地。丝绸之路的兴盛使敦煌这个自曹魏以来形成的商业城市更加繁华。在这个交汇着中国、希腊、印度、中亚、西亚等不同系统文化的都会中，汉文化仍然占据着主导地位。那些从内地来到敦煌或西行的人们不断将中原文化带到此地，使敦煌的文化始终保持与中原同步发展。

丝绸之路是如何衰落的？在蒙古帝国和元朝统治时期，敦煌在中西交通中仍占有重要地位，经由敦煌、河西的交通路线再度成为连接西域与中原的主要通道。蒙古帝国和元朝的版图比汉唐都大，和西域在政治经济、文化方面的联系也比以往更加密切。为了保证过往使团的需要，蒙古帝国统治者窝阔台在敦煌和河西的瓜州、肃州等地设置了驿站，敦煌是河西通道上的一个重要补给站。但此时敦煌的地位已远不能与汉唐时期相比。由于海上丝绸之路的发展和北方草原之路的继续频繁使用，敦煌未能恢复中西交通必经之路的地位。明代，自宋元以来日渐发展的海上丝绸之路已成为中西政治、经济、文化交流的主要通道，经由河西的陆路通道在中西交通中的地位进一步下降。

第二节 "敦煌"词语探源及其地域、文明的含义

一、"敦煌"词语探源

敦煌学是一门以地域名称命名的学问，那我们就要首先搞清楚这个地域的名称为什么叫"敦煌"。作为一个地名，"敦煌"从汉代到清代也写作"燉煌"。《史记》中载："始月氏居敦煌、祁连间"①，这是"敦煌"这一地域名称在文献中最早的记载，是张骞出使西域归来后向汉武帝介绍大月氏时提及的。"敦，大也。煌，盛也"②，认为敦煌是一个繁华的大城市。"敦，大也，以其广开西域，故以盛名"③，认为敦煌对于开发广大的西域地区有很重要的作用，故名之敦煌。

关于这个词的来源和含义，目前学术界有这样几种看法。日本人藤田丰八在其《西域篇》考订说，敦煌可能是都货罗 Tokhara 的译音，而都货罗就是在汉代初年居于敦煌、祁连间的月氏族。认为敦煌是少数民族的音译。

---

① （汉）司马迁：《史记·大宛列传》。
② （东汉）应劭注释《汉书》。
③ （唐）李吉普：《元和郡县志》。

刘光华先生认为，"敦煌"一名在战国和秦汉之际就出现了，它和"祁连"一样，应是当地土著居民所呼土名的汉音写名。这个汉音写名的发明权有可能就是张骞。东汉应劭从汉语之字面意义上给予解释。土著居民称呼"敦煌"的这一土名，其所指地区的范围可能比日后汉代设置的敦煌郡要大。

1986 年，海风的《敦煌地名的来源及其他》一文认为"敦煌"一词可能与希腊人有关。希腊在公元前 3 世纪建立的大夏国，其控制的疆域就已经到达帕米尔高原。其中的赛种人或赛人世居于敦煌。

与此相反，王翼青先生则认为敦煌与希腊人无关，因为海风先生的说法有一个关键性的错误，即将我国古籍中记载的"赛人"或"赛种"和古波斯文献中的 Saka 人，也就是将 Scythians 人当做希腊人的一支。这个游牧民族实际上是操印欧语系东伊朗语的许多游牧部落的联合体，西起地中海东岸，东至我国西北地区，都曾留下他们的足迹。希腊·巴克特里亚王国建立后，以锡尔河为界与西徐亚人相邻。西徐亚人（赛种）既不和希腊人同族，又不是希腊·巴克利亚王国的臣民，在希腊人和西徐亚人（赛种）之间不能画等号。

王宗维先生认为，"敦煌"是族名，它是我国的一个民族，即吐火罗的简译①。《山海经·北山经》、《水经注笺》卷二所记载的敦薨，其范围约当今巴龙台迤南，包括焉耆、库尔勒，再向东直至罗布泊方圆数千里的地方。在这样广大的地区，山名、水名、泽名均以敦薨一词命名，根据我国西北地区往往有地从族名的习惯，说明在这个地方曾经有一个很大的民族敦薨人在此活动，时间从《山海经》一书成名的年代推测，约在中原战国时期。

多数学者认为，西部吐火罗是从东方迁去的，也就是说塔克拉玛干大沙漠东南曾是吐火罗的根据地，当时的吐火罗人就生活在这里。根据战国至秦汉时期中原人译边疆地区人名、地名、族名的习惯往往取两个字简译，省去其他音节，这样，吐火罗就在《山海经》

---

① 王宗维：《"敦煌"释名——兼论中国吐火罗人》。

中译为"敦薨",《大宛列传》中译为"敦煌"。因此,敦煌一名在汉代以前作敦薨,都源于吐火罗一词的第一音节,也就是说,敦煌一名是吐火罗的简译。

李得贤先生认为敦煌是羌语译音。认为河西走廊的庄浪,今藏语义为野牛沟,张掖的原意是野牛之乡。他说:"敦煌之为羌语译音,盖与庄浪、张掖、删丹等相同。我曾为此遍询深通藏语文的专家,他们根据我的提示和设想,最终由索南杰同志提出'朵航'的对音来,这在现代的藏语中是'诵经地'或'诵经处'的含义。"[1]

谭世宝先生认为"敦煌"之名义完全是出于汉朝的汉族。他认为东汉应劭对于"敦煌"的基本释义是目前所知最早的,只是在近现代的国际敦煌学研究中,才出现了一些始倡于外国学者、后流行于中国学界的相反或半相反之说。前人所举的 Throana、Thagura、Thogara 等胡语地名,是否就是汉文的敦煌、月氏、吐火罗,本身就是众说纷纭的一些猜测。"敦煌"在汉武帝元狩三年(公元前 120年)已经是中国的一个军事屯田地区名,至元鼎六年(公元前 111年)便成为汉朝的一个郡名。可见其出处年代早于前述任何一个胡语词,故充其量只能说那些胡语是敦煌的译音,而不是反过来说敦煌是它们的译音。完全赞同东汉应劭的解释,理由有三:①因为孔子提倡"名从主人,物从中国"(见《春秋谷梁传·桓二年》),尊孔崇儒的汉武帝是不会违背这个原则的,所以汉朝既不会沿用最近被其驱逐的敌国匈奴的地名,更不可能采用在匈奴之前的族属和意义皆不知的"一种土名"的译音来作为一个新开疆而设立的重要的军事行政地区的名称。武威、酒泉、张掖、敦煌等四郡的命名,充分体现了对"名从主人"的原则的实行。②虽然汉朝人在新开的政区地名上普遍实行了"名从主人"的原则,但是个别的小地名或山水等自然地理名称也有沿用异族旧名的译音,诸如译自匈奴语的祁连、鳞得,汉人都特别注明其族源和意思。所以藤田丰八以"此原

---

① 李得贤:《敦煌与莫高窟释名及其他》。

为中国人好以一切地名用字义解释之癖习"来反对应劭之说，显然是对包括应劭在内的全体汉朝人的极大偏见。相反，汉代的文献从来没有注解说敦煌是来自胡语，已经可以反证其为纯粹的汉语地名。③张掖本是匈奴鲦得王的地盘，故被称为鲦得，汉朝改其名为张掖，意思是伸张中国的臂掖，"以威羌狄"。敦煌之取义大盛，并非实指其时郡治之城市规模的大盛，而是用以象征汉朝的文明道德犹如日月之光辉一样大盛。故其首字应以从火的"燉"为正，无火字旁的"敦"为俗写假借。两郡的命名显示了汉武帝文武并用、刚柔相济的雄才大略。故刘光华等对大盛的质疑，也不能成立。

总之，"敦煌"是一个地域名称的符号，大多数学者同意这样的一个判断：关于"敦煌"一名来自当地少数民族原住民的说法论据尚不充分。在西汉以前，敦煌一地尚未有汉文名称的时候，确实存在当地古代民族居民对当地的称呼，后来，汉朝官府参考当地居民已有的称呼，确定"敦煌"这两个富有美感、含"大而盛"的意义的字为正式地名。①

二、"敦煌"一词地域、文明的含义

1. "敦煌"一词地域文化涵义

敦煌在历史上就是"丝绸之路"的咽喉襟带，是我国古代西北民族交往的"都会"。丝绸之路是古代沟通旧大陆三大洲的最重要的国际通道，数千年来曾为整个人类社会的历史发展作出过巨大贡献。河西走廊地势平衍，绿洲东西逶迤，较之其北部的莽莽戈壁沙漠和南部青藏高原，自然、通行条件要优越得多，因而始终是这条国际交通大动脉上最重要的路段，而地处河西走廊西段的敦煌则是这一路段上无可替代的咽喉枢纽。唐人李吉甫又云："敦，大也；以其广开西域，故以盛名。"敦煌得名的本身，即寓有开辟西域交通之意。

---

①　李伟国等：《敦煌话语》，上海科技教育出版社 2002 年版。

隋代裴矩《西域图记》记载去西域道路有北、中、南三道，但无论哪一道都"发自敦煌"，"总凑敦煌，是其咽喉之地"。于敦煌遗书及有关史料见，唐代以敦煌为中心辟有七条道路，即东通中原的"丝路"大道，北通伊吾（今哈密）的稍竿道，西北通高昌（今吐鲁番）的大海道，西通焉耆、龟兹（沿罗布泊北岸行）的大碛道，西通鄯善、于阗（沿罗布泊南岸行）的鄯善道，南通吐谷浑、吐蕃地（青藏高原）的奔疾道，又有出唐玉门关亦可通伊吾的莫贺延碛道（又名第五道）。汉唐丝绸之路的兴盛，使敦煌成为中国交通史上率先向西方开放的地区，成为中原与西方经济文化交流的窗口。东西方文明在这里交融汇聚，西传东渐，使其可以长期地吸收、汲取这条道路上荟萃的各种文明成果来滋养自己，促进自身经济文化的发展和繁荣。闻名于世的莫高窟就是丝绸之路上一处光辉的历史足迹。季羡林先生曾说："世界上历史悠久、地域广阔、自成体系、影响深远的文化体系只有四个：中国、印度、希腊、伊斯兰，再没第五个；而这四个文化体系汇流的地方只有一个，就是中国的敦煌和新疆地区，再没第二个。"

敦煌一地，东连酒泉、张掖、武威，可通中原腹地，西接天山南北，直趋中亚、西亚，南与青藏高原毗邻，北与蒙古高原接壤。正由于位处上述几大地理单元相互联系的枢纽位置，以致历史上成为生活在这些地域的各民族往来、迁徙、交流、争斗、融合非常频繁的地区。农耕民族和诸多游牧民族在这里的进退及其政治、军事、经济、文化等方面的活动，对于敦煌乃至河陇、西域等地历史的发展均发挥过十分重要的作用，可以说敦煌文明乃是历史上活动于这里的各族人民共同创造出来的。早在先秦和秦汉之际这里就活动有塞种、乌孙、月氏、匈奴等民族，西汉建郡以来的2000多年间敦煌更是成了众多民族联系交往的路口要埠。除汉族外，北方蒙古高原来的突厥、回鹘、蒙古等族，南方青藏高原来的羌、吐谷浑、吐蕃等族，西方来的昭武九姓和其他胡人、回族，以及东方来的党项族等，都曾在这里留下足迹，都曾在这一历史舞台上扮演过有声有色

的角色。南朝刘昭注《后汉书》引《耆旧志》云：敦煌"国当乾位，地列艮墟，水有县（悬）泉之神，山有鸣沙之异，川无蛇虺，泽无兕虎，华戎所交，一都会也"。

2. "敦煌"一词的世界文化涵义

敦煌的文化宝藏是中华、印度、希腊和伊斯兰文化交流融汇的结晶，包容了儒、佛、道、摩尼、景教、祆教的精华，保存了古代汉、藏、梵、回鹘、于阗、粟特、西夏、吐火罗等各种语言文字，是名副其实的世界文化遗产。敦煌不仅是古代中国西部文明的象征，也应该是世界文明的象征。

敦煌文化是以汉族创造的中原传统文化为主体和主导的文化，敦煌文化的这个总体格局上的特点正是其属于中原文化中的一个根本标志。两关（玉门关、阳关）迤西的西域地区，在历史上的文化状况和敦煌地区相比有很大的不同。远古时期的西域文化是当时当地土著居民的文化。在后来的历史岁月中，西域文化的基本状况也是如此。但是西域文化也受过东来中原传统文化的影响，根据历史上的龟兹、于阗、吐鲁番三地文化的状况，都可以看出这一点。两关迤东地区，包括敦煌地区，情况恰好相反，西来的文化要在敦煌地区取得主体和主导的地位，除非像到了归义军政权结束之后，敦煌地区居民构成发生重大变化，1000 年间，中原传统文化始终居于主体和主导地位。敦煌文化犹如屏障，遏阻西来文化，使之不能作为敦煌地区的主体和主导文化。

敦煌文化之所以能成为中原文化中的西陲屏障，与敦煌地区居民的自觉努力以及中原政权的政策举措有关。敦煌地区主体居民既对中原传统文化充分加以吸收，又对西来文化加以选择和改造。敦煌既紧邻古代世界四大文化体系汇流的中心地区及西域地区，接受西来文化的影响，又保持了不同的文化面貌，坚守中原文化圈的前西部领地——这就是敦煌文化在古代世界文化格局中所处的地位。

敦煌文化之所以能够具有上述的特殊地位，同敦煌文化自身的丰富性以及对中原腹地文化所具有的相对独立性有关。敦煌文化与中原腹地文化有如下几点不同：一是乡土之情和中原情节以及二者的交融特别强烈和突出；二是敦煌地区居民直接进行创造，以解决自身需要的文化；三是对中原腹地文化进行了加工和改造，在发展历程上有时也表现出和中原文化的非同步性。

敦煌文化作为古代世界文化格局中的一个具体的文化实体，其特殊性不仅决定了它在整个中原文化圈中的特殊地位，而且决定了它在古代世界四大文化体系汇流中的重要地位。就是说，作为古代世界四大文化体系之一的中国文化体系主体的中原传统文化圈的西陲边界就在这里，古代世界其他三大文化体系东向传播在这里才进入了中原传统文化圈的西大门；敦煌文化既接受西来文化影响，又作为中原传统文化圈坚实的西陲存在而对西来文化起屏障作用。当然，这一切也只是就敦煌文化存在的公元4—14世纪而言的。

第三节　敦煌的历史

敦煌是一个古老的城市，我们先从100年以前开始讲。100年以前，也就是20世纪之初的1900年，在中国历史上乃至世界历史上发生了一个重大的事件，那就是八个国家（英国、美国、意大利、日本、法国、俄国、德国、奥地利）联合起来侵犯中国。正当八国联军攻打天津继续向北京进犯的时候，在中国遥远的西北边疆的一个小城，叫作敦煌，在这个城市也发生了一件震动世界的大事，这就是敦煌藏经洞5万件文书的发现。造成这个事情和引起世界学术界轰动的是两个人，一个是中国道士，叫王圆箓（如图2）。一个是英国籍的匈牙利人，叫斯坦因（如图3）。在这个被人淡忘的小城有一个古老的佛教石窟群，那就是后来世界著名的莫高窟。从这些石窟群的规模来看，在古代应是非常辉煌的佛教圣地，而古代的敦煌

图2　王圆箓

图3　斯坦因

也应该是一个重要的城市。但是到了 20 世纪初，这个城市和这个石窟群已经在人们的记忆中淡漠了。这个佛教的石窟一小部分已经变成了道士的道观。主持的人正是这个叫王圆箓的道士。这个人想修整道观，就开始清理石窟。结果一个偶然的机会，他发现在一个石窟的边上有一个小窟（16—17 窟）（如图4、图5、图6）。打开来一看，这个小窟里面从底到顶密密麻麻地堆积了大量的从十六国、北朝一直到宋朝初年的文书、卷子，还有一小部分绘画及丝织品和刺绣。这是一个极重大的发现，都是 1000 年至 1600 年以前经卷文书、纸写的文件，还有丝织品、刺绣，这样多的东西集中在一个地方出现，在世界上也是少有的。王圆箓不能说一点不知道这些东西的价值，但他其实是糊里糊涂的。另外，本来这些东西清政府知道后已经要他负责好好保存保管；但他也稀里糊涂地把它当做自己的东西。这样过了几年，人们还是不太知道这些东西。结果到了 1907 年，一个叫斯坦因的考古学家来进行中亚和中国西北地区的考察，到了敦煌，听到了这个消息。他就去找王圆箓，然后连哄带骗再加很少一点钱，就拉走了几千件敦煌的遗书、敦煌的文物。这些文物拉到英

图4　16—17号藏经洞

图5　17号藏经洞

图6　藏经洞中的遗书

国，一公布出来，立刻引起世界性的至少是欧美的震动，说这是一个重大的发现。原来敦煌是丝绸之路上一个重要的城市，已经随着丝绸之路的衰落而衰落了。但是到了20世纪初期，又立刻引起了轰动，敦煌又重新进入了国际的视野。以这一大批丰富的敦煌遗书加上敦煌石窟还有其他重要的文物作为研究对象的一门学科兴起了，这就是敦煌学。

敦煌学的研究已经100年了，但就是到了现在还是方兴未艾的样子。随着敦煌的发现，外国人首先是斯坦因，然后是法国人伯希和，然后还有俄国人、日本人，最后也少不了美国人，都跑来了。他们从这里或多或少的掠夺了大量文物。敦煌的文物流散到世界的各个地方。这样也使敦煌学成了国际性的学问，不只是中国人在研究它，恐怕还是外国人首先注意到了它，开始研究它，敦煌学成了一门国际性的学科。敦煌文物的精华都被掠夺盗骗出去了，留下的部分也还有不少，都集中到了现在的国家图书馆。

敦煌从西汉开始一直到宋朝初年，都是一个繁华的城市，以后衰落了。敦煌为什么能够经历这样一个 1200 年左右的辉煌，然后又经历了 900 年左右的衰落呢？这是因为敦煌是处在当时中国历史乃至世界历史一个枢纽地带，敦煌之所以衰落也是因为失去了这个枢纽地带的作用。敦煌是位于河西走廊最西边的一个城市。河西走廊是古代丝绸之路的枢纽地段，敦煌在它的西边，是朝西的一个出口。这个枢纽地段是古代各个民族交往的十字路口。这个地段的北边是蒙古草原，它的西边是所谓的西域，南边是青藏高原，它的东边是中原大地。河西走廊从地理上讲确实是一条走廊。这个走廊的南边是祁连山，祁连山再往南就是青藏高原了，就是现在我们藏族活动的地方。在它的北边基本上是蒙古高原，它的南缘是沙漠、戈壁、荒山，就是所谓的荒漠地带。河西走廊正好是北边的荒漠和南边的祁连山之间的狭长地带，在这个地带，祁连山的雪水流下来形成了一连串的绿洲，绿洲的外面又是草原。所以这条走廊既适于农业又适于畜牧业，人口较多，物产也相当丰富。这条走廊正好是草原民族南下、青藏高原民族北上的一个通道，人们往往在这个地方交汇，然后再流到四方。另外，中原地区跟西域乃至于更远的中亚、印度、西亚、伊朗、阿拉伯乃至欧洲的交通和交往都要经过这样一个狭窄的河西走廊。所以这个地方是一个枢纽地带，它既是中国境内古代民族交往的一个枢纽地带，又是中国和西方交通的通道上必须经过的地段。在这个地方，汉族、其他的民族进进出出，有打仗也有和平相处。中原王朝往西伸展的话，一定要先到这个地方，然后再往新疆往中亚伸展。中原王朝也要依靠这个地方来抵御北方草原的游牧民族。丝绸之路不是一条，有很多条。但是到这里就收缩到了河西走廊这一条。从这里出去，也是到了敦煌这个地方，然后就展开，有好几条道就出去了。各民族的文化也汇拢到这里，在这里互相接触、融汇。汉族的文化、西域各民族的文化，再远处的亚洲其他地区的文化都汇集到这里，停留一下，然后再分流出去。河西走廊就是一条文化蓄水池。

敦煌的辉煌地位，可以说是从汉武帝时代开始的。在这以前，敦煌就有古代民族居住。在新石器时代，这里就有人类生存。1976年，在玉门市清泉乡境内312国道边，发现了"火烧沟文化遗址"。在河西走廊中西部地区还发现了"四坝文化遗址"。它们都是属于彩陶文化特点的遗址，年代跟夏朝差不多。到了商朝和周的时候，在这里活动的人是乌孙人和月氏人。后来月氏把乌孙赶跑了，成了这个地方的主人。大概到了秦朝末年汉朝初年的时候，强大的匈奴又把月氏赶跑了，匈奴成了这里的主人。西汉的汉武帝跟匈奴发生战争，大大打击了匈奴。当时的大将霍去病占领了河西，西汉在这里设立四个郡，所谓的河西四郡，从东往西，就是武威、张掖、酒泉，最后设的是敦煌，这个地方正式归入了中原王朝的版图，成了汉朝北御匈奴、西通西域的重要关隘。汉朝在这个地方筑长城、修烽燧、派兵戍守、屯田、积谷、移民，使这里发展起来。这时候东西的商路也打开了。敦煌成了一个重要的政治、军事重镇，同时也成了一个重要的商业城市。丝绸之路上往来的大量货物，中国的丝绸、国外的珍宝等，就通过这条路来回交通。敦煌的辉煌历史就从这时开始。

魏晋南北朝的时候，中国的中原地区发生了一次民族大动乱，就是所谓的"五胡十六国"。河西地区包括敦煌也卷进去了。河西地区在十六国时期，先后建立了前凉、前秦、后凉、西凉、北凉五个政权，就是所谓的"五凉"。这"五凉"也互相打仗，跟中原地区其他的一些民族政权也有冲突，但是河西地区究竟是在边沿上，所以它还好一些。有时候打得很厉害，敦煌仅在北凉灭西凉和北魏灭北凉这一段时间就遭到了重大打击。多数时期还是保持比较平和的局面。尤其是敦煌，因为最靠西边，所以受动乱的影响最少，基本上还能维持它原来的局面。不仅如此，由于动乱的缘故，大量的流民、移民从中原地区——从东往这边跑，迁到这里。这里成了动乱时期比较安定的地方。由于大量的移民，人口的增加，敦煌的经济也有了发展。迁移到这里的移民也不是原来的那些戍卒、农民，也

包括一些文化层次比较高的所谓世家大族。这些人在动乱时迁移过来，东汉时有一次，三国的时候有一次，五胡十六国的时候又有一次，慢慢的这个地方的文化积淀加厚了，特别是儒学的传统。以至在后来，河西地区包括敦煌的儒家、儒生，反过来对当时的南北朝的南朝和北朝的文化建设，甚至政治建设都有相当大的影响。

就在这时，敦煌出现了一种外来文化，就是佛教。佛教从印度传过来走两条路，一路是海路，一路是陆路。走陆路的要经过河西。所以敦煌很早就有了佛教，中原有些佛教的高僧还是从西域来的。从印度来的和尚当时还不多，主要是西域和尚，他们先学了佛教然后跑到这里来，影响很大，所以敦煌慢慢变成了佛教圣地，佛教思想从这里又向东传过去。中原地区的佛教在十六国的时候开始盛行，东边的佛教又返回了这里。这么来回一转，这个地方的佛教非常兴盛。再加上当时地方统治者和政治领袖的大力提倡，这里的佛教更加兴盛。人们信仰佛教，就要有庙和和尚，当时内地流行禅学，讲究坐禅。坐禅要有一个安静的地方，当时的佛教信徒往往就找一个偏僻的地方坐禅，修身、养性。所以多半的庙都建在山里面，当然不是山顶上，大都是半山腰，大部分都这样，在敦煌也是这样。所以敦煌就出现了石窟寺，出现了石窟。禅窟就是给和尚打坐修禅用的，也给信徒们顶礼膜拜。据说最早是在前秦的时候，大概是公元366年，敦煌出现了第一个窟，是一个叫做乐僔的和尚建的。建立这个窟据说还有个传说，相传乐僔到了莫高窟，忽然发现天上好像有很多佛出现，他感到这是一个圣地，于是在这里开了一个窟。从此以后窟越开越多。直到今天，莫高窟现存大大小小有700多个。从前秦一直到元朝，不断地开窟、修窟。敦煌佛教兴盛一直到元代。

隋唐时期是中国历史上一个鼎盛时期，这个时期和汉朝差不多，也是北边打败了突厥，然后通过河西走廊向西域进发，中央政府控制的地区一直到了中亚细亚。因此，西域、西方北方的各民族跟中央王朝的政治关系是非常密切的。丝绸之路的商业非常繁盛，文化的交流也很兴盛。敦煌在这一时期达到了历史上最辉煌的时期。随着安史之乱的爆发，敦煌的历史地位就从一个高峰开始下降了。唐朝把西北方向的大量军队调去对付安禄山、史思明的叛军，西北方向的唐朝势力大大削弱。这时，青藏高原势力强大的吐蕃乘机从东向西逐步占领了河西走廊。敦煌也被吐蕃攻陷了。接着吐蕃又把新疆的唐朝势力给灭了，把新疆南部也置于他们的控制之下，吐蕃控制敦煌达 70 年。到了唐朝末年，敦煌的一个汉人叫张议潮，他率领当地汉人和其他民族起兵，把吐蕃赶了出去，控制了河西。但是控制没有多久，河西地区其他的民族政权又起来控制了河西走廊的东部，这样张氏政权主要是在河西走廊的西部。最后实际上控制了两个州，一个是沙州，就是今天的敦煌，一个是瓜州，就是今天的安西。这时，敦煌跟中原王朝被切断了。后来张议潮的张氏政权又被曹氏政权代替。当时张议潮的官号叫作归义军节度使，这是唐朝的官号。张氏归义军和曹氏归义军在瓜、沙两州能保持一个稳定的地位原因有四：一是吐蕃当时已衰落了，周边民族没有强大的政治势力。二是瓜、沙经济发达，文化先进。三是利用佛教势力维系民众。四是紧密的和唐朝保持关系。所以这个政权能一直维持下来，敦煌的地位也还是相当重要的。从汉朝到宋朝初年，1000 多年中间，敦煌始终维持了一个相对比较和平稳定的环境，没有失掉与中原的文化关系。不管有什么变化，佛教在这里始终是一个很大的文化势力，也是维系敦煌地位和繁荣的一个因素。

这个局面到宋朝初年以后就被打破了。首先是西夏占领了这个地方。西夏占领了这里以后丝绸之路实际上被隔绝了。因为西夏面向的是东方，他跟宋朝是敌人，是经常打仗的，所以敦煌与中原的交通都给切断了。另外，这时的河西走廊包括敦煌都成了西夏的后院，不是西夏要着意经营的地方。之后，蒙古灭西夏，蒙古倒是把东西方的通路大大地开通了，不过是打过去的，一直打到了欧洲。商业也是大大地开通了，但商路主要不是经过古老的丝绸之路，更多的是从西面经过北方的草原，到蒙古高原然后南下。所以敦煌就不是占着过去交通要冲的地位了。这时中国造船和航海技术有了很

大的发展，中国出口商品除了丝绸，又多了瓷器，陆运很容易破损，利用海运成本降低，一切问题都解决了。这时东西方海路的交通上升到了更重要的地位。随着中国的政治、军事中心逐渐向东、向北转移，丝绸之路也衰落了，敦煌慢慢被人遗忘了。明朝的时候，敦煌是在它的疆域之外的，明朝最西边的关口是嘉峪关，嘉峪关以外它就不管了。

第二章 敦煌学与敦煌体育

20 世纪初期，敦煌藏经洞遗书的发现，震动了世界学术界，国内外的很多学者把敦煌壁画和遗书的内容作为自己的研究方向，并且取得了丰硕的成果，由此也产生了一门新型的学科——敦煌学。敦煌学的内容非常丰富，简直可以用"大百科全书"来形容它。其中就有许多有关中国古代体育活动的史料，它包括角斗、射术、剑术、徒手格斗、相扑、武舞、围棋、气功、体育器械、场地、规则等方面的内容。对中国古代体育史的研究而言，这些史料起到了实证、补充的作用。因此敦煌体育的研究对于中国体育史的发展意义重大。敦煌体育是一个跨学科的研究，要研究敦煌体育，就必须首先搞清楚几个重要的基本的理论问题。第一个就是关于"体育"的概念。只有搞清楚这个概念的内涵和外延，我们才能分清楚敦煌史料中哪些是关于古代人类体育活动的遗物和遗迹，才能确定敦煌体育的研究对象。第二个就是敦煌学的概念。自从莫高窟16—17 号石窟里的遗书被发现，就吸引了国内外学术界的注意，许多学者把敦煌遗书作为研究方向，取得了丰硕的学术成果，由此在世界上也兴起了一门新的学科——敦煌学。其中有大量中古时代人类体育活动的史料，也就是我们现在研究的敦煌体育，这是我们第三个要搞清楚的问题。

第一节　何谓体育

目前体育的概念在体育学术界还没有形成统一的定义，而从事体育科研的人却天天在面对它。现在我们进行敦煌体育的研究，首先就要判断古代的哪些身体活动属于体育，尤其在体育文物的确定上，哪些古代遗物和遗迹属于古代人类的体育活动。只有先搞清楚体育的概念才能往下研究。

《中国大百科全书·体育卷》对"体育"概念的解释是："根据人类生存和社会生活的需要，依据人体生长发育、动作形成和机能提高规律，以各项运动为基本手段，以达到发展身体、增强体质，提高运动技术水平，丰富社会文化生活，为发展经济和政治服务为目的的身体活动"。这段解释说明了两个问题：一是体育是一种身体活动；二是体育是有目的性的。其目的不同，组织、形式、要求也不同。在中国，体育的广义含义与体育运动相同。它包括身体教育（即狭义的体育）、竞技运动、身体锻炼三个方面。身体教育与德育、智育、美育相配合，成为整个教育的组成部分。它是有目的、有组织、有计划地促进身体全面发展，增强体质，传授锻炼身体的知识和技能，培养高尚的道德品质和坚强的意志的一个教育过程；竞技运动是指为了最大限度地发展和不断提高个人、集体在体格、体能、心理及运动能力等方面的潜力，以取得优异运动成绩而进行的科学的、系统的训练和竞赛；身体锻炼是指以健身、医疗卫生、娱乐休息为目的的身体活动。[①] 体育是通过身体活动，增强体质，传授锻炼身体的知识、技能、技术，培养道德和意志品质的有目的、有计划

---

① 中国大百科总编辑委员会《体育》编辑委员会编：《中国大百科全书》，中国大百科全书出版社 1992 年版。

的教育活动。它是教育的组成部分，是全面的发展人的一个方面①。"体育（广义的，也称体育运动）是指以身体练习为基本手段，以增强体质，促进人的全面发展，丰富社会文化生活和促进精神文明建设为目的的一种有意识、有组织的社会活动。它是社会总文化的一部分，其发展受一定社会的政治和经济的制约，也为一定社会的政治和经济服务。"② 由此我们看到，在中国，体育的概念是由两部分组成：狭义的体育概念，主要指身体教育；广义的体育概念，主要指身体运动。

体育的英文名称是 physical education，指的是以身体活动为手段的教育，译为身体的教育，简称体育。在古希腊，游戏、角力、体操等曾被列为教育内容。17—18 世纪，在西方的教育中也加进打猎、游泳、爬山、赛跑、跳跃等活动，只是没有统一的名称。18 世纪末，德国的 J. C. F. 古茨穆茨曾把这些活动分类综合，统称为"体操"。进入 19 世纪，一方面是德国形成了新的体操体系，并广泛传播于欧美各国；另一方面是相继出现了多种新的运动项目，在学校也逐渐开展了超出原来体操范围的更多的运动项目，建立起"体育是以身体活动为主要手段的教育"这一新概念。所以，在相当长的时间里，"体操"和"体育"相互混用，直到 20 世纪初才逐渐在世界范围内统一称为"体育"。在 20 世纪 50 年代，各国学者越来越感到"体育"（即英文中的 physical education）这个反映教育范畴的专用词已不能概括新发展起来的这个学术领域的全部内容，需要创立一个新名词。1953 年，有 40 多个国家在美国举行了第一次国际体育会议，曾讨论过这个问题。1963 年成立了"统一体育术语国际研究会"，第一届大会就是以讨论体育基本概念为中心，后来还编辑出版了《体育术语小词典》。不少国家都有了这方面的专用词汇，如俄国百科全书中称之为 ризическаякультуьаи спорт（直译为"身体文化与

---

① 吴运瑞、袁敦礼：《体育原理》，上海勤奋书局民国二十二年版。
② 全国体育学院教材委员会：《体育概论》，人民体育出版社 1989 年版。

运动"，习惯译为"体育与运动"，简称"体育运动"），解释为"社会总文化的一部分，是为增进健康，发展人的身体能力，并为适应社会实践需要而利用这些能力的一个社会活动领域"。美国百科全书用的是 physical education and sport（体育与运动），解释为"泛指一切非生产性的体力活动，即从兴趣出发，以竞技为目的和以强健身体为目的的体力活动"。在英文中还有两个类似的词，一个是美国百科全书中的 athletic sports（直译为"竞技运动"，一般译为"体育运动"），是当体育（身体教育）和运动两个词作为一个词来用时所采用的专门词汇，其含义和这本书中的 physical education and sport 相同。另一个是国际体育名词协会出版的《体育名词术语》中的 physical culture（直译为"身体文化"，一般译为"体育"），解释为"广义文化的一个组成部分，它综合各种身体活动来提高人的生物学潜力和精神潜力的范畴、规律、制度和物质条件"。

从历史的角度看，体育的概念是一个不断发展、完善的过程，它和体育运动自身的发展以及人们对它的认识的不断提高是相一致的。在人类发展的一个很长时间内，体育与劳动、军事、祭舞、医疗卫生紧密交融在一起，很难将他们区分开来，越是早期，这种特点越明显。随着人类社会的发展和科学技术的进步，由社会分工导致的专业化程度不断提高，体育才逐步从这些活动分化出来，走上了独立发展的道路，形成了现代意义上的体育。

笔者认为，体育的概念应该包括以下含义：体育，是人类社会客观存在的社会文化现象；通过一定的运动方式，使人的自然属性得到全面发展的有目的、专门的身体活动。可从两个方面理解这些含义。

一是体育是一种社会文化现象。从人类发展的历史的角度看，体育不是一开始就有的，它是从社会文化的其他方面（诸如劳动、军事、舞蹈、医疗卫生等）派生出来的。所以我们研究体育科学，就要从社会科学、自然科学的基础理论入手，才能深入揭示体育科学的奥秘。从体育到体育的思路，犹如空中楼阁，是做不出真正的成绩的。

史前人类社会经历了几百万年的进化发展过程，史前人类在这个漫长的过程中生存下来的一个重要环节，就是要不断地获取食物、躲避自然灾害的迁徙、构建安全的住所以至发展到高级阶段的种植、养殖等等的活动，我们把这种活动称为劳动。劳动是人类生存下来的最基本、最重要的原始社会活动。在《韩非子》中就有原始人类进行生产活动的记载："人民少而禽兽众"；"食草木之实、鸟兽之肉"；"未有麻丝，衣其羽皮"。这些文字描述了史前人类采集野生植物和捕捉鸟兽为食，用动物的羽毛和兽皮御寒遮体的情景。能进行狩猎，并战胜野兽获得食物，那是因为人类具备了两种能力：一是合群围捕猎物，这是一种原始的、本能的合作能力；二是制造工具的能力。《抱朴子·对俗篇》有"太昊师蜘蛛而结网"之说。《韩非子·五蠹》还有"钻燧取火，以化腥臊"的记载。这些都是古文献对史前人类制造和使用工具的记载。中国近几十年也出土了大量的旧石器时代和新石器时代的人类遗物，其中就有大量的砍砸器、石球、石镞、石斧、石铲、石纺轮，等等。如在山西省阳高县许家窑，发掘出近两千个石球。经鉴定这些石球距今约 10 万年，是旧石器时代的射猎工具，与石球一起出土的还有成堆的野马骨骼。1963 年在山西省朔县峙峪村发掘出了一枚石镞，据测定距今 28700 多年。这些实物都证实了史前人类能够制造工具，并用这些工具进行劳动生产这一事实。那时候的各种劳动都是一种身体活动，都是为了满足生存而必须进行的一种原始社会活动，这时的射箭、投掷标枪都是为了猎取食物，而不是体育活动。随着史前社会的发展，为了争夺食物和其他的利益，部落之间冲突时有发生。史前的原始战争的胜败主要取决于部族参战者身体的强壮和格斗能力。当史前人类无法解决自然灾害、疾病、死亡等问题的时候，原始的宗教祭祀活动出现了，部落首领往往在这些方面是比较聪明的人。史前人类除了劳动生产、军事活动、宗教祭祀活动以外还进行娱乐和医疗卫生活动。这些就构成了史前人类社会文化的全貌。这些史前社会文化因素是

随着史前人类的基本生存需要依次发生的，史前社会时期没有专门的现代意义上的体育活动，因为这不是史前社会人类必需的生存需要。因为当时的生产技术决定了劳动生产、军事活动、宗教祭祀等等的活动都是重体力的身体活动，客观上都起到了锻炼身体的作用。不过有一个环节发生了体育，那就是当传授、练习、比赛劳动和军事技能的过程和娱乐出现时，也就是史前原始教育出现的时候，现代意义的体育的萌芽就发生了。

在夏、商、西周时期的1300多年中，中国进入了"天下为家"的奴隶制社会。奴隶制社会是一种极其残酷的剥削制度，为了保护和扩大奴隶主阶级的利益，国家、礼制、法纪先后产生并逐渐完备。为了掠夺财富、征服异族、扩大统治范围，奴隶主组织武力发动军事战争是频繁的事。为了获取军事战争的胜利，就要组织训练士兵的身体，使之足够强壮，组织训练士兵的军事技能，甚至举行军事技能的比赛，那时候的军事技能就是武艺。这些身体活动其实都相当于现在的军事体育。

西周时期就出现了专门教育贵族子弟的"学校"，教育的内容就包括射箭、乐舞、驾驭马车等技术，这些身体活动相当于现在的学校体育。

夏商继承了父系氏族社会崇拜祖先、宗教祭祀的观念，商朝特别崇拜鬼神，事无大小都要请示鬼神，占卜之风极其盛行，祭祀活动极为频繁。至西周，鉴于商亡的教训，统治者制定了一整套的讲究等级名分的礼仪制度来实行"德政"和"礼治"。所有这些都贯穿于当时的政治、经济和文化教育的各个方面。在举行宗教、祭祀、礼制等活动时，都要进行射箭、舞蹈、兵器操练等身体活动。

这一时期，这些身体活动都逐渐的制度化和规范化。虽然这些身体活动不被称为现代意义的"体育"，但是这些身体活动和"体育"的性质却相同，客观上这些身体活动构成的社会行为从其他社会活动中派生出来，形成了一种新的社会文化现象——体育活动。

二是体育是使人的自然属性得到全面发展的有目的的、专门的身体活动。不同的目的决定了体育不同的意义、方式和组织形式。为了教育的目标，传授身体活动的知识、技能、技术，以达到人的全面发展，这时的体育就是身体教育；为了比赛的目的，进行身体的有规律的高强度训练，以提高成绩，这时的体育就是竞技体育；为了娱乐、健康身心进行的身体活动就是体育锻炼。"专门"主要指的是针对人的个体全面发展的有意识的身体活动。在研究体育起源问题的时候，史前人类社会的许多无意识的身体活动客观上对人的生理机能起到了强健的作用，这些身体活动不能称之为"体育"，但却是体育起源的重要因素，这些不能称之为"体育"的身体活动也要纳入我们的研究范围。在中国，西周时期其实就出现了以健身、教育、比赛、娱乐等为目的的、有意识的身体活动，这些身体活动和文艺复兴时期以后称之为体育的身体活动是一致的，也就是说在古代社会客观上存在体育活动。不管是为了愉悦、健康身心的身体锻炼，还是为了取得优异的比赛成绩的身体训练，都是有意识的身体活动，这是区别体育与其他身体活动的关键。比如"走路"上班，这时的"走路"虽然是一种身体活动，但它却是劳动的一个环节。但如果为了锻炼身体，天天坚持"走路"上班，不坐车，这时的"走路"就是体育活动。

第二节　敦煌学的定义

像哲学、史学、文学这些学术，从来没有人怀疑其作为一门学术的地位，而敦煌学就不同了，总有一些学者感到"敦煌"和"学"连在一起有点别扭。凡称为某某学，不管它是一级学科、二级学科还是三级学科，都有一个内在的体系，敦煌学能不能是一个有严密内在体系的学科呢？关于这个问题，学者们也有不同的看法。

敦煌资料是方面异常广泛、内容无限丰富的宝藏，而不是一门有系统、成体系的学科。如果概括地称为敦煌研究，恐怕比"敦煌学"的说法更为确切，更具有科学性吧。[①] 从根本上讲，"敦煌学"不是有内在规律、成体系、有系统的一门科学，用固有名词构成的某某学又给人不太愉快的联想，所以最好就让它永远留在引号中吧。[②] 现在对于这一看法，学界普遍认为是把敦煌史料研究的路子变窄了，有一种就敦煌而说敦煌的倾向，把敦煌史料的研究孤立起来了。

敦煌学的确与众不同，它不是一门普通的学科，它是百科全书式的学科。但它也不是多种学科的简单混合，它有一条鲜明的主线，那就是敦煌学是用敦煌串起来的一门学问。不称"敦煌学"，称为"敦煌研究"，应该说比较严谨，但是称为"敦煌学"也未尝不可，因为在学界已经约定俗成了。刘进宝教授认为周一良、姜亮夫先生的观点都有一定的片面性。周先生主要研究敦煌遗书，对敦煌石窟艺术和敦煌史地研究不多，因此，周先生的观点主要针对敦煌遗书而言，强调了敦煌遗书各个部分之间的差异性，并没有从敦煌学的各个方面加以考虑。姜亮夫先生是我国老一辈的著名敦煌学家，他的观点在国内外影响颇大。姜先生把敦煌地区发现的汉竹简，汉以来的"绢"、"纸"军事遗物，及一切杂器物、寺塔、长城的砖石、高昌一带发现的文物等，都划归敦煌学的研究范畴。这混淆了西北史地学、吐鲁番学、丝绸之路学、中西交通史、中亚史等与敦煌学的界限，是把敦煌学的范围有些扩大了。

刘进宝教授认为，所谓敦煌学，就是指以敦煌遗书、敦煌石窟艺术、敦煌学理论为主，兼及敦煌史地为研究对象的一门学科。这门学科所涉及的范围非常广泛，大凡中古时代的宗教、民族、文化、政治、艺术、历史、地理、语言文字、文学、哲学、科技、经济、建筑、民族关系、中西交通等各门学科，都可利用敦煌学资料，或

---

① 周一良：《王重民敦煌遗书论文集》。
② 周一良：《何谓敦煌学》。

填补空白，或纠正前人谬误，或改变某些传统习见。正是由于敦煌遗书和敦煌石窟艺术的内容十分广泛，所以有人喻之为"学术的海洋"，我国中古时期社会经济和意识形态的"百科全书"。刘进宝教授的理由和依据如下。一是其性质决定的。敦煌学是以敦煌为研究对象的一门学科。在中国千万州郡县中，敦煌之所以特别，以地名学，形成一门国际显学，正是由于在敦煌发现了五万卷左右的敦煌遗书和在敦煌保存下了以莫高窟、榆林石窟、西千佛洞等为代表的大量石窟艺术的缘故。敦煌学既然是一门学科，就有必要从理论上加以探讨，即要搞清楚敦煌学这门学科的一系列理论问题，因此敦煌学理论是敦煌学研究的主要对象之一。还由于敦煌学是以地名学的一门学科，所以敦煌史地也是敦煌学研究的对象之一。二是由敦煌学本身的发展决定的。刚开始是罗振玉、蒋伯斧、王国维利用法国人伯希和提供的资料对敦煌遗书做了初步的研究，并奔走呼告清政府赶快保护剩余的敦煌遗书。这批 8000 余卷的敦煌遗书才被运往北京，由学部保存，后又移交京师图书馆，现藏于北京国家图书馆。1930 年陈寅恪先生为陈垣先生编写的《敦煌劫余录》一书作序时第一次提出了敦煌学的概念。1943 年，国民党政府采纳于右任关于设立敦煌学院的建议，1944 年，常书鸿任敦煌艺术研究所所长，并从重庆征聘来了史岩、李浴、苏莹辉、潘絜兹、罗寄梅等敦煌学研究者，开始了对敦煌艺术的研究。1947 年史岩先生出版了《敦煌石室画像题识》一书，这是我国学者对敦煌石窟艺术研究的第一部著作。此后，研究逐渐深入，研究领域不断扩大，从而使敦煌石窟艺术亦成为敦煌学研究的主要对象。因此，学术界所说之敦煌学，便包括敦煌遗书和敦煌石窟艺术两个方面。近年来敦煌学理论的研究日渐受到重视，这表明敦煌学理论研究已成为敦煌学研究的一个重要方面。由于敦煌学是以地名学的一门学科，因而在探讨敦煌艺术的产生、发展各个时期，探讨藏经洞的封闭，敦煌遗书的发现、被盗等问题时，必然要涉及与其有密切关系的敦煌史地。所以，敦煌史地也是敦煌学的研究对象之一。敦煌学研究的对象有四个方面：第一

是敦煌遗书；第二是敦煌石窟艺术；第三是敦煌学理论；第四是敦煌史地。

刘进宝教授对敦煌学概念的研究得到了学界广泛的认可。

第三节　敦煌体育的概念

前面已讲了很多有关"敦煌"、"敦煌学"的知识，这些知识和理论都是专门研究敦煌学的学者们的成果，只有知道了这些知识我们才能进行敦煌体育的深入研究。我们已经知道古代人类的体育文化现象不是一开始就专门出现了，它隐藏在其他社会文化当中，要深入研究古代人类的体育文化活动，就要首先研究产生体育文化的其他社会文化活动。我们研究敦煌体育，就要首先了解敦煌学的知识和理论。在敦煌史料中有大量记载中古时代人类体育活动的内容，这些体育资料包含许多古代中国西部和中原社会的体育信息，研究这些有关中国古代人类体育活动的敦煌史料，对于填补中国体育历史的空白、纠正错误的体育历史观点、恢复古代体育文化的本来面目都具有重要的意义。

敦煌体育，是指在敦煌莫高窟壁画及周边石窟壁画、藏经洞文献中有关古代人类体育活动的资料，和敦煌及其周边地区的考古发现的有关古代人类体育活动的遗物和遗迹，还包括这一地区传世的体育文物，它包括角斗、射术、剑术、徒手格斗、相扑、武舞、围棋、气功、百戏、游泳、"田径"、"体操"等体育项目，还包括古代体育器械、体育场地、体育规则等方面的史料，兼及敦煌史地中的体育内容。这些都是敦煌体育研究的范围和对象。

敦煌莫高窟壁画及周边石窟壁画中的古代人类的身体活动的形象资料是敦煌体育研究的对象之一，也包括榆林石窟、西千佛洞甚至相关的周边地区的石窟壁画中的体育形象资料。在壁画中反映出来的古代人类的体育文化的信息，绝对不是孤立存在的，它与其他地区的体育文化有着相互影响、传承的关系。我们已经知道敦煌是古代丝绸之路上的重镇，是"文化蓄水池"，世界四大文明体系都曾经在这里交融，研究敦煌古代的体育历史，我们甚至可以了解世界古代体育历史的发展脉络。所以，反过来我们研究敦煌石窟壁画中的体育史料就不能只研究莫高窟的壁画，还要研究与之有关的周边地区甚至更远地区石窟壁画中的有关体育的形象资料。这种扩大不是无限的，而是服务于研究的完整性。

在敦煌莫高窟壁画中有许多关于古代人类身体活动的形象资料。有关古代武术的，十六国时期的272窟，在石壁的佛龛两侧，各画有十几身供养菩萨，这实际上是姿态各异的武术动作。西魏时期的285窟，在洞窟南壁和北壁的小龛两侧，画有练武的"力士图"数幅。北周时期的428窟，窟内中心方柱后壁的下部，有拳术"对练图"。北周290窟，在其人字坡形窟顶东西两面，有古代"摔跤图"。唐代175窟，其壁画中有"对打图"。五代时期的61窟，其壁画上就有练习"剑术"的场面，还有"角力图"。盛唐时期的217窟，在其北壁上就有反映唐代军中"武术训练"的图像。榆林石窟第三窟，在绘有观音佛画的一壁上，画中绘有各种武术器械，据初步判断有：刀、枪、剑、棍、斧、戟、叉等，而且有冶铁、锻造的场面，此窟为西夏时期所建。有关射箭的，北周时期的290窟的窟顶人字坡上就有"射靶图"。盛唐130窟有骑射的图像。北魏428窟也有骑射的图像。西魏249窟有反映当时射猎生活的射箭图。晚唐12窟有反映当时战争场面的射箭图。了解古代的"马"，使我们可以更深入的研究跟"马"有关的运动。诸如，古代"马球运动"；古代"骑射"；古代"百戏"，等等。所以，壁画中有关"马"的图像也在我们的研究范围之内。有关古代"马"的图像：北周290窟的壁画上有一幅"驯马图"。五代时期的61窟的壁画中有"马术图"。在莫高窟唐宋时期的石窟中有许多反映马术表演的壁画。有关古代"百戏"的图像，莫高窟的249窟，是西魏时期开凿的，距今至少有1400年

的历史，在壁画上就有一幅"拿顶力士图"。图像上描绘的力士双手撑地，头部抬起，两腿向前弯曲，是一幅"杂技"场面的图像。和古代体操有关的"倒立"的图像，晚唐第 156、196 窟；中唐第 158、361 窟；盛唐第 79 窟；初唐第 220 窟；北魏第 251 窟。有关古代"举重"的图像，在敦煌莫高窟 61 窟中，在其壁画上就绘有一幅"举重"的图像，一个"力士"单手举起一口大钟。有关围棋的，榆林 31 窟是五代时期的，在其壁画中就绘有下围棋的场面。

　　记载了古代人类体育活动的敦煌藏经洞文献是敦煌体育研究的对象之一。敦煌文献 S.5574《棋经》，揭示了距今 1500 年前的围棋理论，推翻了关于北宋张拟《棋经十三篇》是中国围棋现存最早的资料之说。敦煌文献 S.6537《剑器词》的发现，充分揭示了古代武术与舞蹈结合的形态。敦煌文献 P.3810《呼吸静功妙诀》，记述了古人以低能运动缓慢新陈代谢来延年益寿的养生观念和方法。敦煌文献中有 20 余卷《道德经》，编号为：P.2584、P.2420、P.2421、P.2417、P.2347、P.2350、P.2370，S.2267、S.3926 等都记载了"养生"的内容。敦煌文献 S.2049、P.2544、P.3239、S.1366、P.3451、P.3945、P.3773 等，记载了关于古代"马球运动"的内容。敦煌文献 P.4011，有驱傩的记载，这种原始宗教的"舞蹈"和"体育"的起源有关。敦煌文献 S.2497 中有"六艺"的记载。敦煌文献 P.2718 中的《王梵志诗》中有"伎艺"的记载。研究这些敦煌古代文献对于补充和完善中国古代体育历史有重要的意义。

　　敦煌及周边地区考古发现和传世的体育文物也是敦煌体育研究的对象之一。在敦煌地区的金塔县就发现了新石器时代的射猎石器具，详细的过程刊登在 2003 年第一期《敦煌研究·金塔所见新石器时代的射猎石器具》一文中。这表明敦煌这一地区在新石器时代就有人类居住，发现的遗物对于研究"体育"的起源有重要意义。在敦煌地区的居延考古挖掘出土了数万枚简牍，这些简牍出自汉、晋、唐、西夏四个时代，涉及的内容非常广泛，其中也有古代人类体育活动的记载，如《秋射》的内容就是关于古代射箭的方式、礼仪等。

敦煌出土的唐代围棋子，实证了文献中关于敦煌生产的围棋子向唐代宫廷进贡的文献记载。敦煌出土了大量青铜箭镞，实证了敦煌地区的射猎生活和战争的情况。1979年，敦煌地区圪垯井出土了"五凉时期"的剑。1990年，敦煌悬泉镇出土了大量的汉代箭镞。1982年，玉门关马圈湾汉代烽燧遗址出土了有可能是踢"蹴鞠"时使用的"球"。在敦煌16—17号藏经洞发现的佛幡画和白描画中也有与壁画内容相仿的摔跤图像。在新疆阿斯塔纳第187号墓出土的绢画中，也有唐代下棋的场面。1988年，敦煌佛爷庙湾古墓出土了前凉时期的李广射虎画像砖。1990年，酒泉果园乡西沟村盛唐时期的古墓室壁砖上画有力士举重的场面。嘉峪关魏晋一、二、三、四、五号墓中的室壁墙砖上都绘有有关古代体育活动的图像。这些都是体育文物。

第二章
敦煌体育
研究的历史、
现状及存在的
问题

目前对敦煌体育的研究，成果还不是非常的丰富，所研究的内容还不是非常的深入，还没有形成"百花齐放、百家争鸣"的局面。这也正好给了我们体育科学工作者继续研究的机会，很多的空白等待我们去填补，很多的不足等待我们去完善。这一章主要从三个方面探讨敦煌体育研究的历程，一是敦煌体育研究的历史；二是敦煌体育研究的现状；三是敦煌体育研究中存在的问题。

第一节 敦煌体育研究的历史

也许最早研究敦煌体育的学者是向达先生，他是我国 20 世纪四五十年代著名的敦煌学方面的专家。他在 1957 年出版的《唐代长安与西域文明》论文集中，就考证了有关唐代长安马球运动的历史。阴法鲁先生在《唐代西藏马球戏传入长安》一文中，比较详细地考证了唐代马球的渊源。

到了 20 世纪 80 年代，研究敦煌体育史料的学者们长期深入敦煌莫高窟，仔细地研究敦煌石窟壁画，发现了大量的有关中古时代人类体育活动的图像，为后来敦煌体育研究的全面展开打下了良好的基础。易绍武先生在 1982 年第 7 期《新体育》上发表了《敦煌壁画中的古代武术》。刘念兹在 1982 年第 3 期《四川体育科学》上发表了《敦煌发现唐朝的赛毯辞》。马德先生在 1983 年第 5 期《阳关》上发表了《敦煌壁画中的作战图》一文，这篇论文对于研究中国武术与古代作战的关系有重要的启示。梁春光先生在 1984 年第 7 期《体育博览》上发表了《敦煌壁画中的古代体育》一文，介绍了敦煌壁画中的古代体育形象资料。易绍武先生在 1985 年第 1 期《敦煌学辑刊》上发表了《敦煌壁画中所见的古代体育》的文章，这是一篇非常重要的论文，全面系统地展示了敦煌壁画中的古代体育项目，为后续研究作出了贡献。郝春文、许福谦在 1987 年第 2 期《敦煌学辑刊》上发表了《敦煌写本围棋经校释》。梁全录在 1987 年第 5 期《阳关》上发表了《唐代丝绸之路上的围棋》。

1980 年代敦煌体育研究成果的主要特点，是研究者们在敦煌史料中发现了大量有关古代体育的资料，并对此做了初步的材料挖掘和介绍性研究。

进入 1990 年代，敦煌体育的研究逐步深入起来，其中的佼佼者就是兰州理工大学的李重申教授，他发表了很多重要的论文，其研究成果在敦煌学界和体育史学界都产生了很大影响。他的主要论文有：1992 年第 2 期《敦煌研究》上发表的《敦煌佛教文化与体育》；1992 年第 1 期《体育文化导刊》上发表的《敦煌体育文物概述》；1995 年 7 月在《1990 敦煌学国际研讨会文集》中的《敦煌体育史料考析》；在 1996 年 6 月书目文献出版社出版的《敦煌吐鲁番学研究论集》中发表的《敦煌魏晋画像砖中的体育形态》；1999 年第 1 期《敦煌研究》上发表的《呼吸静功妙诀》一文；1994 年第 4 期《敦煌研究》上发表的《敦煌马球史料探析》；1994 年第 5 期《社科纵横》上发表的《〈棋经〉考析》；1996 年 1 月在社科纵横编辑部出版的《敦煌佛教文化研究》中发表的《敦煌古代的博弈文化》；1996 年 1 月在社科纵横编辑部出版的《敦煌佛教文化研究》中发表的《敦煌壁画"倒立"图像的考析》，李重申教授对敦煌体育的研究比较广泛和深入。这一时期，很多学者开始关注和研究敦煌体育，并且取得了很多重要成果。倪怡中先生在 1999 年第 1 期《图书馆理论与实践》中发表了《敦煌壁画的文献中所见的古代百戏》；民祥先生在 1991 年第 4 期《体育与科学》上发表了《敦煌写本中的古代体育运动》；崔乐泉博士在 1992 年第 2 期《浙江体育科学》上发表了《敦煌民俗与古代民族体育活动——兼论民俗文化对民族体育的影响》；梁全录先生在 1992 年第 4 期《体育文化导刊》中发表了《对〈敦煌体育文物概述〉一文中几个问题的商榷》；梁蔚英先生在 1993 年第 1 期《体育文化导刊》中发表了《敦煌壁画中的药叉》；梁全录、梁娟在 1994 年第 2 期《体育文史》中发表了《敦煌古代体育史画录》；丁玲辉、纪小红在 1998 年第 1 期《西藏体育》上发表了《敦煌壁画中的藏族体育与唐蕃体育交往初探》；徐时仪在 1999 年第 1 期《喀什师范学院学报》上发表了《敦煌民间体育文化考略》；谷世权先生在 1999 年第 2 期《西安体育学院学报》上发表了《略论 21 世纪的丝绸之路体育文化》；潘孝伟在 1999 年第 2 期《许昌师专学报》上发表了《论东晋南朝体育文化的高雅趋向及其成因》；庞锦

荣、刘志刚在 1999 年第 4 期《北京体育大学学报》上发表了《对丝绸之路体育文化三个问题的再认识》；李成银在 1994 年第 6 期《人体艺术》上发表了《敦煌壁画中的古代武术》；陈青先生在 1994 年第 1 期《中华武术》中发表了《异葩奇放——谈敦煌武术的历史文化背景》；黄雪松先生、陈青先生在 1994 年第 2 期《丝绸之路》上发表了《莫高窟壁画中的敦煌武术》；李金梅、刘传绪、李重申在 1995 年《敦煌研究》上发表了《敦煌传统文化与武术》；麦绿蔓在 1995 年第 3 期《山东体育科技》上发表了《从文物史籍资料看我国唐代的体操》；谢生保先生在 1999 年第 3 期《敦煌研究》上发表了《莫高窟中的古代"健美运动员"——浅谈健美运动的起源和发展》；梁全录、张伯昌在 1993 年第 2 期《体育文化导刊》上发表了《唐代敦煌马球——和亚森哈斯木商榷》；罗普云、罗普磷在 1999 年第 2 期《西安体育学院学报》上发表了《浅析丝绸之路体育对唐代马球运动的影响》；雪凌在 1993 年第 8 期《文史知识》上发表了《现存最古老的棋经——敦煌〈棋经〉》；李金梅在 1999 年第 5 期《体育科学》上发表了《敦煌古代博弈文化考析》；谢生保先生在 1998 年 10 月《丝绸之路·学术专辑》第 1 辑上发表了《敦煌壁画中射箭运动发展的四种形态》；倪怡中在 1990 年第 1 期《体育文化导刊》上发表了《敦煌壁画中的古代摔跤》；张伯昌、梁全录在 1995 年 9 月政协甘肃省敦煌市委员会编印的《敦煌文史资料选辑·3》中发表了《唐代敦煌围棋》；梁全录在 1995 年 9 月政协甘肃省敦煌市委员会编印的《敦煌文史资料选辑·3》中发表了《唐代的戴竿绝技》；徐志斌在 1997 年第 1 期《敦煌学辑刊》中发表了《土河与游弈》。

20 世纪 90 年代敦煌体育研究成果的特点，不仅从敦煌壁画中发现了体育新材料，而且开始把注意力转到了敦煌遗书中，并且在敦煌遗书中发现了体育资料。研究成果出现了"争鸣"的现象，这是研究深入的表现。

到了 21 世纪，更多的学者开始关注敦煌体育，研究敦煌体育的热情更加高涨，同时也取得了不菲的研究成果。2000 年，甘肃人民出版社出版了李重申教授的《敦煌古代体育文化》一书，这本书主要阐释了作者对中国古代体育文化的理解，同时从古代人类的竞技运动、养生、游戏等几个方面对敦煌体育史料进行了梳理。这本书可以说是对前一个阶段敦煌体育研究的总结。吕利平先生、郭成杰先生在 2000 年第 4 期《成都体育学院学报》上发表了《从体育考古看我国古代民俗体育文化特征》，这是一篇重要的文章，说明学者们已经开始关注敦煌体育的研究方法，或者说开始构建敦煌体育研究方法的理论体系。李金梅、李重申、路志峻在 2001 年第 1 期《敦煌研究》上发表了《敦煌古代百戏考述》。李建军、司璞在 2001 年第 3 期《体育文史》上发表了《出土文献与体育史学研究》。谢生保在 2001 年第 4 期《敦煌研究》上发表了《敦煌飞天形体姿态的来源》。陈列、张纯、郭宪章在 2001 年第 5 期《中国骨伤》中发表了《对敦煌石窟导引技术的研究初探》，这是一篇从运动医学角度研究敦煌体育史料的文章。李金梅、李重申在 2002 年第 2 期《敦煌研究》上发表了《敦煌文献与体育史研究之关系》。石江年、魏争光在 2003 年第 4 期《安徽体育科技》上发表了《敦煌壁画和文书中的马文化》一文，这是一篇从古代体育器械角度研究敦煌体育史料的文章。路志峻、李重申在 2003 年第 1 期《敦煌学辑刊》上发表了《麦积山石窟体育文化考析》，学者们开始对敦煌周边石窟体育史料进行研究，这也是一篇重要的文章。石江年在 2004 年《西北师范大学学报》上发表了《敦煌壁画和文书中古代体育文化的源流及其发展形态研究》。李重申、李金梅在 2004 年第 1 期《敦煌研究》上发表了《丝绸之路原始体育考析》。2004 年 6 月，李金梅、路志俊、苏瑄在兰州大学出版社出版的《麦积山石窟艺术文化论文集·下》中发表了《论丝绸之路古代妇女体育》。马兴胜在 2005 年第 4 期《成都体育学院学报》上发表了《敦煌体育文化的历史成因和社会文化背景分析》。路志峻、李金梅在 2005 年第 3 期《敦煌研究》上发表了《敦煌魏晋古墓体育画像砖研究》。李重申、李小惠在 2005 年第 3 期《敦煌研究》上发表了《丝绸之路汉代体育简牍研究》。石江年在

2005 年第 1 期《南京体育学院学报（社会科学版）》上发表了《敦煌古代体育文化植根的地域性因素考释》。路志峻教授在 2006 年第 4 期《敦煌学辑刊》上发表了《论敦煌文献和壁画中的儿童游戏与体育》。李金梅、路志峻在 2001 年第 3 期《体育文史》上发表了《敦煌莫高窟 303 窟和 61 窟壁画的武术考论》。李重申、李金梅、李小惠、李小唐在 2002 年第 1 期《体育文化导刊》上发表了《敦煌莫高石窟与角抵》。李重申、李金梅、李小唐在 2001 年第 2 期《敦煌学辑刊》上发表了《敦煌石窟气功钩沉》。侯全福在 2002 年第 2 期《养生月刊》上发表《敦煌〈养生诀〉导论》。崔吉洋、张波在 2007 年第 3 期《河北理工大学学报（社会科学版）》上发表了《敦煌古代传统气功的养生之道》。林琳在 2000 年第 6 期《贵州文史丛刊》上发表了《马球的起源和唐代的马球运动》。罗香林在《暨南学报》第 1 卷第 1 期上发表了《唐代波罗球戏考》。郝招教授在 2003 年第 11 期《体育文化导刊》上发表了《敦煌新本〈杂集时要用字〉中"相扑"一词述略》一文，这是一篇对敦煌"相扑"新材料的研究，很有意义。郝招在 2004 年第 1 期《敦煌研究》上发表《敦煌"相扑"之管见》。李建军、张军在 2001 年第 4 期《体育文化导刊》上发表了《从敦煌壁画看"倒立"运动》。路志峻教授在 2007 年第 3 期《成都体育学院学报》上发表了《敦煌壁画中的古代举重活动》。田桂菊在 2008 年《体育文化导刊》上发表了《敦煌壁画"倒立"图像考析》。

21 世纪，敦煌体育的研究成果深入而广泛，敦煌体育的独特的研究方法逐渐形成。这一时期，兰州理工大学丝绸之路文史研究所的研究成果显得非常突出。

第二节　敦煌体育研究的现状

对敦煌体育进行专门的研究工作是近三十年的事，在敦煌学研究的整体水平中属于较薄弱的一部分。为什么这样说呢？因为研究敦煌体育的学者可以分为两部分：一部分是非体育学专家，他们主要研究宗教、民族、文化、政治、艺术、历史、地理、语言文字、文学、哲学、科技、经济、建筑、民族关系、中西交通等方面，而对体育学的基本理论不是非常的了解；另一部分是体育学专家，他们主要进行有关体育的教学、训练、科研工作，但对敦煌学的基本理论、方法不是非常的了解。所以，研究成果总是有薄弱的环节，没有形成研究敦煌体育独特的、系统的方法体系，在内容上大多是从"面"上的介绍，缺乏从"点"上的深入研究。具体地说，目前敦煌体育研究的成果，大多数的文章都是综述性的，对敦煌史料中的体育项目进行单项深入研究的很少。深入研究敦煌史料单项体育项目，并且取得较好研究成果的，主要是关于"马球运动"，基本上搞清楚唐代马球运动的全貌了。关于敦煌史料中的"武术"项目研究的文章较多，取得了较好的成果。关于"养身"的文章较多，使我们对古代人类的养身方法有了深入的了解。关于"围棋"的研究也较深入。关于敦煌史料中的"相扑"、"摔跤"、"举重"、"游泳"、"百戏"、"体操"、"武舞"、"田径"等项目，虽有人进行了初步的研究，但文章较少，其成果没有足够的说服力，没有恢复古代人类进行那些体育运动的历史原貌。关于敦煌"瑜伽"，干脆是空白，没有人写过文章。

敦煌体育的研究，是有一套独有的方法的。为什么这样说呢？因为敦煌体育的研究是一个跨学科的研究方向。我们要从已有的研究成果中总结出敦煌体育的研究方法，同时，我们还要根据敦煌体育研究的特点，创新敦煌体育的研究方法。我深切地体会到，敦煌体育的研究需要一套方法体系的支撑，那就是"体育考古学"。关于"体育考古学"虽有很多学者进行了初步研究，但研究成果很少，不足以形成成熟的理论体系。所以，构建敦煌体育研究方法的理论体系，也就是"体育考古学"的研究目前是空白。

不管怎么样，敦煌体育的研究成果还是令人瞩目的。我这样说

的目的是鼓励大家继续深入地研究。因为有同学曾经对我说，敦煌体育已经搞那么久了，敦煌体育的材料都被用尽了，再没有新材料我们研究什么？这是错误的。我们可以对敦煌体育进行深入细致的再研究，可以继续深入挖掘新材料，值得我们研究的内容还很多。

第三节　敦煌体育研究存在的问题

流传至今的关于魏晋南北朝至唐宋时期的体育文献史料并不多，而敦煌遗书和壁画却给我们填补了这一时期资料不足的空白，使我们有机会在这方面的研究中做出成绩。但是在对这些史料做具体深入的研究过程中，往往会出现各种各样的问题。如我们提出观点，要用敦煌史料做实证材料时或敦煌史料和其他文献相互印证的时候，只选取有利于证明我们观点的局部材料，而没有把所选材料放到整体材料中做深入分析，有断章取义之嫌。也就是说我们在引用古代文献时，不能只是搜罗古人的只言片语，而是要对材料做整体分析，弄懂古人的真实意图。恢复历史的本来面目是研究历史的目的之一。

在对敦煌体育史料的研究中，首位的是对体育基础理论的研究，大厦要牢固，基础是关键。我们首先要弄懂什么是"体育"，对于这一概念的研究一直没有停顿过，但是至今也没有一个权威固定的说法，这是一个动态发展中的概念，相信最终会有一个接近真理的研究成果。我们研究体育历史的人，渴望有一个能包含古代人类身体活动的"体育"概念，不然按照现代的"体育"概念，古代就没有体育。对这些基础理论的研究，对于敦煌体育史料的研究来说非常重要，但是现在却是薄弱环节。因为这一环节薄弱，所以我们在确定哪些敦煌史料是关于体育的就很混乱，或者说我们很难对古人的哪些身体活动是体育活动做出判断。

敦煌史料中有大量关于"武术"的内容，可是研究者对"武术"概念的认识不同，所采用的研究理念也就不同。在不同的研究理念指导下，对敦煌武术史料的研究，也就会有不同的认识和发现。关于这一问题，我想从三个方面来谈一谈看法。

一是对"武术"的认识问题。武术是人为的一种运动形态，有不同于其他运动形态的特殊规律。受"种族"、"地域"、"宗教"、"文化"、"民族"等因素的影响，这些因素相对于普遍存在的、客观的"地球物理"、"人体生理"和"心理影响"等更本质的规律来说还属于表象化的，对于前者诸因素的研究已很深入，从历史角度对于后者更深层次因素的研究还很薄弱；使得现今人们在研究敦煌武术史料时，一旦探讨起武术的深层原因，便停留在了对武术文化等因素的解读和探讨上，而忽略了更深一层的、不受影响的客观的"物理"、"生理"、"心理"规律。在已有的成果中我们发现，有些学者对客观规律的认识在角度、深度以及表达方式上会有群体和个体的差异。我们在研究敦煌武术史料时，不仅要看到那些相对表象的内在因素，更要打破这种因素的制约，更进一步的探索人体运动规律因武术的特殊性而具有的，不同于其他运动形式的表现。对中国武术的研究，应该首先保存因自身民族独特的思维方式而具备的不同于现代西方科学发展思路的人体运动形态特色，在此基础上利用科学手段，从体育考古学、体质人类学的角度，通过武术这种运动造成体质变化的古今人类体质的比较研究，全面地挖掘中国武术运动所表现出的人体运动规律，为整个人类的生命科学研究作出贡献。

通过敦煌武术史料研究中国武术发展的历史，不能仅仅是对古代人类武术形态的模仿，而是要做深入的本质规律的研究。武术在当今被人为地划分成了传统武术、竞技武术、武术散打三个部分，三者之间似乎有联系，但实际上已经是各自为政，不相往来。这种局面导致了仅热衷于保留拳械套路的现象，对传统武术的继承与发展不利。竞技武术只是相关部门和组织以及运动员的小众运动，自娱自乐；散打虽然有固定的喜爱人群，却仍然游走于边缘；整个武术事业处于社会文化的边缘，表面繁荣的背后，其实是世界对中国武术越来越多的非议和歧视，被称为"国术"、"国宝"、"奇葩"的武术，只成为了娱人耳目的表演"花活"。今天普通民众对武术的认识仅局限于竞技长拳套路，学术研究人员对武术的研究思维也局限于竞技武术运动形式，因此造成了"武术就是竞技长拳套路"、"散打就是散打"、"传统武术就是健身养生"的片面认识。中国传统武术在时空上都是一个有机的整体，我们应该在认识武术本质规律的基础上，再来探讨武术在历史发展进程中被赋予的不同的社会功能。

二是对敦煌武术史料的研究在横向上应贯通起来。在中国古代，武术这种身体活动是非常特殊的，它来源于生产生活中，为了求生存获得食物与猛兽搏斗的过程；它也是来源于军事斗争中为了保存自己消灭敌人而采用的一种军事手段。它是具有攻击性的一类身体活动，既是徒手攻击或防守的身体活动，也是利用器械攻击或防守的身体活动。如古代人类掌握的各种拳术；为了使拳术的威力增加而修炼各种内功，包括各种气功；摔跤在古代也是武功的一种；各种兵器的练习套路和实战，包括射箭；徒手的各种套路或者利用器械进行的各种套路配合音乐的武舞；马术以及马上武学也是练武之人必修的科目；各种民间具有攻击性动作的身体活动……在古人看来这些身体活动都是一类动作，我们现代人来看这类动作的相关性也非常的高。可是现代的运动把武术、摔跤、射箭等项目都是分开归类的，我们用现代人的这种思路研究敦煌壁画或遗书中的武术史料，就很难恢复历史的本来面目。

在对敦煌武术史料做研究时，从点上深入对单独的项目进行研究是十分必要的，从面上对敦煌武术史料做深入研究，就要打破横向单个项目分类的界限，把这一类称之为"武术"的身体活动作为整体来研究，突破当代体育运动对武术的割裂式划分，认清历史上武术所具有的丰富文化内涵。

三是资料运用避免牵强附会。我们用敦煌武术史料来证明我们的观点时，要对材料做深入的分析，要有逻辑性，要把握好材料的相关性。例如，敦煌莫高窟第 45 窟壁画中有一幅局部图被命名为"商人遇盗图"，描述的是西域胡商遭遇强盗打劫的情景，但是在对敦煌武术史料的研究中，有学者硬是把图左半部分强盗形象单独截出，然后命名为"持剑图"，作为敦煌壁画中的武术资料。通过这幅画，研究唐代西域胡人的服饰和当时汉人制造刀剑的工艺、形制、民俗尚可，但作为武术研究的资料则太过牵强。又如，对敦煌石窟中一些金刚、药叉等泥塑形象从武术角度研究也比较牵强，从艺术的角度研究就比较贴切。在敦煌武术史料中，我们应该多关注古代兵器的起源、制造、形制及在战争中使用的方法；徒手套路、技击的起源、方法、形态；器械套路、技击的起源、方法、形态；相关武术的其他资料等问题。

第四章
敦煌体育
研究的方法

敦煌体育研究无论从敦煌学、考古学，还是从体育史学的角度来说都是一个新型的研究领域，属于交叉学科，因此，研究方法涉及体育史学、敦煌学、考古学等诸多学科领域。在对敦煌体育的研究中，我们发现许多基本材料都需要用考古学的方法进行研究，那么敦煌体育的学科归属问题就出现了，敦煌体育既属于考古学范畴，又属于体育史学范畴。因此，我们认为，构建一个新的学科体系——体育考古学，具有重要的现实意义，以后类似于"敦煌体育"这样的研究范畴，我们都可以把它划入体育考古学研究的范围。所以，我们也可以这样说，敦煌体育的研究方法就是体育考古学的研究方法。

在中国，体育考古学的概念虽然被许多学者提出来了，但对其理论构建进行研究的学者还很少。美国哲学家胡佛就指出："对于我们的目的来说，理论是一组相关的前提，以设定何种事件会以何种方式产生。任何一门学科的关键是要发展一套理论来解释所观察到的事件。理论是一种尝试性的系统陈述。"① 一门学科的研究对象不同，研究方法也就不同。体育考古学的研究对象一部分属于地上遗址、遗迹，如敦煌石窟及

① Hoover KR. *The Elements Of Social Scientific Thinking*. New York；St. Martin'o Press，1976.

周边石窟壁画、遗书中的有关我国中古时代千余年间的体育史料，新疆岩画中的有关史前人类萌芽状态的体育活动的形象资料。对这些地上遗址、遗迹中的体育资料，主要通过综合性、理论性的分析研究，如用物理、化学试验的方法进行文物断代、文物修复等研究，逻辑推理的分析研究，实物与文献相互对比、印证研究。而大部分深埋地下的体育文物，就必须经过科学的田野考古调查和挖掘，才能被系统地、完整地揭示和收集。体育考古学作为考古学的一个分支，其研究过程虽然体现体育科学的特点，但其研究方法的基础却是考古学的一般理论和方法。

体育考古学的研究方法从宏观上讲可分为三个层次：第一个层次是判断、处理古代人类体育活动所遗留的遗物和遗迹的初级部分；第二个层次是从体育资料推测古代人类的体育活动和恢复古代体育历史的原貌的中级部分；第三个层次是推导体育历史文化发展规律，得出抽象的规律性认识的高级部分。

所有的体育考古学工作都涉及以下层次的工作目标：

（1）探索、发现古代人类体育活动的遗存，揭示它们在时间和空间上的定位和相互关系，包括它们存在的物质性背景。

（2）重建特定时间、特定地点、特定的古代人类体育活动的遗存，确定所代表的人类的体育行为和运动方式。

（3）建立古代人类体育活动遗存的编年序列，进而建立一个特定地区的体育史。

（4）解释由古代人类体育活动遗存所体现的体育行为和运动方式过程中所具有的规律。

体育考古学方法和理论的特殊性表现在其在交叉学科的综合研究上，研究过程中，在将考古学的一般方法和理论应用于它的同时，还要考虑体育科学的特殊性。体育的核心是促进人的全面发展，所以对人本身的研究也是体育科学的重点。体育考古学不仅要对古代人类的体育文化现象进行研究，还要对古代人类体质进行研究。这就涉及古代人类形态测量等问题。其他与之相关的自然科学的方法也将被广泛地应用到体育考古学的研究方法中。

第一节 体育考古的历史

我国早期文献《尚书》中的《尧典》、《舜典》、《大禹漠》、《皋陶漠》等篇章皆以"日若稽古"开篇。稽古的"稽"字,传、疏,是"考"的意思,"稽古"即考古。但与今天讲的考古意义不同。《后汉书》中说马融"传古学",贾逵"为古学",桓潭"好古学"等,这里的"古学"都专指古文经学,实际上也指古文字学。至北宋中叶,出现了以古代的"吉金"(青铜器)和石刻为主要研究对象的金石学,产生了一批金石学家。其中现存年代最早的古器物图录——《考古图》(1092 年),为北宋后期的金石学家吕大临所撰,这里所说的考古,实际上是古器物研究,尽管它并不等于考古,但在意义上已有接近,所以不少人认为北宋以来发展起来的金石学是近代考古学的前身①。到清代中叶,金石学的研究对象从铜器、石刻扩大到封泥、瓦当、钱币等其他各种古物,成为真正意义上的古器物学,已接近近代的考古学。"但是我国的这种'古器物学'经过系统化后虽然可以成为考古学的一部分,而本身并不就是考古学。"②考古学是由西方传入中国的。中文"考古学"一词,是从西文翻译过来的,最初来源于希腊文。它在各个时代的概念不完全相同,17世纪,是指对古物和古迹的研究。18 世纪,一般是指对含有美术价值的古物和古迹的研究。到了 19 世纪,才指对一切古物和古迹的研究。

最初的体育考古研究始于 18 世纪初,德国考古学家约·温克曼对古代奥林匹亚遗址进行了初步的发掘和整理。之后,英国学者查

---

① 王世民:《金石学》,中国大百科全书出版社 1986 年版。
② 夏鼐:《什么是考古学》,《考古》1984 年第 10 期。

理·钱德勒发现了宙斯神庙的遗址①。1875 年至 1881 年，德国的考古调查队在奥林匹亚遗址进行了几年的勘探、发掘工作，取得了大量有关古代奥林匹克运动会的珍贵文物和史料。19 世纪中后期为适应体育国际化的发展趋势，一些体育组织纷纷建立起来。1863 年，瑞士高山滑雪俱乐部建立；1872 年，第一个法国足球俱乐部勒阿弗尔运动俱乐部建立；1883 年，布加勒斯特成立了奥林匹克协会；1869 年，比利时体操协会成立；1875 年，意大利国际体操协会成立。这些早期建立起来的体育组织，其重要的贡献是开始有意识地收藏和保存体育运动中创造和沉积下的大量的物品、资料和文献，使体育收藏成为可能。对这些相关体育的考古调查、挖掘的实物资料和体育文物的收藏品进行专门的研究，从而产生了新的专题考古方法——体育考古。

近代以来，以专门的体育作为研究方向的田野考古发掘很少，多数是间接进行的。在世界范围内，体育考古的研究在欧洲、北非等地区开展较为广泛。在中国，体育考古的研究都是间接进行的。到了现代，考古学的研究水平发展很快，当前考古学研究已经细化到人类社会发展的各个领域，一些专题考古，诸如民族考古、音乐考古、美术考古、矿业考古、艺术考古、农业考古等都取得了较多成果。作为专题考古之一的体育考古研究，随着对相关体育的遗物、遗迹、遗址的不断发现，我们相信也会很快发展起来。

第二节　体育考古学的概念

在探讨体育考古学的定义之前，我们有必要对有关考古学的概

---

① 崔乐泉：《创建体育考古学学科体系的理论思考》，《体育科学》1988 年第 4 期。

念做简要的介绍。到目前为止，学术界对考古学的定义没有形成一个共识。但如果仔细考察，就会发现它们实际上大同小异。例如：

英国学者 D. G. 赫果斯认为考古学是"研究人类过去物质的科学"。

法国的 S. 列纳克认为考古学是"研究过去人类物质遗物的科学"。

前苏联的 A. B. 阿尔茨霍夫斯基认为考古学是"根据地下的实物史料来研究人类历史上过去的科学"①。

曹兵武认为考古学的定义是："通过调查、发掘、分析和研究与过去人类行为和生活有关的物质遗存，来达到认识人类早期历史和文化发展过程与规律的目的。为了实现这个目的，考古学有属于自己的一整套方法论体系。"②

张光直认为："考古学是一门通过古代遗存来研究古代文化及文化史的学科。它既包括考古学家对考古遗存的揭示也包括对认识结果的交流。"③

夏鼐在《中国大百科全书·考古学》的综论中是这样表述考古学定义的："考古学是根据古代人类通过各种活动遗留下来的实物以研究人类古代社会历史的一门科学。"④

这些考古学定义反映了这样一些认识：一是考古学是人文科学的一部分；二是考古学是通过实物资料的调查、发掘和研究来探讨人类社会历史发展规律的科学；它们基本上都强调了所面对的实物资料和研究目标。

体育考古学既是考古学的一个分支，又属于体育人文科学。它

---

① 蔡风书、宋百川：《考古学通论》，山东大学出版社 1988 年版。
② 曹兵武：《考古学追寻人类遗失》，学苑出版社 2004 年版，第 28 页。
③ 张光直：《考古学·关于其若干基本概念和理论的再思考》，辽宁教育出版社 2000 年版。
④ 夏鼐、王仲殊：《考古学》，中国大百科全书出版社 1986 年版，第 1—2 页。

专门对古代人类体育活动遗留下来的物质遗存进行研究，在研究方法和技术方面有自己的特点。

体育考古学作为一种方法论体系，是把古代人类社会遗留下来的与体育活动有关的遗物、遗迹和遗址，作为实物资料进行考古学研究的一门学问。从本质上讲，就是利用考古学的方法，研究古代体育发生、发展的历史过程。体育考古学不研究活着的人群，它的主要资料和直接研究对象是古代人类的体育活动所遗留下来的遗物和遗迹。体育考古学研究过去的体育遗存，因此，体育考古学与体育史具有密切的关系，但是它们之间的不同之处在于，体育史的研究主要依据体育历史文献和资料，而体育考古学必须经过野外调查和发掘，获得古代人类体育活动所遗留下来的物质遗存，然后通过对这些物质遗存进行分类、比较、分析与综合，获得关于古代人类的体育行为、体育文化等方面的知识以及体育发生、发展的规律。

体育考古学不仅是为体育史学提供证据或以增补的方式来充实体育史，它有自己的理论和方法，它也是一门以了解人类自身为目的的学科，因而被视为体育人文学科的一部分。体育考古的研究对象在年代上上起无文字记录的史前时代，下迄有文字记录的各历史时期。体育考古发现的材料并不直接告诉我们体育历史的真相，其过程就像自然科学家进行科学实验一样，收集材料和证据，进行实验，提出解释现象因果关系的假设，然后从材料和证据的基础上加以检验，最后得出科学的结论。用体育考古发现的材料来考察体育历史是体育考古的根本任务。

总之，体育考古学是通过对古代人类体育活动所遗留下来的物质遗存进行调查、发掘和研究，来探讨人类早期体育历史和体育文化发展规律的科学，它有自己的方法论体系。

第三节 体育考古学的研究范围和对象

一、研究范围

体育考古学是体育科学、历史科学及考古学交叉综合的学科，它是一门边缘学科。鉴于这一特点，它的研究范围主要涉及以下几个方面。第一，体育编年史的研究领域。就古代体育文化的发生、发展的过程而言，体育考古学在这一领域的研究内容，主要包括史前时代的体育文化和各个历史时代的体育文化两大部分。第二，古代体育科学、文化形态的研究领域。主要包括有体育运动形式的考古研究、体育运动技术的考古研究、体育运动设施用具的考古研究、古代体育思想的考古学研究、古代人类体质的考古学研究，等等。第三，古代民族体育文化的研究领域。由于地理环境和民族习俗的不同，古代体育文化的发展也会表现出不同的形式、规律和特点。

二、研究对象

我们根据夏鼐的考古学定义，考古学研究的对象是人类"各种活动遗留下来的实物"，这里的"各种活动"很显然就包括了古代人类所从事的各项体育活动，也就是说，既然考古学研究的对象是实物资料，那么古代人类从事体育活动所遗留下来的各种实物资料应是体育考古学所研究的对象，换言之，凡是反映古代人类社会从事体育活动所遗留下来的遗物、遗迹，都应该看做是体育考古学研究的对象。

首先，这里就有一个体育考古学研究对象的时间界定问题。根据考古学研究的年代范围，我们把体育考古学的研究对象的年代范围界定为古代，这和考古学研究的年代范围是一致的。其次，既然考古学研究的对象是物质的遗存，即古代的遗物和遗迹，这就说明体育考古学研究的对象也是以反映古代人类社会体育活动信息的遗迹和遗物为主，在人类进入文明时期以后，历代留存下来的反映体育事项的各种文献资料也可对体育遗物和遗迹起到相互印证的作用。因此，对体育考古学研究对象的探讨，我们不仅要重视通过考古调查、发掘所取得的实物资料，在进入历史时期以后，历代留存下来的各种文献史料也是我们要考察的对象。我们对中国考古学所取得的各种反映古代人类体育活动的遗迹和遗物略作以下分类，以探讨体育考古学的研究对象。

1. 与古代体育萌芽时期有关的遗存

古代生活在原始社会阶段的人，为了生存和繁衍后代，当他们把生产和生活中的知识和经验，用练习和教育的方式传授给儿童时，投掷和射箭等技能技巧就具有了萌芽状态的体育教育的性质。

有关狩猎活动的遗物，考古发现的如山西省阳高县许家窑出土的旧石器时代的石球 1079 个。[①] 山西省朔县峙峪村出土的新石器时代的石镞，修整规整，表明当时人们已经掌握射箭技术。[②] 在云南省沧源岩画、内蒙古自治区阴山岩画以及甘肃省黑山岩画上，都有射箭狩猎图像。[③] 可见，最古老的箭术，在史前时代就已经在我国出现了。

有关渔猎活动的文物，如河南黄河小浪底妯娌遗址出土的石制渔网坠，江苏新沂县花厅村出土的上有倒刺的骨制鱼镖。在西安半坡出土的文物中，亦可看到使用过的骨制鱼钩、渔叉，说明在新石

---

① 贾兰坡、卫奇：《阳高许家窑旧石器时代文化遗址》，《考古学报》1976 年第 2 期。
② 贾兰坡、盖培、龙玉柱：《山西峙峪旧石器时代遗址发掘报告》，《考古学报》1972 年第 1 期。
③ 陈兆复：《古代岩画》，文物出版社 2002 年版。

器时代早、中期，人们能更多地使用骨器。① 浙江河姆渡遗址出土的柄页连体木桨说明当时已有独木舟，也在渔猎活动中乘用。②

有关原始舞蹈活动的遗物，如在青海省大通县上孙家寨，发掘出了一个新石器时代舞蹈纹陶盆，在陶盆的内壁，画有三组舞人的形象，他们手牵着手，整齐协调地翩翩起舞。③ 云南省沧源的古代岩画，也画有各种各样的舞蹈形象。有的手舞足蹈地模仿着狩猎的动作，抒发着获得猎物后的欢快心情；有的描绘军事活动的场面，模仿着争斗中的攻防动作。

可见，在原始社会后期，一些生产较为发达的部落，相对地有了一些休闲的活动。后世的武术，多半是由原始的带有军事活动的舞蹈演变而来的。文物为可信的实物，显示了古代早期出现的投掷、射箭、跑步、跳跃、游泳、操舟（划船）、舞蹈等活动，是应当时的社会生产和生活的需要而萌生的。只是随着社会的发展，当人们逐渐地意识到这类活动对于促进人的身心全面发展十分有益时，才逐渐地形成了人们所喜爱的体育运动项目。对于萌芽状态的体育活动，我们只能从以上文物中做出一些推测性分析，很难再现其具体的形象。

2. 与古代教育有关的体育遗存

古代教育活动中的身体教育，在原始社会后期就出现了。身体教育的内容，更多的是由成年人用言传身教的方式，锻炼和发展儿童的身体。学校产生以后，其教育内容取决于当时社会的需要。六艺是周代官学中的六门必修课程，即礼、乐、射、御、书、数。其中，射、御在于武备，即培养和训练学生的作战能力；乐在于习礼，也适用于武备，既陶冶学生性情，也训练学生的舞蹈动作，要求他

---

① 巩启明：《试论仰韶文化》，《史前研究》1983 年第 1 期。

② 浙江省文管会、浙江省博物馆：《河姆渡遗址第一期遗址发掘报告》，《考古学报》1978 年第 1 期。

③ 严文明：《甘肃彩陶的源流》，《文物》1978 年第 10 期。

们在集体动作中能做到协调一致。春秋时期，孔子办起私学，也教这六门课程。今天，我们从体育活动的角度去审视，说明古人还是重视身体教育的。

周代学校中教授射的技能有专门的教师，一般都是武职人员。西周时期开始的射礼活动，其主要目的在于利用射箭这种形式，进行道德教育。射礼程序的安排，显示出它是一种有着周密计划的、初具规模的射箭比赛。其中不仅严格地排列顺序、核实和记录成绩，而且以颁发奖旗作为比赛活动的结束。1952 年在河南郑州二里岗商代遗址内，出土了大量的青铜镞，就是射礼活动的例证。①

御即培养驾车技能，是古代学校中的重要课程。古代的战车，在商代、周代和春秋战国时期的城址或墓葬中都有出土。如河南安阳殷墟②、三门峡虢国墓地所出土的战车形制基本相近，说明自商代到春秋战国，战场上还是以车战决定胜负。

乐(舞)也是西周时期学校中的一门课。这种乐并非单纯的音乐，而是配合舞蹈的乐舞。西周时期的乐舞，用于不同场合的祭祀和典礼，对学生身心的健康发展，能起到良好的作用。在乐舞的教学中，教师根据学生身心的承受能力，对不同年龄的学生，教授不同的舞蹈。乐(舞)应该看做是体育舞蹈的渊源。

古代社会学校中的六艺教育，就是对学生进行文武合一的教育，包括文艺和武艺，在教育与教学的过程中，文与武也是结合的。所以，古代社会的六艺教育，属于对学生较为全面的教育。在身体练习中，射、御、乐等练习，在锻炼学生的意志、能力，陶冶学生的性情，养成良好的道德品质方面，都体现出了体育的教育意义。

3. 与古代军事演练有关的体育遗存

中国古代的武艺，最初只是服务于军事演练，但随着武艺的发

---

① 河南省文化局文物工作队：《郑州二里冈》，科学出版社 1959 年版。
② 中国社会科学院考古研究所：《殷墟发掘报告》，文物出版社 1987 年版。

展，人们从实践中认识到，有些运动项目也适合于人们日常的身体锻炼。于是，有些武艺从军事操练中逐渐分化出来，演变成了人们喜爱的体育活动，如足球、马毬、骑射、游泳、滑冰、疾走、跳高、跳远、武举和武学等，我们在这里主要介绍以下几项。

足球：古代的足球最初是以游戏形式出现的。足球的发展却是开始于军队的练兵。从文物和文献记载证实，古代足球上起战国时期，下迄清代中叶，相沿 2000 余年。宋代的陶枕、明代的五彩和青花瓷，以及清代康熙年间的瓷坛，皆画有女子和儿童踢球的各种姿势。[①] 明代印刷的有关足球书籍，有汪云程写的《蹴鞠图谱》，一卷计 21 篇，主要内容是介绍当时的蹴鞠技术、竞赛规则。另外还有一部未署名作者的《戏球场科范》，计 12 篇，介绍了足球游戏的方法和规则。

马毬：中国古代马毬自汉末到明代，相沿 1000 余年，经历了中国封建社会最繁荣的时期。马毬堪称古代体育项目的优秀代表。西安唐朝大明宫遗址 1956 年冬曾出土一块毬场奠基石，上刻"含光殿及毬场等大唐大和辛亥岁乙未月建"等字，说明宫内建有马毬场。[②] 在唐代章怀太子墓内有《马毬图》壁画[③]，韩斡绘的《宁王调马打毬图》，宋代著名画家李公麟的《明皇打毬图》等，再现了古人打马毬的形象。[④]

马术：古代马术也称马技，通常是在马匹的奔驰中，做出各种难度很大的表演。如山东沂南出土的东汉画像石《马技图》即为例证。[⑤] 马术一般在宫廷和军队中举行表演，规模较大。民间表演马术的，多是一些善于骑术的艺人。《东京梦华录》和《杭州府志》中

---

① 李秉果：《中国古代体育史插图本》，上海古籍出版社 2003 年版。

② 徐松：《唐两京城坊考》，中华书局 1985 年版。

③ 陕西省博物馆、乾县文教局唐墓发掘组：《唐章怀太子墓发掘简报》，《文物》1972 年第 1 期。

④ 李秉果：《中国古代体育史插图本》，上海古籍出版社 2003 年版。

⑤ 南京博物院、山东省文物管理处：《沂南古画像石墓发掘报告》，文化部文物管理局 1956 年版。

所记载的马术表演，属于宋代和明清时期，表演的技术动作名目繁多。见于《东京梦华录》的，有立马、翻马、跳马、献马、倒立、拖马、飞仙、镫里藏身、赶马、绰尘、豹子马、横身持刃等。见于图画的，有清郎世宁的《马术》和《马术图》，规模非常宏大。①

4. 与古代节日风俗有关的体育遗存

我国各个地区之间，由于生活习俗等的不同，对于源于生活需要的体育活动，有着直接的影响。如游泳表演、赛龙船等多在南方，滑雪和滑冰等则是北方的运动。加之我国又是个多民族的国家，不同的民族有不同的习俗。北方的胡人、匈奴、契丹、女真、蒙古族，除了善于骑射外，古代的摔跤高手也大都出自这些民族。古代社会普通人家只有在各种节日来临时，才有可能参与或观赏各种文娱和体育项目的表演。随着历史的发展，节日民俗中的体育活动，逐渐地形成了传统，并且成了民俗习惯的一个组成部分。

龙舟竞渡：古代的龙舟竞渡就是赛龙舟。云南省晋宁石寨山出土的西汉时期的铜鼓，上面铸有龙舟竞渡的纹饰。② 宋朝画家张择端绘制的《金明池夺标图》③，就是取材于北宋所建的金明池。金明池原为水师的训练基地，像龙舟竞渡等水上表演，说明当时也在金明池中进行。元朝王振鹏曾画过《龙舟夺标图》④，规模非常宏大。

冰戏：这是古代北方地区的冰上游戏，记载中也称"冰嬉"。从乾隆年间《冰嬉图》的画面上看，冰上表演大致可分为四类。第一类，表演者在规定的路线上，做环形的滑行。第二类，以单脚支撑做滑行动作，其中有"金鸡独立"、"燕子戏水"、"凤凰展翅"以及用退滑表演"果老骑驴"等各种花样。第三类，在滑行中射准，名

---

① 徐永昌：《文物与体育》，东方出版社2000年版。

② 林声：《晋宁石寨山出土铜器图像所反映的西汉滇池地区的奴隶社会》，《文物》1975年第2期。

③ 李秉果：《中国古代体育史插图本》，上海古籍出版社2003年版。

④ 同上。

为"射天球"。第四类，舞幡。表演者以动作的转换振动幡上的响器，使远近的观众不仅能看到幡飞上下，而且能听到有节奏的铃声。①

角抵：这就是古代的摔跤运动。角力就是角抵，其后又称相扑、争交、贯交、校力之戏，不过内容不尽相同。陕西省长安县客省庄的一座古墓葬中，出土了一对青铜镂雕带（古代作为带纽之物），镂雕相扑场面十分生动。② 在湖北省江陵凤凰山的西汉墓中，出土了一件木篦。篦背的一面绘的是摔跤的图像。③ 南北朝时期，摔跤比赛成了社会文化活动中的一项重要内容，如敦煌莫高窟北第290窟人字坡顶窟东西两面，有六条连续长达20多米的长卷佛传连环画，其中就有十分珍贵的"摔跤图"④。

角牴戏（乐舞杂技或百戏）：汉代，摔跤已成为一种经常性的竞赛活动和技术表演活动，而且，将乐舞杂技表演相继并入，总称为"角牴戏"。从东汉张衡的《西京赋》、李尤的《平乐观赋》中，可以看到东汉时期的角牴戏，已经有了寻橦、走索、弄丸、燕濯、冲狭、叠案、车戏等项目。内蒙古自治区和林格尔汉墓壁画，有一幅《角牴戏》图，图中画有寻橦表演的形象。⑤ 山东沂南汉墓画像石《索技图》中，有三人在索上表演，一人在索上用手倒立而行，另外两人一左一右，在索端作单腿支撑的舞蹈，索下倒竖四把刀剑，刀剑锋芒朝上，以示场面之惊险。⑥ 山东沂南出土的东汉画像石墓中表演弄丸的人能把七把短剑抛在空中更迭往复，而且剑常在空中。⑦

角牴戏（百戏）的发展，正是古代节日风俗中的需要，所表演

① 徐永昌：《文物与体育》，东方出版社2000年版。

② 中国社会科学院考古研究所：《沣西发掘报告》，文物出版社1962年版。

③ 长江流域第二期文物考古工作人员训练班：《湖北江陵凤凰山西汉墓发掘简报》，《文物》1974年第6期。

④ 易绍武：《敦煌壁画中所见的古代体育》，《敦煌民俗研究》，甘肃人民出版社1995年版。

⑤ 内蒙古文物工作队、内蒙古博物馆：《和林格尔汉墓壁画》，文物出版社1978年版。

⑥ 南京博物院、山东省文物管理处：《沂南古画像石墓发掘报告》，文化部文物管理局1956年版。

⑦ 同上。

的内容，多数具有体育的性质，其中有的项目发展成了传统的体育。元代以后，百戏的内容更加丰富，但习惯用各种乐舞杂技的专称，百戏作为统称逐渐废用。

5. 与古代休闲娱乐游戏有关的体育遗存

把古代社会的各种游戏列入古代社会的体育活动，是因为其性质对于恢复人的体力、调节精神、消除疲劳等，都能起到一定的积极作用，使人们在一张一弛、一劳一逸的转换中，增进身心的健康，并使人们在游戏中体会探索和竞争精神，提高心理方面的承受能力。古代社会具有娱乐性质的游戏，在已发现的文物和文献记载中，主要有捶丸、棋类、秋千、风筝、投壶、木射等。

捶丸：这是一种徒步打球运动，唐代称捶丸为"步打球"，北宋称为"步击"，是马球运动的补充与发展。文物中的捶丸图，是元代人在山西省洪洞县水神庙中留下的一幅明代画家杜堇所作的《仕女图》壁画。[1]

围棋：唐代的《仕女围棋》绢画，都是描绘宫中的仕女在下围棋。[2] 唐宋时期出现的职业棋手，不论棋待诏还是棋工，对宫廷贵族阶层、文人学士乃至普通市民的围棋活动都起到了推动作用。

象棋：文物中有河南省开封发掘出土的北宋时期的铜棋子[3]，还有清代用象牙磨制的象牙棋子[4]。这些棋子的出土，应该视为中国象棋定型的标志性的阶段。象棋发展到北宋后期，已是棋子 32 个，盘中以河为界，棋盘纵十路，横九路，各方将、帅在本方宫墙之中。

投壶：这种带有娱乐性质的游戏，在中国古代长期存在，从春秋时期到清代，相沿 2600 余年。如河南省南阳出土的汉代画像石就

---

① 徐永昌：《文物与体育》，东方出版社 2000 年版。
② 新疆维吾尔自治区博物馆、出土文物展览工作组编辑：《丝绸之路——汉唐织物》，文物出版社 1972 年版。
③ 李秉国：《中国古代体育史插图本》，上海古籍出版社 2003 年版。
④ 同上。

有投壶的图像。①

6. 与古代宫廷贵族田猎活动有关的体育遗存

古代文物和文献记载中，有许多是塑造和描绘历代宫廷和贵族生活的。在他们举办的礼仪和庆典活动中，不仅有歌舞演唱，还有武艺方面的校阅和表演。这些校阅和表演的内容，一部分属于古代体育活动项目。换言之，古代的体育活动，有些项目是借助宫廷贵族特有的生活条件发展起来的。

以田猎为例，从公元前 11 世纪的西周直到 19 世纪的晚清，相沿 3000 余年，始终是古代传统的体育活动。元、明、清三个朝代，京都的郊区，除东面是贯通南北的大运河外，南有南苑，西有西苑，北有北苑，都辟有广阔的皇家围场。古代的田猎活动，起初总是和军事训练结合在一起的。在田猎中不仅能显示人的勇敢精神，而且也能验证将士的实战能力，以及在打猎中如何体现相互间的配合。古代的田猎，既是军事大典，也是将士的综合演习。只是到了秦汉时期，才变成了帝王和贵族们的娱乐活动。春秋镶嵌狩猎纹画像豆、内蒙古自治区和林格尔东汉壁画墓《狩猎图》②、嘉峪关魏晋壁画墓狩猎画像砖③、唐李寿壁画墓《狩猎图》④、明《宣宗狩猎图》,⑤ 画面上均为皇家猎场。

7. 与古代各种保健防病有关的体育遗存

古代保健防病中的体育活动，体现了人们在长期与疾病作斗争中所积累的宝贵经验。这些经验表明，中国传统体育活动有它自身

---

① 河南省文化局文物工作队：《河南南阳杨官寺汉画像石墓发掘报告》,《考古学报》1963 年第 1 期。

② 内蒙古文物工作队、内蒙古博物馆：《和林格尔发现一座重要的东汉壁画墓》,文物出版社 1978 年版。

③ 甘肃省文物队、甘肃省博物馆、嘉峪关市文物管理所：《嘉峪关壁画墓发掘报告》,文物出版社 1985 年版。

④ 李秉国：《中国古代体育史插图本》,上海古籍出版社 2003 年版。

⑤ 徐永昌：《文物与体育》,东方出版社 2000 年版。

的特点和长处，反映了古代保健防病的体育活动。

湖南省长沙马王堆三号汉墓出土的帛画《导引图》，形象地画出了2000多年前，人们是怎样练习导引的情形。① 与此同时，有关保健防病的意识在古书中特别是在医书中，也有大量的记载，人们把书中所记载的真知灼见，称之为养生之道。古代大量的医学书籍，很多都与体育健身有关，是有助于人们强身健体的。

中国中医研究院藏有明代刻印的古籍《黄帝内经》。这部古代的医学著作反映的是公元前3世纪之前，先秦时期的医学思想。其中，从医学的角度论述了如何通过身体运动，做到保健防病。古代导引之所以能够经久不衰，除了它具有保健防病的明确目的，使练习者能从中受益之外，还由于它能在不同的历史时期，从医学中汲取营养而不断发展。只有医学知识能帮助人对疾病有较为科学的认识。

帛画《导引图》在图侧注有病名，这是导引与医学最明显的结合。帛画《导引图》所绘的是古代的保健医疗体操图式。图像中既体现了保健防病的目的，又结合了传统的医学思想，并且在运动形式上，采用了多种徒手和持械的体操的练习方式，便于推广。

天津历史博物馆藏有一件战国时期的玉佩。这块玉佩呈12面体柱状。玉佩上篆刻有"行气"铭文45个字。"行气"作为一种运动方式，所包括的内容归纳起来是两个方面、三个部分。两个方面是指，练习"行气"能使人从形体和精神两个方面得到锻炼；三个部分是指，"行气"的练习方式是由调息、调身、调心所组成。②

8. 与中华武术有关的体育遗存

武术就是人们在不同的历史时期，徒手格斗和运用武器攻防格斗的技术。随着社会的发展，人们把武术除用于军事外，还在教育、健身以及表演方面发挥它的作用，使得中华武术在古代体育中，成

---

① 何介钧、张维民：《马王堆汉墓》，文物出版社1982年版。
② 徐永昌：《文物与体育》，东方出版社2000年版。

为最有生命力的传统项目，逐渐形成了南拳、形意拳、华拳、通臂拳、查拳、少林拳、炮拳、太极拳、红拳、六合拳等拳种。到了明代，戚继光对拳术做了详尽的分析，他在《纪效新书》中就曾经记载了宋太祖的"三十二式长拳"。明代，拳术已经出现了内外家，内家是以少林武术为代表，外家是以张三丰创立的武当武术为代表。到了清代，几大拳系已经逐渐形成，当时文献记载的拳系有几十个，拳套路有几百种。少林寺有一幅《拳术演练纹》的壁画，很形象地展示出清代拳术已经非常普及了。①

器械演练是随着武术器械的丰富和拳术的发展而出现的。汉画像石就有许多表现器械演练的画面，如河南省出土的汉画像砖上有两个人在击剑。② 除了击剑，当时还有其他器械的技法，剑对钩镶、剑对戟等多种，有单人训练，也有双人训练。所以，器械演练除了实战外，在民间互相之间的演习也非常普及。三国吴朱然墓里曾经出土了一个漆盘，上面有两个小童进行对棍表演的画面，这叫棍术，可见在三国时期民间都已存在。③ 从宋元一直到明清，出现了一个关于 18 种器械演练的统称，叫"十八般武艺"。在明清绘画当中，我们可以看到有关器械演练的场景。

综上所述，体育考古学的研究对象既有带有体育性质的遗物，如石器、骨器、青铜器、铁器等，也有遗迹，如岩画、画像石、壁画和有关的遗址等，还有历代留存下来的相关的文献史料和图像资料。体育考古学是考古学的又一个研究专题，其研究的对象——实物资料是通过考古学的方法论，即调查、发掘和研究所取得的。关于体育考古学研究对象的探讨，首先要明确哪些古代的遗物和遗迹以及文献资料带有体育文化的信息和内涵，这对于进一步探讨何谓"体育考古学"至关重要。

---

① 李秉果：《中国古代体育史插图本》，上海古籍出版社 2003 年版。
② 同上。
③ 同上。

第四节　体育遗存的调查和发掘

体育考古工作者在研究之初首先要搞清楚研究的目标是什么，然后就是制订详细的行动计划。通常设计一个研究计划的程序主要包括如下四个阶段：一是提出问题；二是开展田野工作，搜集、记录可以证明理论的实物资料；三是从检验原始想法的角度去分析资料，探究对材料的解释；四是以书刊等的形式发表结果。这四个阶段在实际工作中可根据所搜集、分析的材料作出修正。以下主要讨论其调查与发掘的方法。

一、调查

考古调查是考古发掘的基础。我们只有通过细致、深入的调查，才能确定发掘的地点和对象，并决定采用什么方法进行发掘。考古调查工作本身就是一个科学研究的过程。有些考古学中的问题，不一定非要进行考古发掘，通过考古调查就能解决某一文化在地域上的分布范围、文化与地理环境的关系等问题。

1. 准备工作

在调查前，一定要做好必要的准备工作。查阅有关古代人类体育活动的文献和考古书刊，并摘录有关资料。同时，充分利用地图和地名学的研究成果，以便得到古代体育活动的遗迹和遗物的线索，并在地图上标出记号，便于重点调查。准备必要的用具，如照相机、望远镜、罗盘、皮尺、绘图用具、手铲、地质锤、探铲、地图、日记本等。

2. 确定对象

体育考古调查的对象主要有平地上古人体育活动的场地遗址、古代石窟壁画、古代文献、都邑和城寨址、古代坟墓、古代岩画、箭镞、兵器、有关古人体育活动的器具等各种器物和它们的碎片等。

3. 具体的调查内容

调查人员到达调查地点后，首先要向当地居民了解附近有什么古迹和出土过什么古物，查看当地文化馆、博物馆和私人收藏的文物，并与出土地点相印证，然后再根据实际情况确定调查路线和每天的调查范围。实地勘察时要特别注意地形，仔细观察地面上的现象。要充分利用沟沿、路边、山崖等各种断面，寻找遗迹和遗物的露头，并了解文化层的情况。有些地点，如泉水附近、河流的交汇处及黄土地带的台地往往有居住遗址，石灰岩山坡往往有洞穴遗址，湖滨、海边往往有贝丘遗迹，都应十分注意。在调查过程中，要做好文字、绘图、照相和测量等各种记录，并采集标本，以供室内做进一步的分析研究。

4. 采集标本的标准

一般来说，小件的如石器、骨器、铜器、铁器、陶器等，都要收集。大件的器物和石刻，不便运走的要做好记录，交给当地政府妥善保护和保管，至于陶片、瓷片，如果数量多，则应选择一部分有代表性的作为标本收集。

古代人类体育活动的遗迹和遗址的发现可以通过两种方式。一是从地面进行调查。上面所说的四个步骤就是地面调查的常用方法。二是从空中进行的勘查。过去的田野考古调查主要是从地面进行的，随着科学技术的突飞猛进，现在的田野考古调查，如果是技术需要的话，地面与空中可以同时进行，提高了调查的准确性，也节省了时间。地面调查方法包括查阅文献记载和地名材料，但主要是通过

第四章　敦煌体育研究的方法

田野工作。甘肃金塔地区新石器时代的射猎石器具的调查工作①，就是采用了地面调查的方法。空中勘察实际就是航空摄影，然后对拍摄的胶片进行分析，这是一种新的考古调查方法，它最大的特点是可以记录、解释和考察遗址的历史变化。

航空照片以及探地遥感已经发现而且每年仍在不断发现大量的遗址。新技术正以各种方式影响航空摄影。计算机图形处理能提高图片的清晰度和对比度。图形的数字化处理也已发展起来，无论是倾斜的还是垂直的航片都可以进行转换而与该区域的地图相匹配。使用计算机程序可以将数幅照片进行转换后相结合。对处于两块现代田地之间、作物标志因年而异的遗址来说，这种技术尤其有用。

判断遗址和遗迹布局的方法有以下几种。一是遗址的地面调查。二是地下探测。探铲是最常用的方法，通过探铲的钻探，可以获取遗物和遗迹的信息。三是大地遥感。为了避免对遗址造成扰动，还有多种理想的且没有破坏性的手段，即地球物理遥感技术，诸如地震和声学的方法、电磁方法、电阻率方法、磁调查方法、金属探测器方法等②。

二、发掘

虽然通过调查发现了古代人类体育活动的遗迹，并且尽可能多地将这些遗址地表及地下的遗迹测绘出来，但是，发掘仍然是检验地表材料可信程度、增强遥感调查精确性以及揭示遗址中到底存留有什么的惟一方式。体育考古发掘的目的有二：一是探寻历史上特定时期古代人类体育活动的信息；二是探寻不同时期古代体育活动变化的信息。同一时期的古代人类体育活动在空间上是横向发生的，在横向的维度上体育考古工作者通过发掘，找出令他们满意的人工

① 陈康、段小强：《金塔县所见新石器时代的射猎石器具》，《敦煌研究》2003 年第 1 期，第 8 页。

② 科林·伦福儒、保罗·巴恩：《考古学》，文物出版社 2004 年版，第 98 页。

遗物和遗迹，是在一个原生单位中共存来表明共时性，即古代人类体育活动确实是在同一时期展开的。但是，实际情况是有不少形成过程可能导致原生单位的破坏，对这些遗址，在发掘过程中和发掘结束后必须尝试复原扰动的情况，之后决定如何进行解释。如要进行成功的解释，必须随着发掘工作的展开做详细记录。不同时期古代体育活动的变化在时间上是纵向发生的，在纵向维度上，体育考古工作者须要通过层位学的研究来分析阶段性的变化。

层位学，是借用地质地层学对地层的研究原理——即地层由下向上，由早及晚，逐层叠压，以至于今。用这种方法获取和分析田野考古挖掘中的研究资料。考古地层的形成比地质层位形成的时间要晚得多，但都遵循相同的叠压规律。简言之，在递相叠压的层位中，下面的堆积形成要早。一系列层位的探方剖面图，构成了一个随着时间而成的堆积序列。

最好的发掘方法就是不要进行挖掘，用非破坏性的方法来达到我们的研究目的。一般来说，发掘方法有两种：一、强调纵向关系，通过发掘深厚的堆积来揭示层位；二、强调横向关系，大面积揭露某一层位来揭示该层遗迹与遗物的平面关系。大多数发掘者综合使用这两种方法，但各自的手段并不相同。所有人都认为，先对遗址进行调查，并布探方以有助于精确的记录，不论发掘方法如何，只有复原和记录手段完善，发掘才可称完美。发掘对许多材料造成破坏，且不能重复进行。因此，必须考虑复原方法，并在发掘过程的每一个环节做好详细的记录。

对田野挖掘的实物资料进行类型学分析是一项重要的工作。考古类型学是借用生物进化论和生物分类的原理，对考古发掘出土的遗物、遗迹进行科学整理、分类、分析、比较研究的方法。发掘的遗物首先要做初步的分类，如石制工具、陶器和金属器，之后再将这些大类进一步划分，归并成更多的组以便日后分析研究。通常依如下三个特点进行类型划分：（1）表面特征（包括装饰和颜色）；（2）造型特征（三维构形与形制本身）；（3）工艺特征（主要指原

材料）。有相似特征的人工遗物并为遗物类型，而所谓的"类型学"即指这些类型的构建。

第五节　体育遗存的测年方法和年代

有关体育的遗物被发现以后，首先要搞清楚的就是这件器物的年代，以及这件器物上所承载着古代人类体育信息的时间。考古类型学、考古地层学可以帮助我们认识器物的相对年代。如欧洲大陆使用工具的三大体系石器、青铜器和铁器，并有考古地层学证实其年代序列为：石器的出现早于青铜器，铁器的出现晚于青铜器。用这个序列研究并讨论从这个序列的一个阶段到另一个阶段工具技术的演变，而无需知道每个阶段的具体年代。相对纪年法就是依据器物、沉积物、社会以及事件的早晚顺序，早的在前，晚的在后。

要对发现的体育遗物的具体时间做出判断，需要绝对测年方法。绝对年代帮助我们认识变化的快慢程度，比如中国古代的马球运动，它是起源于中华大地还是由域外民族传入的。

对于体育遗物的时间测量，现代天文学和核物理的方法被广泛应用，其中最重要的要算放射性时钟的应用。不管测年方法是什么，我们须要对时间统一测量来构筑年代学框架。大多数人类时间测量系统以年为基础，以年为单位必须有一个固定的时间点做参照，许多学者都用"公元前"（BCE）和"公元"（CE）。用放射性方法得出的年代，需要一个中性的国际系统——距今（BP）。这种方法也同样需要一个固定的时间点，将距今定义为"距1950年"（大约相当于 Libby 建立第一个放射性测年方法——碳14法的那一年）。在纪年转换的时候必然有误差，比如把 BP 纪年转换到 BCE/CE 纪年，一般来说两个术语之间50年左右的差异可以忽略。对于远古时代，测定遗址和事件的"真实"年代最多也只能准确到几千年。

1. 体育遗物相对年代的测定

在体育考古的研究中，重要的一件事就是给事物排序。被用来排序的事物可以是地层发掘的考古沉积物，也可以是类型学序列中的器物，还有就是地球环境变化的序列，比如全球冰期的变化序列，所有这些序列都可用于相对测年。

用地层学的原理进行相对测年的时候，重要的原则是下面的地层首先沉积，所以也就早于叠压在上面的地层，因而连续的地层可以提供从早（底部）到最晚（顶部）的相对年代序列。进行体育考古发掘的目的就是获得上述序列，要探测地层的有关古代人类体育活动的沉积物是否被人为的或自然的扰动，要根据观察到的地层信息，对不同地层的堆积构建可靠的相对年代序列。公存于同一地层的沉积物，是指它们是同时被埋进去的。如果堆积是封闭的，地层没有被其他地层破坏，公存物可以认为不晚于堆积本身，这样，封闭堆积的地层序列给出了这些堆积公存的埋藏物的时间序列。如果知道了某一件器物的绝对年代——比如一块木炭可以在实验室作碳14 测年，也就知道了封闭堆积和其他公存物的绝对年代。

研究氮、氟、铀含量的化学测年方法可以有效判断在相同的地层堆积中公存的几个骨质样品实际的相对年龄是否一致。堆积中的骨头里的蛋白质含量随化学降解的过程而逐渐减少。现存蛋白含量最有效的指标是骨头中的氮含量。现代骨头中的氮含量大约是 4%。骨头中的氮含量减少的速率取决于埋藏环境的温度、水分、化学成分和细菌水平。对同一个遗址而言，化学测年方法可以识别具有明显的公存关系而年代不同的骨头样品。

用类型学原理进行相对测年的思想包含两层意思。第一，特定时间段和地点的产物具有可供鉴别的风格，通过特定的形状和纹饰在某种意义上反映了制造它们的那个社会的特征，通过器物的风格来对个别器物进行识别和归类，并把它们放到类型学序列中的特定位置。第二，器物风格的变化是一个渐变的过程。这实际就是反映

了一个"相似相近"的原则。要确定一件器物的相对年代，最好的方法是将其与已被完善的类型学体系所识别的一件器物相比较。

2. 体育遗物绝对年代的测定

利用早期历法和历史年表可测体育遗物的绝对年代，就是依据考古学与古人建立的年表和历法之间的联系。在古代社会，有专门的史官用文字把当时所发生的事件记录下来，中国就是用连续的"帝王""朝代"来记录历史的。如果要给所出土的体育遗物定年，可根据历史年表查证，或者通过共存物上的铭文查证所属的统治时期。

放射性时钟测定体育遗物的绝对年代是一种可靠的办法，它利用的是放射性衰变的原理，其中最著名的方法是碳14，它是目前测定大约5万年以来年代的主要测年手段。测年范围比碳14早的主要放射性测年方法是钾氩法、铀系法和裂变径迹法。热释光方法（TL）的测年范围可与碳14重叠，但也可以测定更早的时段，它与光释光和电子自旋共振都是俘获电子的测年方法，间接依靠放射性衰变。①

第六节　古代人类体质考古

体育也是关于人的科学，体育活动的主体是人，体育活动的目的之一就是使人的身体变化，朝有利的方向发展。所以，对古代人类体质特征的研究也是体育考古学的任务之一。体育考古学对古代人类体质的研究目的，是利用人的遗存来揭示死者的年龄和性别，进行骨骼测量，分析人活着时的健康状况与身体活动的关系等。随

---

① 科林·伦福儒、保罗·巴恩：《考古学》，文物出版社2004年版，第150页。

着生物化学和遗传学的发展，对古代人类身体遗存的研究多向分子层面展开，现在主要依靠骨骼学理论进行研究。人体遗存是体育考古学的重要研究对象。

人体遗存存在的形式有两种情况。第一是有完整的尸体、整个骨架或头骨，根据人体的特征辨认人体骨骼和大块的骨骼碎片是不难的。在最近的一些精细发掘中，发现了一些个体的头发，在显微镜下可以确认是人的头发。第二是尸体消失了，某些证据仍能残存下来。人体遗存在一些特殊的土质中就被分解了，但是留下了一个"人形窟窿"，在窟窿里填充石膏就可恢复当时的人体形态。一些酸性沙土毁了大部分人体遗存，留下了一些人形的沙轮廓，如果用紫外线照射这些痕迹，"骨骼"会发出荧光，就可以将其照相记录。

1. 性别的判断方法

通过科学的发掘，采集到古代人类的身体遗存后，重建性别是重要的工作。对于不含软组织的人骨架和骨头，可以用多种方式进行性别的判断。第一种方式是通过骨头对性别进行判断。盆骨的形状可以作为性别判断的特征，男女的盆骨生理特征是不一样的，男性盆骨较窄、弓部较高；女性盆骨宽、空腔较大。骨骼的其他部位也可以用来区分性别，男性骨骼一般较大、较粗壮、较长些，女性的胸骨较短，肌肉接节较小且较细长。男性的头颅较大，眉脊和耳盾的乳突骨较突出，前额低缓，下颌和牙齿粗壮。在对骨骼进行测量分析时，不能用单个的骨骼进行分析推断，因为不同地域的人类族群会有特例出现。营养水平的原因也可造成一些地区女性的胫骨较粗、较长。我们应该将不同来源的结果综合起来分析。第二种方式是用 DNA 的方法来鉴定骨骼的性别。

2. 身高、体重的测量方法

尸骨保存完整的话，身高容易测出，如新疆楼兰出土的干尸，只要我们将干化过程中造成的收缩度考虑在内就可以了。出土的不

完整尸骨，可以从某些长骨的长度来估测人的身高，长骨一般指的是腿骨、手臂。从长骨的长度来计算大概身高的公式叫做退行等式，即骨头长度与身高的测量值关系。需要注意的是，不同的人群身体比例是不同的，澳大利亚土著人和许多非洲人的腿较长，往往是身高的54%，而某些亚洲人的腿长只有身高的45%。在骨骼材料不明的情况下，一般可用平均的腿骨长度，允许反映的身高误差在5厘米内。

保存完好的尸体的体重也是容易计算的，干化后的体重一般是活体的25%—30%。知道身高也是一个线索，从当代的资料中我们知道，在特定的身高下，如果不是特别瘦或特别胖的话，男女的体重是有一定范围的。

3. 死亡年龄的判别方法

我们须要知道，死亡的生理年龄是一种范围，即少年、成年和老年，而不须要精确到年和月。牙齿是鉴定年龄的最好标本。通过对牙齿微结构的研究，发现牙齿珐琅质的生长率是有规律的，其细微的生长线构成的脊线是可以测量的。人类每一个星期就会生长一条新的脊线。通过研究测量化石牙齿标本的生长脊线，可判断死者生理年龄。骨头也可以用来估测年龄。

第五章
敦煌体育
文物调查研究

　　这一专题主要是给同学们讲如何用体育考古学调查的方法获得体育新材料。调查的范围是敦煌及周边地区，包括酒泉、金塔、河西走廊的相关城市以及丝绸之路发现的体育文物。通过体育文物调查，主要发现了四个方面的文物：金塔县发现的新石器时代的射猎石器具；敦煌及河西走廊各县城发现的青铜箭镞；敦煌发现的古代围棋子；甘肃东南部的"石球"。下面分别对这些文物进行发现过程、器形、材质、制作及年代做初步的整理研究。

第一节　金塔县新石器时代的射猎石器具

1. 石器的发现

金塔县地处河西走廊东端巴丹吉林沙漠的边缘，境内戈壁绿洲，沙漠浩瀚。县城东北的五星乡榆树井、砖沙窝附近（图1），近几年每当沙尘暴过后，当地农民（主要是十九屯）都去这里采集古董（图2），人们把这里叫古董滩。我们了解了这个信息后，从几个收藏家手中看到了这些文物，感到很振奋，因为这都是史前的石器工具。一直以来，我们都想了解敦煌及周边地区的史前人类的状况，这些发现给了我们机会。笔者曾先后于1999年8月和2000年9月两

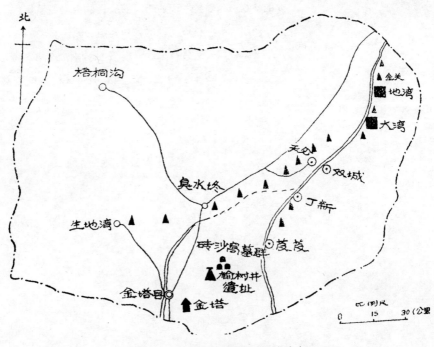

图1　金塔射猎石器具发现的地方

图2　古董滩

次专程赴该地走访调查，向当地农民征集到 300 多件石器。本文就是对这些石器的初步整理。

2：石器的原料

从采集的石器看，当时人们对制作石器的原料是有所选择的，要求石料有一定的硬度和韧性，同时产量要大。此类石器的原料绝大多数为优质的玛瑙，其性质坚硬而均匀，有黄色、红色、白色和黑色等，有的透明或半透明；次为质地与典型燧石相似的一些硅质石料和石英石；还有一定数量的燧石和软玉。

史前人类生产能力低下，运输工具原始落后，生产工具的加工都采用石质原料，并且是就近取材。关于新石器时代以前的生产工具的加工原料都是就近取材，这一理论已被广大学者认同，这里不展开论述。我想说明的是这些射猎石器工具采用了大量的戈壁玛瑙、硅质石料和燧石等原料，这些材料在当地戈壁滩上都能捡到，证明这些材料当地大量拥有，也进一步证明了史前工具生产的就近取材原则。

这些史前射猎石器工具中还有一定数量的透闪石材料的工具，

而这些材料我们在当地调查过程中没有发现。我们进一步观察了这些透闪石材料，发现一小部分是戈壁玉，还有很多为新疆和田软玉。这些以新疆和田玉为材料制成的工具值得我们深入研究。我们有一个推测，就是这些生活在河西走廊的史前人类是在迁徙的过程中求生存的，迁徙的方向是由西向东。在迁徙过程中就把新疆的和田玉带到了金塔，并做成了生产工具。新疆和田玉是一种坚硬而具有一定柔韧性的美丽的石头，史前人类都以石为工具，新疆和田玉不可能不吸引史前人类的注意，把美石作为生产原料加工成工具，在迁徙的时候带上是顺理成章的事。

3. 石器的类型

此类石器有镞、投枪头、矛、石核、小石叶、尖状器、石刀等七大类，由于是地面采集，无法判断它们的原生底层及埋藏状况，难以反映文化的全貌。笔者从中精选 110 件分类说明如下。

（1）石镞

40 件，有圆底、平底、凹底三种。

圆底石镞 6 件，镞身长 1.7—2.8cm，底宽 1—1.6cm，厚 0.1—0.5cm（图 3-1）。

平底石镞 10 件，镞身长 1.8—2.8cm，底宽 1.1—2.8cm，厚 0.2—0.4cm，较直，前端斜收成峰，似"圭"形（图 3-2）。

凹底石镞 24 件，除全面精细压制外，还把两侧打制出细密的锯齿，可分为三式：

Ⅰ式 8 件，镞身窄长，镞底稍微内凹，长 1.9—2.7cm，底宽 1.1—1.9cm（图 3-3）。

Ⅱ式 9 件，镞身较宽，镞底内凹明显，长 1.9—2.8cm，底宽 1.3—2.2cm（图 3-4）。

Ⅲ式 6 件，镞身较小，镞底内凹明显，长 1.4—1.7cm，底宽 1—1.4cm（图 3-5）。

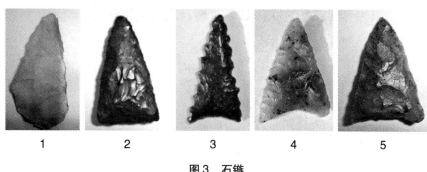

图 3　石镞

（2）投枪头

5件，形状与石镞相似，亦两面压制，硅质石料制成，个体较大，而且也厚，应为装柄投杀野兽的投枪头。可分为两型：

I型，2件，两侧以较大的斜度向上收成峰，单面形成隆脊，剖面呈三角形，长 3.8—4.9cm，底宽 1.2—2.1cm，厚 0.5—0.6cm（图4-1）。

II型，3件，双面形成隆脊，剖面呈菱形。长为 4.2—5.1cm，底宽 1.8—2.4cm，厚 0.5—0.7cm（图4-2）。

图 4　投枪头

（3）石核

40件，大部分为玛瑙制品，从制作工艺和形制上可分为楔形石核、锥形石核、柱形石核三种。

楔形石核，6件，扁体楔形，一侧剥片，另一侧保持刃缘。根据石坯和处理方式的不同，可分为两式：

I式，扁块状，4件，略呈长方扁平楔形，台面平坦或斜坡状。

玛瑙石直接打成扁平块状的楔形石坯，然后沿较厚的一侧用压制法连续剥片，遗有并排的条状疤痕（图5-1）。

Ⅱ式，片状，2件。形制与Ⅰ式相同，用石英石面片修面坯体打磨而成（图5-2）。

锥形石核，28件，核体基本圆锥形，据形制和制作工艺可分为三式：

Ⅰ式，有侧翼的圆锥形，7件。与楔形石核Ⅰ式相似，核体圆锥形，有侧翼。它不是楔形石核剥片后缩小的，而是有意制作的（图5-3）。

Ⅱ式，圆锥形，16件，与Ⅰ式相似，没有侧翼，核体周壁有剥片的疤痕（图5-4）。

Ⅲ式，半圆锥形，5件，与立式相似，核体的一壁平坦，横剖

图5 石核

面呈半圆锥形（图 5 - 5）。

柱形石核，6 件，圆形或半圆形的棱柱状（图 5 - 6）。

（4）石叶

8 件，全为玛瑙所制，形制为叶形，可以分为四型：

I 型，2 件，长条形，两面压制刃部，一端齐平，一端漫圆，长 2.2—3.8cm，宽 0.4—0.8cm（图 6 - 1）。

II 型，1 件，两端齐平，长 2.3cm，宽 0.6cm（图 6 - 2）。

III 型，4 件，柳叶形，一端尖弧形，长 2.4—3.8cm，宽 0.6—0.7cm（图 6 - 3）。

IV 型，1 件，两面隆起，打制刃部，长度 2.8cm，宽 0.7cm（图 6 - 4）。

1

2

3

4

图 6　石叶

（5）尖状器

2 件，出尖，一件双肩明显，一件不明显，尖部鸟喙形。器身皆为椭圆形，背部弧形下收在尖。长度 1.3—2.8cm（图 7 - 1；图

7 – 2)。

1   2

图7　尖状器

（6）石刀

3件，片状，体型较大，打制而成，形制可分为两式：

I式，2件，尖端矛形，底端平直，器身扁平，长为9.1cm，宽2.7cm，两面打制疤痕密集，由两侧压制成刃，中间稍厚，两边薄（图8 – 1）。

II式，1件，像现代厨房用刀，长为6.2cm，宽2.1cm，一边为刀背，较厚，一边打制成刃，较薄，下部打磨收成刀把（图8 – 2）。

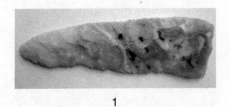 

1   2

图8　石刀

（7）石矛头

6件，三角锥形，椎体面积基本相等，磨制而成，形制可分为四式：

I式，1件，锥体较长，尾部与锥尖结合部有棱台，长6.6cm

（图9－1）。

II式，3件，锥体较短，无棱台，长4.6—6cm（图9－2）。

III式，1件，锥体菱形，长5.9cm（图9－3）。

IV式，1件，叶状，一面有凸脊，一面平，长8.5cm（图9－4）。

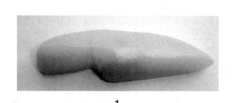

1

2

3

4

图9　石矛头

4. 石器的制作方法

此类石器工具的制作过程，一直都困扰着考古学家，如此坚硬的玛瑙、戈壁玉石等材料，新石器时代的人类到底使用了什么工具，把它们制造的如此精细和锋利？从石器表面的加工痕迹来看，好像

玛瑙、戈壁玉石等材料就像"豆腐"一样软，是被"刀子"一片一片削出来的。

通过考古工作者的实验分析后，大体的制作方法基本上了解了，而一些关键的、细微的制作技巧现在还是未解之谜。这类石器是间接打制的细石叶或使用后第二次加工成的工具，如石镞、尖状器等，也包括剥离石叶后剩下的细石核，下面分别介绍：

石镞、石刀、投枪头，制作基本相似，通体压制，制作精细，打制方法有两种：一是修理台面的，二是未修理台面的。这些器具呈片状，体薄而长，形状规整，打击点均匀，一般是锤击。

楔状石核断面呈楔状，一端剥片，尖窄一端剥片时用于固定。片疤浅而窄长，台面经多次修理，使台面角保持锐角，以便剥片。柱状石核断面呈棱柱状，周围布满窄长而浅的片疤，从相对两个方向剥片，台面修理成柱状。

石叶，用薄石片制成，一侧先由近端从脊向破裂处修理，至中途反转继续修理，使之成刃；另一侧中部开始从破裂面向脊面修理，又使成一刃，两侧刃缘在远端平行或相交成歪尖。

石矛头，用锤击法将石块或石片打成荒坯，用喙锤将疤痕脊棱喙平，再在磨石上研磨。

5. 结语

（1）金塔县的这批石器与彩陶片、贝壳等共存，器表均有明显的风沙侵蚀的痕迹，器形细小，绝大多数为石镞、石矛等射猎器具，还有两个明显的工艺特点：一是选料精，工具材料都是玛瑙、玉等；二是做工细，都是精细打磨。所以，这批石器都应该是北方沙漠草原地区新石器时代所特有的细石器工具。50多年来，细石器在我国尤其是北方地区多有发现，唯河西走廊地区鲜有报道。

（2）通过这些新石器时代人类的遗物，证明在敦煌、金塔地区新石器时代就有人类在活动。这些工具主要是由石镞、石矛、石质投枪头、石刀等组成。石镞，是射杀小动物的工具，使用的时候把它夹绑在细竹竿或是小木棍上，再由原始的弓弹射出去，是后来青铜箭镞的前身。石矛，是刺杀较大动物的工具，使用时绑在较粗的木棍上，是史前人类手持石矛在围猎较大的猛兽或其他一些动物时使用的工具。投枪头，在使用的时候也是绑在木棍上，较远距离就可以投掷过去杀死动物。石刀是近距离砍杀动物的工具。这些物质遗存表明，石器工具使史前社会人类的射箭运动、投掷运动、器械武术的发生成为可能。

（3）我国北方地区普遍而大量地遗存着细石器。金塔县所见的此类射猎石器具与我国北方地区各主要遗址的细石器有惊人的相似处，一些典型的器形均能在其他遗址中找到实例。如辽宁省沈阳市新乐遗址下层的短小石叶，黑龙江省密山新开流遗址下层的鸟喙尖状器，内蒙古红山的短小石叶。

第二节　河西地区的古代青铜箭镞

笔者从 1997 年到 2002 年的六年间，在河西地区收集各式青铜箭镞 85 枚，它们的地区分布是：金塔 8 枚；酒泉 12 枚；敦煌 43 枚；安西县 14 枚；张掖 8 枚。铜镞的表面全是"红锈"和坚硬的疙瘩状"绿锈"，有风沙吹蚀的痕迹。本节通过对这些箭镞的分类、分期，同时和其他地区出土的青铜箭镞做比较研究，找出这些青铜箭镞的特点和规律，为进一步研究古代人类的射箭活动提供新材料。

1. 青铜箭镞器形分类

根据镞的造型，可分为四类：A 类，扁平体形镞；B 类，三菱形镞；C 类，四菱形镞；D 类，特大型箭镞。

A 类，器身扁平形青铜箭镞，共 15 件。根据造型的差异，又可分为四式。

AⅠ式3件。前锋平直，镞体铲形，无翼，脊平。长3.8—4.4厘米（图10-1）。

AⅡ式1件。銎形镞。矛头式，双翼，圆铤脊。长3.6厘米（图10-2）。

AⅢ式5件。双翼内收，关外凸，平脊微隆，前锋尖，铤与脊的结点外凸。长4.5—6厘米（图10-3）。

AⅣ式6件。同AⅢ式。铤与镞体连铸，铤与脊的交接处无结点。长2.8—5.7厘米（图10-4）。

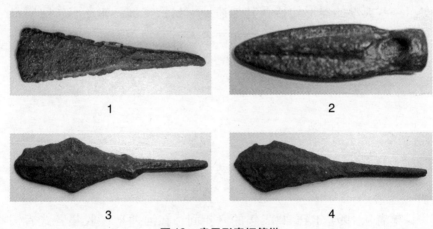

图10　扁平形青铜箭镞

B类，三菱形镞，共54件。镞体横截面为三角形。根据其造型的差异又可分为10式：

BⅠ式3件。圆铤镞。有三翼，关微内收，翼较窄，脊薄。长3.7-5.2厘米（图11-1）。

BⅡ式2件。銎式镞。三翼较宽，銎内有麻或丝缕状物质。长3-3.1厘米（图11-2）。

BⅢ式17件。三棱式。铁铤残。脊较厚，镞体剖面为等边三角形。关剖面为六角形，刃直。长2.8-3.1厘米（图11-3）。

BⅣ式1件。三棱式。后锋倒须。关外凸，关横截面为六角形。长3.2厘米（图11-4）。

1

2

3

4

5

6

7

8

第五章　敦煌体育文物调查研究

9   10

图 11 　三菱形镞

BⅤ式 1 件。刃短，关外凸，关部较长，长 4.4 厘米（图 11 - 5）。

BⅥ式 8 件。三棱式，前锋尖钝，銎小。长 2.8 - 3 厘米（图 11 - 6）。

BⅦ式 15 件。圆铤镞，一脊面有三角形凹槽，关外凸，关横截面六角形。长 4.5 - 6 厘米（图 11 - 7）。

BⅧ式 5 件。三个脊面有三角形凹槽。长 3.3 - 5.8 厘米（图 11 - 8）。

BⅨ式 1 件。三个脊面有三角形凹槽，通关部。长 2.8 厘米（图 11 - 9）。

BⅩ式 1 件。刃呈弧形，脊面像柳叶状。长 3.1 厘米（图 11 - 10）。

C 类，四棱形镞，共 13 件。按其特点又可分为三式：

CⅠ式 1 件。表面像镀膜处理过似的，镞体锉磨精致、抛光。铁铤残，锈疙瘩结于关部表面。镞体横截面为菱形。长 4.4 厘米（图 12 - 1）。

CⅡ式 9 件。双翼。镞体横截面为菱形，关内收，后锋倒须。长 2.4 - 4.2 厘米（图 12 - 2）。

CⅢ式 3 件。圆铤镞。扁平镞的脊不断增厚而形成四棱形。后锋无，前锋收成尖。长 3.9 - 4.4 厘米（图 12 - 3）。

CⅣ是1件。镞体横截面为菱形，关内收，后锋较短。长4厘米（图12-4）。

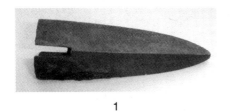

1　　　　　　　　　2

3　　　　　　　　　4

图12　四棱形镞

D类，属于特大型三棱形青铜箭镞，共2件，按其特点可分为两式：

DⅠ式1件。銎式镞，镞体特长。长6.3厘米（图13-1）。

DⅡ式1件。銎式镞，镞体较大，刃特宽。长8.5厘米（图13-2）。

1　　　　　　　　　2

图13　特大型三棱形青铜箭镞

2. 不同时代的青铜箭镞

在河西地区收集的这些青铜箭镞，器形变化不是很复杂，只能代表该地区一部分青铜箭镞的类型。在上述三类镞中，A 类扁平形镞，具有明显的本地特点，B、C 两类镞，风格类型属于中原地区和北方少数民族地区。根据年代顺序分期如下：

（1）商代早期—晚期

商代盛行铜镞的同时，也大量使用骨、角、蚌、石镞，它们的基本特点都是镞体扁平，带双翼。双翼带铤式铜镞是商代最具代表性的镞[1]。A I 式铜镞为扁平形镞，前锋平直，无后锋，中脊平，镞体铲形。A II 式铜镞，呈矛头式，中脊圆柱形，前锋弧形。与此式镞相似的遗物，在内蒙古鄂尔多斯高原有发现[2]，时代相当于早商或稍晚。A III 式、A IV 式镞，前锋收成尖，后锋尖与关相连，镞体呈扁平菱形，中脊微微隆起，从造型上看是 A I 式的进一步发展。与这些镞相似的遗物，在河南偃师二里头早商遗址中有出土[3]（图 11–1），伊克昭盟朱开沟早商地层中也有发现（图 11–2），此外，安阳殷墟三家庄东也有类似的镞出土[4]（图 11–3）。时代相当于商代早期。商代早期的骨镞与一部分铜镞器型相似，这与同一时代有关。所以 A I、A II、A III、A IV 式铜镞的时代应该在商代早期或稍晚。

（2）西周时期—春秋早期

西周时期—春秋早期仍以承袭商代的双翼带铤式镞为主，但有所改进，形体渐趋窄瘦，同时出现了新式的菱形铜镞和三棱形铜镞[5]。C II 式镞，双翼，中脊加厚，镞体剖面呈菱形。类似遗物，在

---

① 成东、钟少异：《中国古代兵器图集》，解放军出版社 1990 年版，第 36 页。
② 田广金、郭素新：《鄂尔多斯式青铜器》，文物出版社 1986 年版，第 54 页。
③ 中国社会科学院考古研究所河南文物队：《河南偃师二里头早商宫殿遗址发掘简报》，《考古》1974 年合订本，第 4 期，第 238 页。
④ 中国社科院考古研究所安阳工作队：《安阳殷墟三家庄东的发掘》，《考古》1983 年合订本，第 2 期，第 127—131 页。
⑤ 成东、钟少异：《中国古代兵器图集》，解放军出版社 1990 年版，第 36 页。

湖北松滋县大岩嘴东周土炕墓①中有出土（图 11 - 4）。湖南益阳战国两汉墓[6]中有发现，此外，虢国墓地②中也有发现（图 11 - 5）。所以，把 CⅡ式的时代定为春秋早期比较合适。CⅢ式镞，器身平直，镞体剖面为菱形，为长条形镞的脊增厚形式。与此式镞相似的遗物，在湖北圻春毛家咀西周遗址中③有发现。所以 CⅢ式镞的时代应该是西周。

（3）春秋晚期—战国早期

此时铜镞，三棱形铜镞逐渐取代了双翼式铜镞。BⅡ式青铜箭镞，三翼有銎。其特点是圆柱形脊，三翼较宽，后锋倒须。BⅡ式镞相似的遗物在内蒙古毛庆沟墓地④和西沟畔战国晚期墓有出土，此外，怀来北辛堡也有出土（图 11 - 6）。此式镞中原地区较少发现，应是北方地区春秋晚期至战国早期流行的器型。

（4）战国晚期

这个时期的三棱镞，镞体日益窄小，铤却逐渐加长，工艺粗糙。BⅦ式、BⅧ式铜镞，为三棱形镞，镞体横截面为近等边三角形，刃长度误差大，工艺粗。脊面有三角形凹槽，估计为敷设毒镞而用。与这些镞相似的遗物，在玉隆太战国墓中⑤有出土（图 11 - 7）。所以，这两式镞的时代应该是战国时期。与 BⅦ、BⅧ式相似的，还有BⅨ式铜镞，它们的时代相当。

（5）秦—西汉

秦汉箭镞的形制基本沿用了战国流行的三棱镞。铜镞的制作工艺相当精密，镞面要经锉磨、抛光；三棱镞的一个刃的长度误差十

---

① 中国社会科学院考古研究所湖北省管理委员会：《湖北松滋县大岩嘴东周土坑墓的清理》，《考古》1966 年合订本。

② 田广金、郭素新：《鄂尔多斯式青铜器》，文物出版社 1986 年版，第 54 页。

③ 中国社会科学院考古研究所湖北省文物管理委员会：《湖北圻春毛家咀西周木构建筑》，《考古》1962 年合订本，第 1 期，第 5 页。

④ 中国社会科学院考古研究所湖北省管理委员会：《湖北松滋县大岩嘴东周土坑墓的清理》，《考古》1966 年合订本。

⑤ 田广金、郭素新：《鄂尔多斯式青铜器》，文物出版社 1986 年版，第 54 页。

分细微；铜镞的含铅量增大；镞表面有一层致密的含铬化合物的氧化层，起到良好的防锈作用①。这一时期三棱形铜镞的镞体横截面大多数为等边三角形，关部为对称的六棱或九棱柱②。CⅠ式镞，表面光亮乌黑，镞体锉磨精细，为四棱形镞，镞体横截面为菱形，铁铤残，镞体关部表面有坚硬的疙瘩铁锈。与此式镞相似的出土遗物，在山东淄博西汉齐王墓随葬器物中③有出现（图11－8）。

因此，CⅠ式镞的时代与西汉相当。BⅠ式镞，为圆铤式有三翼，前锋与刃均很薄，而且锋利，翼较窄。与此式镞相似的遗物，在汉长安武库遗址④中有发现。故BⅠ式镞的时代可能在西汉早期。BⅢ式镞，为三棱形，镞体横截面为等边三角形，关外凸，关部横截面为对称的六角形，三刃长度误差小，工艺精。与BⅢ式镞相似的还有BⅣ式镞。BⅣ式镞，后锋倒须，穿透力强。与BⅢ式、BⅣ式镞相似的出土遗物，在秦俑从葬坑⑤（图11－9）有发现。所以BⅢ式、BⅣ式镞的时代应该在秦中期。BⅥ式镞，前锋尖钝，脊面变宽，关部外凸。与BⅥ式镞相似的出土遗物，在满城汉墓中有报道⑥（图11－10）。与BⅥ式镞相似的还有BⅩ式镞，BⅩ式镞，为三棱形，刃呈弧形，关部横截面为六角形。估计BⅩ式与BⅥ式时代相当，都为西汉早期。BⅤ式镞，其特点：关部外凸，关部剖面为对称的六角形，刃部较短，关部较长，铤长。与BⅤ式相似的遗物，在崇安城村汉城遗址⑦有发现，所以BⅤ式的时代，应该是西汉早期。

---

① 福建省博物馆：《崇安城村汉城探掘简报》，《文物》1985年第11期，第47页。
② 王学理：《秦俑兵器刍论》，《考古与文物》1983年第4期，第60—61页。
③ 山东省淄博市博物馆：《西汉齐王墓随葬器物坑》，《考古学报》1985年合订本，第2期，第245页。
④ 中国社会科学院考古研究所汉城工作队：《汉长安武库遗址发掘的初步收获》，《考古》1978年合订本。
⑤ 王学理：《秦俑兵器刍论》，《考古与文物》1983年第4期，第60—61页。
⑥ 中国社会科学院考古研究所，河北省文物管理处：《满城汉墓发掘报告》，文物出版社1980年上册，第85页。
⑦ 福建省博物馆：《崇安城村汉城探掘简报》，《文物》1985年第11期，第47页。

通过对这三类镞的分期，我们可以发现，A类镞，器型比较原始。AⅡ式镞为北方少数民族类型，AⅠ、AⅢ和AⅣ式镞为河西地区特有镞型，在中原很少发现完全相似的器型。B、C两类镞大部分为中原地区类型。B、C两类镞型的变化：三棱带翼向三棱式发展；由中脊不明显向中脊加厚发展；菱形铜镞与三棱形铜镞同时出现在春秋时期；三棱形镞的器型，从春秋晚期一直沿继到西汉；铜铤向铁铤发展。

第三节　敦煌民间发现的古代围棋子

2008年8月，笔者在敦煌地区进行体育文物调查期间，在一收藏家的家中无意发现了一批古代围棋子，总共81枚。一眼看上去，那种沧桑古朴之气扑面而来，都为玉质材料，围棋子表面有受沁，千百年来风沙吹蚀的痕迹很明显，这和我们刚参观敦煌博物馆时看见的围棋子非常相似。学界对于传世文物的研究还不是非常重视，如果通过研究找到这些文物的"母亲"或者揭示出这些文物的功能和作用，都是非常有价值的事。本节就是对这些围棋子，从器形、材质、制造方法、年代等方面初步研究的结果。

1. 敦煌民间发现的围棋子的器形

这些围棋子总体上分黑白两类，但是大小、材质、颜色、时代都不一定属于同一时代的同一副围棋，按照大小、材质、颜色分类描述如下：

第一型Ⅰ式，围棋子总共有12枚，都为白玉材料，总体尺寸相对较大且均匀，琢、磨的非常精细，器形中部凸出，就像两个盘子扣在一起。直径为1.2－1.3cm（图14所示）。

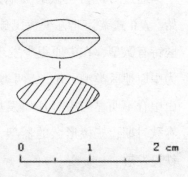

第一型Ⅰ式正面　　　　　　　　　第一型Ⅰ式侧面

图14　稍大碟形白玉围棋子

第一型Ⅱ式，围棋子总共有12枚，都为白玉材料，器形中部凸出，就像两个盘子扣在一起。直径为1.1－1.3 ㎝（图15所示）。

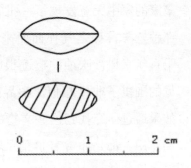

第一型Ⅱ式正面　　　　　　　　　第一型Ⅱ式侧面

图15　稍小碟形白玉围棋子

第一型Ⅲ式，围棋子总共有16枚，都为白玉材料，总体尺寸相对较小，琢、磨的较粗糙，大小也不均匀。器形中部凸出。直径为0.9－1.2 ㎝（图16所示）。

第一型Ⅲ式正面 　　　　　　　　　第一型Ⅲ式侧面

图16　稍小碟形白玉围棋子

第一型Ⅳ式，围棋子总共有9枚，都为墨玉材料，总体尺寸相对较大且均匀，琢、磨的非常精细，器形中部凸出，就像两个盘子扣在一起。直径为1.1－1.3cm（图17所示）

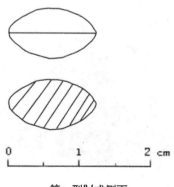

第一型Ⅳ式正面 　　　　　　　　　第一型Ⅳ式侧面

图17　稍大墨玉围棋子

第一型Ⅴ式，围棋子总共有9枚，都为墨玉材料，器形中部凸出，就像两个盘子扣在一起。直径为1－1.3 cm（图18所示）。

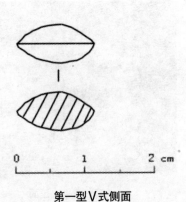

第一型Ⅴ式正面　　　　　　　　　　第一型Ⅴ式侧面

图18　稍小墨玉围棋子

　　第一型Ⅵ式，围棋子总共有 13 枚，都为墨玉材料，总体尺寸相对较小，琢、磨的较粗糙，大小也不均匀。器形中部凸出。直径为0. 8 - 1. 2 ㎝（图19 所示）。

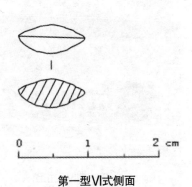

第一型Ⅵ式正面　　　　　　　　　　第一型Ⅵ式侧面

图19　墨玉围棋子

　　第一型Ⅶ式、Ⅷ式，共有围棋子两枚，如图20 所示，图右侧白玉材质的围棋子是第一型Ⅶ式，图左侧墨玉材质的围棋子是第一型Ⅷ式，大小一致，器形中部凸出。直径1. 3 ㎝（图20 所示）。

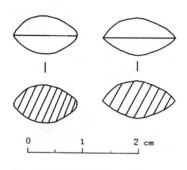

第一型Ⅶ式、Ⅷ式正面　　　　　第一型Ⅶ式侧面　第一型Ⅷ式侧面

图 20　体型较大围棋子

第二型Ⅰ式、Ⅱ式，共围棋子两枚，如图 21 所示，图左侧直径小一些的围棋子是第二型Ⅰ式，图右侧直径大一些的围棋子是第二型Ⅱ式。都为琉璃材质，蓝色，器形如饼，底平上凸。直径 1－1.3 cm（图 21 所示）。

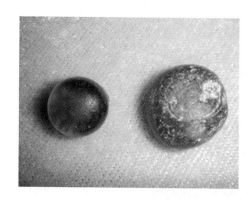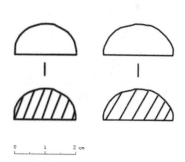

第二型Ⅰ式、Ⅱ式正面　　　　　第二型Ⅰ式侧面　第二型Ⅱ式侧面

图 21　琉璃围棋子

第二型Ⅲ式，围棋子一枚，蓝色琉璃，器形如饼，底平上凸，直径 1.4 cm。（图 22 所示）

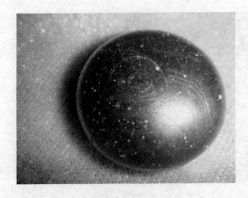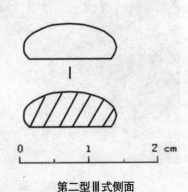

第二型Ⅲ式正面　　　　　　　　　　第二型Ⅲ式侧面

图22　蓝色琉璃围棋子

第二型Ⅳ式，围棋子一枚，蓝色、白色交融在一起的颜色，器形如饼，底平上凸，直径1.6厘米。（图23所示）

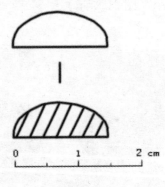

第二型Ⅳ式正面　　　　　　　　　　第二型Ⅳ式侧面

图23　蓝白色相间的琉璃围棋子

2. 对敦煌民间发现的围棋子的断代

在丝绸之路体育文物调查的过程中，在敦煌发现这些古代围棋子，确实使人欣喜若狂。但这些围棋子不是考古出土的文物，怎么能确定它是古代的围棋子，又怎么确定它的具体年代呢？这是我要解决的主要问题。所以第一步工作是断代研究，先来确定一下真伪。

主要是通过古玉石类鉴定的一般程序入手，对围棋子的材料、入沁、工艺、形制等几个方面来探讨。

（1）材料

围棋子主要是由白玉和墨玉两种材料制成，还有一小部分是古代琉璃制成。

第一型白色围棋子虽然因为年代久远，风化和受沁很严重，但是还是能看见从玉质里透出的温润的油脂光泽，硬度较高，用钢锯刻划不动白色围棋子。肉眼判断，白色围棋子虽然含有透闪石的成分，但不是新疆和田玉，应该属于祁连山河流玉料。

第一型黑色围棋子受沁更严重，玉质有些"白化"现象。黑色围棋子油润性不好，硬度不高，用钢锯条能刻划动黑色围棋子。肉眼判断，黑色围棋子属于蛇纹石类玉，祁连山有大量这种类型玉料的矿脉。

祁连山，界于甘青两省之间，屏河西走廊之南。西南、东北走向，全长1000多公里，宽200至500公里，海拔4000米以上，主峰天梯山高6400米，次高峰5925米，在酒泉市境内。河西走廊雨量少，但水源充沛，原因就在祁连山的千年积雪成水滋润着这块土地，也使丝绸之路河西绿洲数千年"兴而不衰"，并继续扩大成片，筑起绿色长城的生命线，成为滋养生命的宝贵资源。祁连山玉，分为三大系：老山玉、新山玉、河流玉。其中老山玉是矿物学上称之为透闪石类玉的材料；新山玉是蛇纹石类玉，祁连山有大量的蛇纹石类玉矿脉；河流玉是仔玉，自然力把山上的玉料搬运到河里的玉，一般质量都很好，玉质不好的部位在漫长自然力搬运的过程中都流失掉了。

夏商周以至汉唐，中原礼制王朝的用玉量很大，原因是玉器在中国（中原王朝）被赋予了社会、政治、道德的多重性格，而且与典章制度相结合，整个统治阶级以至全社会都对玉器表现了特殊的重视，玉器被广泛地用于装饰、祭祀、典礼等方面。礼制社会的物质载体就是"玉"，而宫廷贵族认可的"真玉"就是新疆和田玉，中原对西域的和田玉需求量很大。西域各国给中原王朝进贡的大多也是玉。由于路途遥远，西域的玉运往中原非常困难。敦煌、酒泉就是贡品中转歇脚之地。洁白无瑕的和田玉是当时冠于诸品的珍贵品。迢迢千里，长途跋涉，往往由于路途耽搁，误了贡期。后来，就在敦煌、酒泉等地开设玉石作坊加工和田玉器，以成品入贡，这样，保管运输都比较方便。这个方法也得到了中原王朝的认可，于是敦煌、酒泉的玉石作坊便应运而生，大大发展起来，通过丝绸之路远销国外，名声远扬。由于古代交通不便，制玉材料一般都是就地取材。在这里加工的玉石材料，有从新疆和田来的美玉，更多选用的还是当地的祁连山玉料。

文献中也有这样的记载，"天下诸郡每年常贡，按令文，诸郡贡献皆尽当土所出……敦煌郡贡棋子廿具"①。大唐武德元年至开元中期及天宝年间，朝廷下诏各地郡县，要求进奉贡品，而只令敦煌（后改为沙州）进贡围棋，并且是 20 具，可见规模之大。这充分证实了敦煌地区的围棋制造业曾著称于世，其所产围棋遍布全国各地，连宫廷都由其供应。敦煌郡的围棋，无论色泽、形状还是质地，在当时都可满足社会各阶层的需要，因而盛誉天下。在敦煌莫高窟第 17 窟中，发现了唐代珍品《唐地志》，这是天宝年间的写本，其中记载："都四千六百九十，贡棋子。""都四千六百九十"是指当时敦煌到京都长安的距离，合现在大约 2000 千米。"贡棋子"是指每年敦煌郡都要向皇宫进献围棋子。当然，向宫廷进贡的棋子，不但要求外形美观、磨制精细，而且多为玉石质地的上等品。"沙州敦煌郡，下都督府。本瓜州……土贡：棋子、黄矾、石膏"引。由此可见，唐代敦煌的围棋子，被列为土特产之首向唐王朝进贡。这再一次证实了敦煌围棋在当时已闻名遐迩。根据这些文献，在敦煌发现唐代围棋子，也是有可能的。

第二型围棋子全是琉璃材质。关于"琉璃"的称呼在《汉书·西域传》中有记载，有些古文献也称之为"颇黎"②，在考古学上又

---

① （唐）杜佑：《通典》，中华书局 1988 年版，第 112—119 页。
② （宋）李昉：《太平御览·玄中记》卷 808，中华书局 1965 年版。

称为"料器"或"琉璃器"①。从考古出土的情况看，我国从春秋战国时期就有了制造琉璃器皿的技术。从考古出土的琉璃珠、璧、管、耳珰、杯、碗、剑饰、印章等的器物看，到了汉代，琉璃器的使用更是非常广泛。史美光等学者对我国不同地域、不同时期的一批考古出土的古代玻璃进行了化学分析，我国战、汉时期独有的琉璃材料是铅钡玻璃②。甘肃酒泉博物馆收藏的考古出土的几件汉代耳珰琉璃器，作为中国古代玻璃的样品，经过建筑材料科学研究院的史美光等学者的化学分析，为铅钡玻璃，颜色为蓝紫色，透明。直到明朝末年，随着西方先进的玻璃生产技术传入中国，玻璃制品才在中国迅速崛起。玻璃材质也很快成为围棋子生产的主流，玻璃围棋子最大的优点是比陶瓷围棋子更漂亮，而且随着工艺的改进，它的颜色、形状、大小、轻重、手感都越来越好，加上成本也不高，因而深受棋迷们的喜爱。于是玻璃很快成了制作围棋子的绝佳材料，并最终玻璃取代陶瓷围棋子。

（2）入沁

鉴别古玉，沁色是一项重要的指标，真正入土的古玉的沁色与年代有一定的关系，甚至可以说古玉的沁色就是岁月沉积在古代玉器上的痕迹。

"沁，也是渗入的意思。古玉器的自然沁色，也可以说是指自然界外来物质附着玉器表面或渗入古玉器所产生的颜色，包括矿物因次生变化对光乱反射而产生的白化现象。"③

第一型和第二型围棋子分别属于玉石类和琉璃材质，表面都有风沙吹蚀的痕迹，也就是在围棋子表面自然分布着或大或小的凹凸不平的"橘皮纹"。风沙长时间吹玉石类物质的表面，就会在玉石类

---

① 干福熹、黄振发、肖炳荣：《我国古代玻璃的起源问题》，《硅酸盐学报》1978 年第 1、2 期，第六卷。

② 干福熹：《1984 年北京国际玻璃学术讨论会论文集》，《中国古代玻璃研究》，中国建筑工业出版社 1986 年版。

③ 栾秉璈：《古玉鉴别》，文物出版社 2008 年版，第 786—787 页。

围棋子的表面形成坑坑洼洼的现象，但凹凸的表面却油润光滑，这是长时间风沙吹蚀打磨的原因，短时间的作伪工艺形不成这种效果。这些围棋子的收藏者说，这些围棋子是在甘肃省的金塔县和内蒙的额济纳旗交界的沙漠中捡到的，这一地区在唐代都属于沙洲管辖的周边地区。围棋子原来并不裸露在沙漠中，应该是墓穴中的陪葬品，随着土地沙漠化进程的扩大，沙尘暴把这些墓穴打开，遗物裸露于沙中，才形成了第一型、第二型围棋子的这种表面效果。当然如果没有长时间的风沙吹蚀是形不成这种现象的。

第一型Ⅰ式围棋子中有几枚围棋子的颜色已变成了"秋葵黄"，这是一种入沁。从表面的颜色观察，是经过长期缓慢的过程形成的，所以沁色自然，沁入玉理，深浅过度有序，与白色玉质围棋子的颜色浑然一体。因古玉埋藏的条件不同，土中的一些金属离子会慢慢的渗入玉质内部形成各种颜色，民间有"千年的古玉秋葵黄"之说，也是有道理的。

第一型Ⅴ式黑色围棋子表面有一层似霜似雾的灰白色，这也是一种受沁，称之为白化现象。"变白的原因，主要是堆积密度降低与显微结构变松，由此导致了半透明度的丧失及褪色变白。……这类微小晶间空隙的发生，可以造成光线的折射、乱反射而形成白化。"[①]

玉石质地围棋子的各种颜色受沁都是在地下经过长期的缓慢的各种因素的影响，如地土、温度、湿度、相邻物体及各种金属离子的侵蚀等才形成沁色。反过来通过沁色也可以证明玉石质地的围棋子年代久远。

（3）器形对比

第一型玉石类围棋子，从器形上看，和敦煌市博物馆收藏的唐代围棋子非常相似。敦煌县博物馆曾在距今敦煌县城不远的唐代寿昌县古城遗址中发现了66枚围棋棋子。这66枚实物棋子，原本埋没在沙丘之中，后被风沙吹过逐渐显露出来。棋子的颜色和形状与

---

① 栾秉璈：《古玉鉴别》，文物出版社2008年版，第786—787页。

今天的围棋子大体相同，色泽鲜明，分为黑白两色，其中黑色棋子41枚，白色25枚。可见，在颜色上与今天标准的围棋子吻合，只是棋子的形状、大小略有不同，分大小两种型号，均呈圆形，中间凸出。大号中间最厚处为0.75厘米，直径为1.20厘米，重量约为12克；小号则在型体、重量方面都小于大号。1985年9月，又挖掘出围棋子两枚。笔者于2011年4月1日到敦煌博物馆对其中的一些样本进行了拍照，如图24所示。

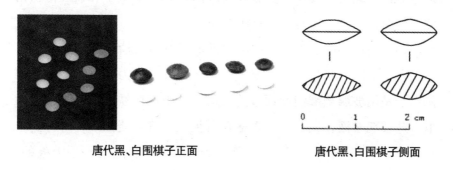

唐代黑、白围棋子正面　　　　　　　唐代黑、白围棋子侧面

图24　敦煌博物馆收藏的唐代寿昌古城遗址中发现的围棋棋子

1975年，山东邹县西晋刘宝墓曾经出土289枚围棋子，其材质即系从海边拣来黑白鹅卵石子经加工磨制而成。刘宝墓出土的围棋子的形状是两面凸起的扁圆形，如图25所示。

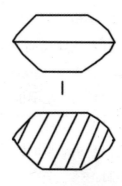

西晋围棋子正面　　　　　　　　西晋围棋子侧面

图25　山东邹县西晋刘宝墓出土的围棋子

传入日本，被日本人从隋唐一直保留到现代的围棋子式样也是两面鼓起的形状。2001年，成都杜甫草堂出土的一枚唐代陶质围棋子同样是两面凸起形的。这说明汉唐时期的围棋子的器形都是两面凸起。为什么汉唐时期的围棋子是一种两面凸起的扁圆形？可能是因为加工工艺的原因造成的。采集的玉石材料都是形状各异的，在加工磨制的过程中制成两面鼓的形状，应该是加工工作量和成品合用性之间最佳的平衡点。久而久之，围棋子的形状就固定下来了。通过对比研究我们发现，在敦煌发现的第一型围棋子和敦煌博物馆收藏的唐代围棋子在器形上非常相似。

第二型玻璃围棋子属于明清时期的形制。明清时期的玻璃围棋子下平上鼓的形状特征，也与生产工艺相关。因为明清时期的玻璃围棋子是用玻璃融液滴制而成的。也就是用一根铁杆伸到炉子里蘸取一些玻璃融液，让它自行滴落在石板上，待其凝固后，每一滴融液就成了一粒围棋子。这样生产出来的围棋子自然是下平上鼓的。滴制的玻璃围棋子难免有大有小，模样也不周正，后来生产工艺改成"范制"法，玻璃围棋子才变得整齐划一起来。但是"滴制"时期形成的下平上鼓的形状，并没有被人们抛弃。因为人们觉得这样的造型放置平稳，观之优美，并没有什么不好。第二型玻璃围棋子的器形与出土的清代围棋子非常相似。

3. 结论

（1）敦煌民间发现的围棋子是中国古代体育文物，不是造假所为。

（2）第一型围棋子从材料和器形上分析，属于唐代以前的围棋子形制。

（3）第二型围棋子从材料和器形上分析，属于明清以后的围棋子形制。

（4）虽然考古出土的文物科学性强，说服力大，都能作为实证材料，学界对这一部分文物的研究很重视，并取得了很多重要的成果。但是对于中华民族几千年来沉积于民间的大量的传世文物的研究重视不够，这些文物所承载的历史文化信息得不到挖掘和研究，也就丧失了科学价值。所以，对传世文物的研究应该重视起来，还有很多空白等待我们去发现。

第四节　甘肃东南部发现的"石球"

1. 问题的提出

体育学术界对"体育考古"的研究和探讨已经有很长时间了，有的学者对"体育考古"的理论问题进行了探讨，有的学者对古代人类的体育活动所遗留下来的"遗物、遗迹"进行了研究，但是，把"体育考古"作为一门边缘分支学科——体育考古学，并且用体育考古学的方法对古代人类的体育活动所遗留下来的遗物、遗迹进行系统深入的研究的却不多。用体育考古学的方法对体育文物进行研究是我们这次对甘肃省丝绸之路体育文物调查研究的基础。

对"石球"已有学者进行了探讨，他们对出土的"石球"，从体育文化的角度研究认为：它们既是古代人类的生产工具，也是游戏、锻炼身体的体育器械。证明他们观点的实证材料都是出土的体育文物。学术界还没有对大量的流失于民间的"石球"的这类材料进行深入的研究。

通过对这些民间材料的研究，主要是起到抛砖引玉的作用，引起学界对传世文物研究的重视。虽然考古出土的文物科学性强，说服力大，都能作为实证材料，学界对这一部分文物的研究很重视，并取得了很多重要的成果。但是对于中华民族几千年来沉积于民间的大量的传世文物的研究重视不够，这些文物所承载的历史文化的信息得不到挖掘和研究，也就丧失了科学价值。所以，对传世文物

的研究应该重视起来，还有很多空白等待我们去填写。

这一节主要是对这次体育文物调查过程中从民间征集的"石球"进行形态的测量和表面特征的基本描述。我们通过对这次征集的传世体育文物的初步整理研究，为学界提供更多实物材料。

2. "石球"的发现过程

根据丝绸之路体育文物调查研究的路线设计（如图 26 所示），这次主要以甘肃东南地区为主，以兰州为起点，途经临洮、岷县、宕昌、陇南、成县、礼县、西和、天水、甘谷、陇西、定西，然后回到兰州。在兰州城隍庙征集到三枚；在临洮马为民家里征集到两枚；在岷县王文一的古玩店里征集到八枚；在陇南，一个收藏家给我们转让了三枚；在礼县征集到五枚；在西和征集到一枚；在陇西李健的古玩店里征集到一枚；在定西，一个收藏爱好者宋志刚听说了我们的工作，专门跑来向我们赠送了他收藏的"石球"两枚。这

图26　丝绸之路体育文物调查路线图

些"石球"基本全是出土的文物，表面"生坑"（"皮壳"、"包浆"、"碱皮"）的特征明显，表皮上都留存着古人使用过的痕迹（如图27所示）。这些文物基本都是在洮河、渭河的周边地区得到的，属于黄河上游附近地区。

图27　丝绸之路体育文物调查研究所征集的"石球"

3. "石球"的形态测量和材质分类

这些"石球"的年代、材质和工艺都不相同，不同时期的"石球"、"弹丸"，其材料和工艺都不相同，就是使用的方法也不相同。因为这些文物不是科学考古挖掘得来的材料，是在文物调查的过程中征集来的民间文物，所以对其绝对年代还无法做出准确判断。我们可以从考古类型学的角度对其进行形态测量和材质、工艺分析，通过对比数据得到一些初步的判断。

（1）石质材料球

a. 无绘彩的石球五枚（如图28、图29所示）。

图28－1所示石球，直径4.3厘米，重116.3克。材料属于石英石质；由于入土时间很长，石质发生了"白化"现象（堆积密度降低与显微结构变松，由此导致了其半透明外观的丧失及褪色变白）；

石球的圆形并不规则，从工艺上看是磨制而成；表面有很多因为使用而产生的疤痕（撞击所致）。

图28-2所示石球，直径3.1厘米，重51.8克。材料属于蛇纹石类；在土中长期受到酸性土壤的缓慢腐蚀而形成"蚀斑"（像虫子咬过的痕迹），同时也发生了"白化"现象，但局部稍透明；石球圆形不规则；从工艺上看是磨制而成；表面有很多因为使用而产生的疤痕。

图28-3所示石球，直径3.4厘米，重38.9克。表面较为光滑；圆形不规则，从工艺上看是磨制而成，形态就像由很多磨平的面构成的圆；有酸咬的痕迹；表面没有使用的疤痕。

图29-1所示石球，直径2.9厘米，重37克。球体较圆，表面光滑，磨制水平比较高，表面有使用的痕迹。

图29-2所示石球，直径3厘米，重37.6克。球体椭圆，表面较为光滑，有瓷釉的光泽；表面有使用过的疤痕。

| 1 | 2 | 3 | 1 | 2 |

图28   图29

b. 绘彩的石球七枚（如图30、图31所示）。

图30-1所示石球，直径4.2厘米，重93克。材料属于砾石类；圆形不规则；磨制而成；表面涂有铁锈红的颜色，部分脱落，颜料成分应该还有大量的朱砂；表面有使用的疤痕。

图30-2所示石球，直径3.3厘米，重55.1克。材料属于砾石类；圆形不规则；磨制而成；表面涂有铁锈红的颜色，绝大部分脱落；表面有使用的疤痕。

图 30 - 3 所示石球，直径 3 厘米，重 41.3 克。材料属于砾石类；圆形不规则；磨制而成；表面涂有铁锈红的颜色；表面有使用的疤痕。

图 30 - 4 所示石球，直径 3.7 厘米，重 76.3 克。材料属于砾石类；圆形不规则；磨制而成；表面涂有铁锈红的颜色，石球颜色保持完整；表面有使用的疤痕。

1   2
3   4

图 30

1
2   3

图 31

图 31 - 1 所示石球，直径 3.3 厘米，重 41.7 克。圆形较为规则，光滑；表面涂有黄色的颜料；有使用的疤痕。

图 31 - 2 所示石球，直径 3.2 厘米，重 32.3 克。圆形较为规则，光滑；表面涂有黄色的颜料；有使用的疤痕。

图 31 - 3 所示石球，直径 2.9 厘米，重 35 克。圆形较为规则，光滑；表面涂有红色的颜料；有使用的疤痕。

（2）泥质材料球

泥球一枚（如图 32 所示），直径 4.7 厘米，重 64 克。椭圆形，泥质，表面有使用的疤痕。

图32

（3）陶质材料球

a. 灰陶球二枚（如图33所示）。

图33－1所示"石球"，直径3.8厘米，重55.5克。圆形不规则；材料为灰陶泥和红陶泥混合烧制而成，颜色是一部分为灰陶，另一部分为红陶；表面有凹圆点构成的"十"字纹；有使用的疤痕。

图33－2所示"石球"，直径为3.5厘米，重48.6克。圆形不规则；材料为灰陶泥烧制而成，颜色为灰色；有使用的疤痕。

b. 红陶球七枚（如图34所示）。直径在2.4厘米—2厘米之间，重18.7克—12.2克之间。圆形不规则；材料为红陶泥烧制而成，颜

1   2

图33

1   2   3

4   5   6   7

图 34

色为红色；有使用的疤痕；出土特征明显。从使用功能上分析可能是弹射的"弹丸"。

（4）瓷质材料球

瓷质球两枚（如图 35 所示）。

图 35 - 1 所示"石球"，直径为 2.3 厘米，重 17.2 克。圆形；红陶胎地，表面施以釉烧制而成，酱色釉面；表面无击打使用的痕迹。从使用功能上分析可能是弹射的"弹丸"。

1   2

图 35

第五章 敦煌体育文物调查研究

图 35-2 所示"石球"，直径为 2.3 厘米，重 18 克。圆形；红陶胎地，表面施以釉烧制而成，酱色釉面；表面无击打使用的痕迹。从使用功能上分析可能是弹射的"弹丸"。

（5）琉璃质材料球

琉璃球一枚（如图 36 所示），直径 2.2 厘米，重 18.2 克。材料为琉璃；圆形；颜色是蓝白相间；表面有很多的使用疤痕。

图 36

第六章

敦煌博弈

　　这里讲的博弈，是中国古代民间的一种相互之间斗智斗勇的棋类、赌博类娱乐游戏。这类娱乐游戏活动在中国古代被各个阶层所喜爱，古人利用这种游戏锻炼思维能力和发扬拼搏求胜的精神。这种活动还具有调节人类日常生活、生理、心理等机制的作用，并形成一类具有中国传统文化内涵的民族体育项目。

　　"博弈"一词，最早见于孔子《论语》："饱食终日，无所用心，难矣哉。不有博弈者乎？为之犹贤乎已！""博"与"弈"是两种不同的棋戏，"博"是象棋类，"弈"是指围棋。在屈原《招魂》中记载："菎蔽象棋，有六博些"。春秋战国时期，把六博又称为象棋。秦汉时期，把六博棋、塞戏、弹棋等几种棋戏都称为象棋，是象棋原始的几种玩法。东汉对六博棋进行了改革，春秋战国时期的六博棋棋制称之为大博，革新后的六博棋叫小博。到了魏晋之后，斗巧斗智的六博棋一类向纯粹斗巧的赌博方向发展，一类向充分发挥棋艺家的智慧方向发展而成为象戏。象棋发展到北宋末期才逐渐定型为现代象棋的形态和玩法。先秦称围棋为"弈棋"，简称

"弈"。《说文解字》解释："弈，围棋也。"①

敦煌史料中有大量关于古代博弈的内容，如敦煌壁画、遗书、出土和传世的当地文物中有关于博弈的图像、文字、形态的记录。这给我们研究中国传统博弈文化提供了珍贵的资料。这一讲主要讨论两个问题，一是敦煌围棋，二是敦煌象棋。

---

① "弈"与"奕"本不同。《说文解字》云："弈，围棋也。从廾，亦声。""奕，大也。从大，亦声"，此二字音同义异，但古籍常混用。

第一节　敦煌围棋

中国围棋是具有悠久历史的传统体育项目之一。应该从史学角度研究围棋，当前主要围绕其起源问题展开研究。敦煌的围棋史料很丰富，中外学者对敦煌围棋史很关注，对敦煌《棋经》的研究已经取得了丰硕成果。但是，其研究角度基本上是从文化、民俗出发的，从体育发展史的角度进行的研究并不深入。这一节主要从两个方面对敦煌围棋史料做进一步的思考，一是从面上对敦煌围棋史料进行梳理；二是从点上对唐代围棋文化进行深入研究。

一、敦煌围棋史料述略

敦煌县博物馆曾在距今敦煌县城不远的唐代寿昌县古城遗址中发现了 66 枚围棋棋子。这 66 枚实物棋子，原本埋没在沙丘之中，后被风沙吹过逐渐显露出来。棋子的颜色和形状与今天的围棋子大体相同，色泽鲜明，分为黑白两色，其中黑色棋子 41 枚，白色 25 枚。可见，在颜色上与今天标准的围棋子吻合，只是棋子的形状、大小略有不同，分大小两种型号，均呈圆形，中间凸出。大号中间最厚处为 0.75 厘米，直径为 1.20 厘米，重量约为 12 克；小号则在形体、重量方面都小于大号。1985 年 9 月，又挖掘出围棋子两枚。在敦煌地区发现围棋子，充分说明了古代围棋在该地的发展和兴盛。

"天下诸郡每年常贡，按令文，诸郡贡献皆尽当土所出……敦煌郡贡棋子廿具"①。大唐武德元年至开元中期及天宝年间，朝廷下诏各地郡县，要求进奉贡品，而只令敦煌（后改为沙州）进贡围棋，

---

① 杜佑：《通典》，中华书局 1988 年版，第 112—119 页。

并且是 20 具，可见规模之大。这充分证实了敦煌地区的围棋制造业曾著称于世，其所产围棋遍布全国各地，连宫廷都由其供应。可见，敦煌郡的围棋，无论色泽、形状还是质地，在当时都可满足社会各阶层的需要，因而盛誉天下。在敦煌莫高窟第 17 窟中，发现了唐代珍品《唐地志》，这是天宝年间的写本，其中记载："都四千六百九十，贡棋子。""都四千六百九十"是指当时敦煌到京都长安的距离，合现在大约 2000 千米。"贡棋子"是指每年敦煌郡都要向皇宫进献围棋子。当然，向宫廷进贡的棋子，不但要求外形美观、磨制精细，而且多为玉石质地的上等品。"沙洲敦煌郡，下都督府。本瓜州……土贡：棋子、黄矾、石膏引。"由此可见，唐代敦煌的围棋子被列为土特产之首向唐王朝进贡。这再一次证实了敦煌围棋在当时已闻名遐迩。古代敦煌制玉的材料来源有二：一为新疆和田软玉；二是祁连岫玉。汉唐以来，河西地区是新疆软玉运往内地的必经之路，古称玉道，敦煌、酒泉成为中转歇脚之地。大型的和田玉材运输困难，为了便于运输和保管，就在这些地区开设玉石作坊，加工和田玉器，成品再运往内地。祁连山开采的一种玉，又称酒泉玉，颜色多为墨绿色。独特的地理环境，优质的地矿物藏，为敦煌围棋制造业的发展提供了良好的条件。

安西榆林窟第 31 窟《维摩诘经变》中的棋弈场面既清楚又生动：旷野中，一条华丽的地毯上，有两人坐在矮桌前对弈，维摩诘居士则站在一旁，手拿羽扇津津有味地评论、指导，对弈者正专注于胜负，好像无心领会维摩诘的评论。这是一幅较为生动逼真的对弈场景，画中的棋具以及对弈者的面部表情都与今天下围棋的场面十分相似。另见敦煌莫高窟第 454 窟屏风画第 5 幅中，有一小片对弈图。而第 61 窟屏风画第 21 幅下方也有一幅，画面长约 40 厘米，宽约 30 厘米，整个图画并不大，对弈者在柳树下的石桌前聚精会神地进行较量，从对弈者的神情来看，双方各不相让，正在紧张激烈地对决。这几幅壁画面积虽不大，但却真实地反映了当时敦煌地区围棋活动的普及和流行程度。在以思维和智慧为特征的棋艺活动中，围棋有着古老而悠久的历史。围棋古称弈，扬雄《方言》载："围棋谓之弈，自关而东，齐鲁之间，皆谓之弈。"这里的"关"可能指的就是阳关。班固《弈旨》："北方之人谓棋为弈。"由此可见，弈指棋，在古代下象棋、下围棋等皆可称"对弈"。围棋何时发明？何人发明？晋张华《博物志》中说，是由尧创造以教导儿子丹朱；又说是舜发明的以教导儿子商均。相传，这两子都不务正业，而且性情十分暴躁，做什么事都很笨拙。为了教育儿子，尧和舜发明了围棋，想通过这种游戏，使他们变得聪明。当然，这些都只是传说，并不可靠，但它给人们一种启发，就是长期以来人们始终把下围棋看成是一种体育教育活动。

春秋战国时期，围棋就作为棋戏出现在宫廷士大夫阶层。迄今发现的有关围棋的最早文字记载是《左传》中以围棋来喻卫国国政的历史事件，距今已有2500多年的历史了。而2400年前的《论语》和2300年前的《孟子》中也都提到了围棋。据《论语》记："饱食终日，无所用心，难矣哉。不有博弈者乎？为之，犹贤乎已。"这是孔子对其弟子讲的话，意思是假如一个人整天只知道吃吃喝喝，无所事事，那还不如下下棋，下棋也能增长智慧。《孟子》载："弈秋，通国之善弈者也"。这说明当时对弈已形成风尚，对弈的人越来越多了。文人学士，帝王君侯，战将谋士，以至俊才淑女、僧尼黄冠都以弈为尚。中国一向有琴棋书画并称之说，可见，围棋已成为传统文化的重要组成部分。围棋的出现与古代战争有密切联系，这一点是肯定的。《左传·襄公二十五》孔颖达疏："以子围而相杀，故谓之围棋。"春秋战国，诸侯林立，相互攻打，为的是掠夺土地，因而，战争十分频繁。围棋以围地为目的，行棋过程中互相攻掠，两者确有许多相似之处。

早在三国时，围棋就作为体育项目而举行比赛，而且还备受文人和军事家的青睐。《三国志》中记载，建安七子中的王粲有很好的围棋天赋，他能将碰乱的棋局凭记忆恢复原貌，结果"用相比较，

不误一道"①。三国时期的军事家中，以曹操的棋艺最精，他将棋盘视为战场，将自己置于指挥作战的状态，认为下棋犹如带兵打仗，并用战争术语来描写围棋的厮杀。很快，围棋成了贵族们教育子弟掌握军事知识的工具，并得到一定的发展。魏晋南北朝是敦煌文化的鼎盛时期，也是围棋的一个重要发展时期。当时，围棋已形成一种潮流，并且涌现出了不少高手，这在敦煌壁画中可以看到。为了评定棋艺的高低，人们制定了标准。魏晋时，官吏的等级被分为九品，受这种文化思想的影响，围棋也被分成了九等。根据《艺经》记载，"夫围棋之品有九：一曰入神，二曰坐照，三曰具体，四曰通幽，五曰用智，六曰小巧，七曰斗力，八曰若愚，九曰守拙。"这样逐渐流传下来，围棋手就有了九段之分。今天，在日本虽有十段赛，但没有十段棋手，十段赛无非是超一流赛的意思，围棋手的最高等级还是九段。

两晋时期，中原地区战争频繁，社会混乱，特别是两晋南北朝时期，改朝换代时有发生，经济文化遭到沉重打击和破坏，于是人口大量西迁。因当时的河西走廊较为稳定，内地许多官宦贵族纷纷迁到敦煌避乱，这促使边疆与内地文化有了更深一步的融合，也促进了中华文化的大发展。而作为文化组成部分的围棋，也得到了较大发展。因此，自西汉设郡到西晋末，"丝绸之路"虽几通几绝，但敦煌却渐显繁荣景象，也逐渐发展为西北军政中心和文化商贸重地。

梁武帝时，是南朝围棋发展的繁荣时期。《南史》载："登格者二百七十八人"。也就是说，下围棋获得等级的人达到278人。梁武帝萧衍还撰有《棋评要略》。不过，我国现存最早的围棋著作是在敦煌石窟中发现的北周时期的手抄本《棋经》，记载了当时的围棋规则和棋艺。20世纪30年代，中国学者在英藏敦煌文献中发现了一卷编号S·5574的《棋经》写本，遗憾的是，该写本卷首已残缺，存有的正文仅16行，约2500字。残卷目录为：□□篇第一，诱征篇第

---

① 陈寿：《三国志》，上海古籍出版社2002年版，第548页。

二，势用篇第三，像名篇第四，释图势篇第五，棋制篇第六，部襄篇第七，后附"棋病法"和"梁武帝棋评要略"等。此写本内容丰富，书写流畅，语言简洁易懂，作者用心巧妙，将兵法的战略战术思想融会贯通于围棋之中。例如，第一篇中记载："不以实心为善，还须巧诈为能，或意在东南，或诈行西北……棋有万徒，事须详审，勿使败军反怒，入围重兴。"①"棋病法"中记载："全军第一，棋之大体，本拟全局。……凡所下子，使内外相应，子相得力。若触处断绝，难以相救……夫棋法本由人心，思虑须精，计算须审，所下之子，必须有意，不得随他。"②全卷精辟地论证了下棋之道在于斗智、详审，要灵活应变，仔细观察才能取胜。

关于《棋经》的成书年代，有以下三种说法：一说成书于公元560年，这是目前敦煌学术界较为流行的说法，在有关敦煌围棋的论述中多用此年代；二说成书于公元557—581年间，这是四川大学历史系教授成恩元先生从目录学、避讳学、比较学等角度旁征博引，详细考证后认为该书约为公元557—581年间的作品，具体年代无法确定；三说成书于建中二年（781年）至大中二年（848年）之间，卷子末尾有藏文题记一行，译为中文大意是"僧××书"。依据这条藏文题记，可以断定这个卷子的书写年代是吐蕃统治敦煌时期③。《棋经》的存留再一次说明了十六国时期敦煌地区围棋的盛行。

隋唐时期，社会较为稳定，经济有较大发展，呈现一片繁荣安定的景象，为围棋的发展奠定了基础。许多考古发现都与当时围棋的兴盛和传播有关，如1959年河南安阳隋代张盛墓出土的青瓷棋盘、中国体育博物馆收藏的唐代围棋子、新疆阿斯塔娜唐墓出土的《仕女围棋》绢片等，都是隋唐两代盛行围棋活动的史实。在新疆吐鲁番阿斯塔娜唐墓中出土了一片绢画，绢片上画的是一幅"围棋仕

① 郝春文、许福谦：《敦煌写本围棋经校释》，《敦煌学季刊》1987年第2期，第109、112、117页。
② 同上。
③ 同上。

女图"，图中一位贵妇人坐在棋盘旁，仔细观察着棋盘，其右手的食指和中指夹着一枚棋子，准备落格，另有两小儿嬉戏，她则全然不顾。与此绢片同地点出土的还有一个棋盘。由此可知，随着敦煌围棋在"丝绸之路"上的广泛传播，连妇女也成为围棋的爱好者。

此外，古代围棋棋盘的格局也有一个发展过程，主要是棋盘上的道数和位数的增加。原始围棋道数较少，可能只有 11 道、13 道，到三国时就出现了 17 道围棋盘。邯郸淳《艺经》载："棋局纵横各十七道，合二百八十九位，白黑子备一百五十枚。"河北望都东汉墓发现的石制围棋盘，就是纵横备 17 道。1972 年在新疆阿斯塔娜墓出土的绢画"围棋仕女图"，画中的格局为 17×16 道（其中一道漏画了）。后来，便有了今天这种 19 道棋盘格局。如《孙子算经》载："今有棋局方一十九道，问用棋几何？答曰：三百六十一。术曰：置一十九道相乘之即得。"棋盘的扩大，意味着棋局变化更加复杂，是棋艺水平提高的重要标志。

唐代围棋极其盛行，许多日本的围棋爱好者慕名到中国来寻访名宿手谈。现在有据可查的最早资料《世说新语·巧艺》载："王中郎以围棋是坐隐，支公以围棋为手谈。"下围棋是一门很高深的游戏活动，通过对弈，可以看出双方的品性、涵养和脾气，犹如两人通过谈话互相了解，但因为用手，而不是用口，所以又叫"手谈"。由于围棋奥妙无穷，作为一种修身养性的体育活动便广泛传播开来，尤其在"丝绸之路"上极为盛行。

南宋出现了有理论、有经验、有指导的较系统的围棋著作《忘忧清乐集》。元代大儒虞集曾这样论述围棋，"……有天地方圆之象，有阴阳动静之理，有星辰分布之序，有风雷变化之机，有春秋生杀之权，有山河表里之势，世道之升降，人事之盛衰，莫不寓是。惟达者能守之以仁，行之以义，施之以礼，明之以智……"清朝前期是中国围棋高手辈出的时代，也是有关围棋出土文物最多的时期。

总之，敦煌是我国乃至世界的文化艺术宝库，其中围棋是文化艺术宝库中的一笔重要财富，在敦煌地区，围棋曾是上到王公大臣，下至平民百姓的一种十分普及的体育文化活动。

二、唐代围棋

在唐代，下围棋极其普遍。下棋者有天子、宫人、宗室贵族、士大夫、武将、僧人、道士、樵者、民间妇女。不论白天夜晚，在皇宫、官邸、林间、窗下、竹林、僧舍、观中、旅店、阶前和驿馆等，几乎是无处不对弈，甚至有的三尺童子也深解棋艺。京城长安更是下棋成为风俗，故而有唐德宗贞元年间"侈于博弈"① 的盛况。唐朝不少皇帝喜欢围棋。唐太宗与吏部尚书唐俭对弈，唐俭因固与争道，遭到斥责。开元十六年（728），唐玄宗与宰相张说观弈，命其试验年方七岁的李泌的才能。张说让李泌赋"方圆动静"。李泌"逡巡曰：'愿闻其略'。说因曰'方若棋局，圆若棋子，动若棋生，静若棋死'。泌即答曰：'方若行义，圆若用智，动若聘材，静若得意'。说因贺帝得奇童。帝大悦曰：'是子精神，要大于身'。赐束帛，敕其家曰：'善视养之'。张九龄尤所奖爱，常引至卧内"②。玄宗因喜围棋，故于所置翰林待诏中，围棋是其一。见于记载的翰林待诏王积薪，是名噪一时的围棋大师，自谓天下无敌。他常陪玄宗对弈，"或言王积薪对玄宗棋局毕，悉持（一曰时）出"③。有时也与张说等宰臣下棋。名僧一行本不懂弈。在张说宅"观王积薪棋一局，遂与之敌，笑谓燕公（张说）曰：'此但争先耳。若念贫道四句乘除语，则人人为国手。'"④ 皇帝置专职棋待诏，前所未有。此后一些皇帝因袭其制。贞元末年"翰林待诏王伾善书，山阴王叔文善棋，俱出入东宫，娱侍太子"⑤。宣宗朝棋待诏顾师言，与日本王子

---

① 《唐国史补》卷下《叙风俗所侈》。
② 《新唐书》卷 139，《李泌传》。
③ 《酉阳杂俎》前集卷 12，《语资》。
④ 同上。
⑤ 《资治通鉴》卷 236，贞元十九年六月。

对弈故事尽人皆知。唐懿宗前后，新罗人朴球任唐棋待诏。僖宗朝翰林待诏滑能"棋品甚高，少逢敌手"①。

唐内侍省掖庭局设宫教博士二人，从九品下，掌教习宫人书、算、众艺。众艺包括棋。张籍《美人宫棋》描写宫人下围棋情景："红烛台前出翠娥，海沙铺局巧相和。趁行移手巡收尽，数数看谁得最多。"王建《夜看美人宫棋》云："宫棋布局不依经，黑白分明子数停。巡拾玉沙天汉晓，犹残织女两三星。"② 由此可见，她们对弈随心所欲，不那么讲究棋经，甚至几乎通宵达旦地鏖战。

达官贵人除经常陪侍天子对弈外，有的公余以弈消遣。相国魏铉镇守淮扬时，"公以暇日，与二客私款，方弈"③。此即其例。

琴棋书画是中国古代士大夫喜好的四大技艺。唐代不少士大夫深谙其技。如高测，琴棋书画等，"率皆精巧"④。姚合自称棋罢嫌无敌。张南史"工弈棋，神算无敌"⑤。不少人好棋成癖，嗜棋如命。吴融说："万事悠然只有棋。"⑥ 田处士有"爱酒耽棋"之称。杜甫自称以棋度日。鱼玄机告诫外出丈夫休招闲客夜贪棋。许浑诗中 11 次提及对弈。李洞除有一首诗专讲棋外，另有八首诗涉及棋。有的士人因为酷爱下棋，差点误了前程。宰相令狐绚奏荐李远为杭州刺史。唐宣宗说："朕闻（李）远诗有'青山不厌千杯酒，白日惟销一局棋'。是疏放如此，岂可临郡理人？"令狐绚说：诗人托此以写高兴，未必属实，宣宗才勉强同意⑦。每当"酷尚弈棋"的仆射李讷急躁发怒，家人就密置棋具，李讷"忻然改容，以取其（棋）

① 《北梦琐言》卷 10。
② 《新唐书》卷 47，《百官志二》。
③ 《北梦琐言》卷 6。
④ 《北梦琐言》卷 5。
⑤ 《唐才子传》卷 3，《张南史》。
⑥ 《全唐诗》卷 684，《山居即事四首》。
⑦ 《唐才子传》卷 7，《李远》。《北梦琐言》卷 6 所记载有所不同："先是，李远以曾有诗云：'人事三杯酒，流年一局棋'，唐宣宗以其非牧人之才，不与郡守。宰相为言，然始俞允。又云'长日惟消一局棋'，两存之。"

子布弄，都忘其恚矣"①。因迷恋下棋，有的人做官失职。东都留守吕元膺常与处士对弈，以至文簿堆拥。有的人丢了乌纱和脑袋。唐太宗说："'吾常禁因于狱内，（大理丞张）蕴古与之弈棋，今复阿纵（李）好德，是乱吾法也。'遂斩于东市"②。

　　唐代道士爱下围棋。唐诗中描写颇多。许浑寻周炼师不遇，而他夜晚下棋的残局还摆在那里。卢纶到终南山楼观访道士，道士正在下棋。"漱玉临丹井，围棋访白云"（刘长卿《过包尊师山院》）。"古观逢（一作寻）仙看尽棋"（贾岛《欲游嵩岳留别李少尹益》）。周贺与李道士是棋友。罗道士与人对弈不赌钱。玄都观道士李尊师与人对弈，杀得难解难分。李群玉《别尹炼师》诗，"一罢棋酒欢"。道士勤尊师"晚携棋局带（一作就）松阴"（许浑《题勤尊师历阳山居》）。

　　唐代僧人也喜欢对弈。胡龊曾与剡溪僧对弈，在西明寺僧院看僧人下棋。韩愈与僧灵师斗黑白子。李商隐《幽人》诗"棋罢正留僧"。李远《闲居》诗，"留僧尽日棋"。白居易与"山僧对棋坐"（《池上二绝》）。刘禹锡的僧友偊师，棋艺高超。张乔与山僧对弈。

　　唐人的棋枰，不少是刻在林间、竹中或府邸别墅的石或石桌上，随时可下。"松间石上有棋局"（《妙乐观》）。"石上铺棋势"（李洞《赠宋校书》）。"雪压围棋石"（贾岛《怀博陵故人》）。下棋时呼呼作响。"棋添局上声"（杜荀鹤《新栽竹》）。有的棋局用珠玉装饰。马举镇淮南，"有人携一棋局献之，皆饰以珠玉，举与钱千万而纳焉"③。有用响玉、楸玉、珉玉等优质玉制作的弈局，用贵重的紫檀木并镶象牙的棋盘。还有用纸画的棋局。"老妻画纸为棋局"（杜甫《江村》）。1949 年后，出土了一些隋唐围棋盘，棋局有 15、17、19

---

① 《南部新书》庚。
② 《旧唐书》卷 50，《刑法志》。
③ 《太平广记》卷 371，《马举》。

等条线①。唐末人裴说《棋》云"十九条平路",讲的也是 19 条线。这纵横各 19 条线的棋局,与今之围棋基本相同。出土棋具中也有棋子。"三百枯棋弈思沈"②。棋子分黑白。

唐人下围棋,开枰对垒,犹如两军作战,既有攻势凌厉的搏战,也有不动声色的斗智。有时是深入虎穴,出奇制胜。行棋布局,千变万化。围棋虽小,却属智力竞赛。元稹有"运智托围棋"之说(《酬翰林白学士代书一百韵》)。他在家中聚诸棋友对弈,"鸣局宁虚日,闲窗任废时。琴书甘尽弃,圆井讵能窥。运石疑填海,争筹忆坐帏。赤心方苦斗,红烛已先施。蛇势萦山合,鸿联度岭迟。堂堂排直阵,衮衮逼赢师。悬劫偏深猛,回征特险巇。旁攻百道进,死战万般为。异日玄黄队,今宵黑白棋。斫营看回点,对垒重相持。善败虽称怯,骄盈最易欺。狼牙当必碎,虎口祸难移。乘胜同三捷,扶颠望一词。希因送目便,敢恃指纵奇。退引防边策,雄吟斩将诗"③。此诗比较全面生动地描绘了唐人下围棋的真实情景。从中可以看到,这盘棋下得十分精彩:棋手非常投入,琴书之类全都抛弃不顾,集中精力下棋。以棋为兵,布阵鏖战。或以蛇势将敌包围;或"堂堂排直阵",进逼其赢弱之师;或旁攻百道俱进,欲置敌于死地。同时,又讲究谋略,"斫营看回点,对垒重相持"。这场苦斗,从白天厮杀到红烛高照。杜荀鹤"对面不相见,用心同(一作如)用兵。算人常欲杀,顾己自贪生。得势侵吞远,乘危打劫赢。有时逢敌手,当局到深更"④。短短几句诗,将唐人对弈如兵家之争的情景刻画得入木三分。唐人吴大江《棋赋》也说博弈"似将军之出塞,若猛士之临边。及其进也,则乌集云布,陈合兵连"。用心盘算如何

---

① 《文物》1972 年第 11 期,《湖南湘阴唐墓清理简报》,《考古》1959 年第 10 期,《安阳隋张盛墓发掘记》,吐鲁番阿斯塔纳墓围棋仕女帛画。

② 胡宿:《寄昭潭王中立》,《全唐诗》卷 731。

③ 《全唐诗》卷 406,《酬段丞与诸棋流会宿弊居见赠二十四韵》。

④ 《全唐诗》卷 691,《观棋》。

吃掉对方的棋子，小心翼翼的保护自己，一旦得手，就乘势穷追猛打，置敌于死地；如棋逢对手，则一局杀到深更半夜。棋局的发展是曲折的，"百变千化无穷已，初疑磊落曙天星，次见搏击三秋兵，雁行布阵众未晓，虎穴得子人皆惊"（刘禹锡《观棋歌送儇师西游》）。要想取胜并非易事，所以对弈双方均极专注，"傍人道死的还生，两边对坐无言语，尽日时闻下子声"[①]。决定胜负关键在于"围棋斗黑白，生死随机权"[②]，即智谋。"幽人斗智棋"（李洞《对棋》）。实际上，对弈斗智，是双方心计的对抗。"不害则败，不诈则亡，不争则失，不伪则乱，是弈之必然也"[③]。棋局虽小，变幻无穷，学问很大。人们不仅借以消遣，同时也可以弈会友，修心养性，"园棋出专能"[④]，故这项运动持久不衰。

唐人下棋有的从清晨下到掌灯，甚至夜漏欲尽，天汉星残。"棋残漏滴终"（吴融《赴阙次留献荆南成相公三十韵》）。"观棋不觉暝，月出水亭初"（岑参《虢州卧疾喜刘判官相过水亭》）。"春酒夜棋难放客，短篱疏竹不遮山"（李昭象《题顾正字溪居》）。有时一局未下完，封棋暂停，来日再对。"昨日围棋未终局"（马戴《期王炼师不至》，一作秦系诗）。"棋局不收花满洞"（胡皓《赠曹处士幽居》）。"窗下覆棋残局在"（许浑《夜归驿楼》）。所以有人说："知叹有唐三百载，光阴未抵一先棋"（李洞《赠徐山人》）。虽系夸张之词，亦足见对弈鏖战时间之长。

唐人下围棋有的一面对弈，一面饮酒。饮酒一是为了助兴，一是可以赌酒。"一杯春酒一枰棋"[⑤]。钱塘青山李隐士客来则于林间扫石安棋局，岩下分泉递酒杯。《游仙窟》里讲五嫂"即索棋局共少

---

① 王建：《看棋》，《全唐诗》卷301。
② 韩愈：《送灵师》，《全唐诗》卷337。
③ 《皮子文薮》卷3，《原弈》。
④ 《全唐诗外编》上，《全唐诗补逸》卷2《王梵志》。"园"当为"围"之误。
⑤ 徐夤：《温陵残腊书怀寄崔尚书》，《全唐诗》卷709。

府赌酒"。杜荀鹤在新栽竹林里，赋诗、酌酒、对弈。李洞与宋校书对弈，船上赌酒分高低。迎送亲友宴饮时，有的对弈助兴。章孝标送进士陈峣去睦州，为其饯行，对弈至夜漏无声时。友人相逢乘兴下上一局。李咸用《和友人喜相遇十首》："数杯竹阁花残酒，一局松窗日午棋。"

唐人因爱棋，故常以下围棋比喻事物。白居易以棋盘比长安街坊："百千家似围棋局，十二街如种菜畦"（《登观音台望（一作贤）城》）。杜甫"闻道长安似弈棋"（《秋兴八首》）。陆龟蒙说，"满目山川似势棋"。皮日休"水似棋文交度郭"（《吴中书事寄汉南裴尚书》）。元稹以"珠玉布如棋，贤俊若布弈"，形容朝廷人才济济。杜牧喻万国像棋布。王维《春园即事》曰："开畦分白水，间柳发红桃。草际成棋局，林端举桔槔"，则是以棋局类田园。唐五代人还因喜欢棋局线条纵横整齐、美观，将其用于建筑装饰。显著实例是敦煌莫高窟的藻井、龛顶、窟顶和甬道盝形顶等处，画有棋格雁衔璎珞、棋格团花等图案。有此类图案装饰的初唐窟有 67、78、328，盛唐窟有 23、25、27、38、46（五代画）、74、83、84、87、88、113、121（五代画）、126、164、165、170、171、199、223、347、353、460，中唐窟有 7、92、112、151、154、159、191、197、200、222、231、234、236、237、238、240、358、359、360、361、363、368、369、449、467、471、474、475，晚唐窟有 8、9、12、14、16、29、30、34、94、106、136、142、147、161、178、183、192、195、196、198、232，中唐晚唐窟有 144，盛唐中唐窟有 188，中唐五代窟有 468，唐窟有 65、81、169、344，五代窟有 6、22、35、99、100、351，凡 87 窟①，其中初唐、五代较少，盛、中、晚唐较多，中唐最多。

唐代妇女爱好围棋，并有令国手惊叹的高手。新疆阿斯塔纳墓

---

① 《敦煌莫高窟内容总录》。凡由五代、宋、西夏和清等朝代重修的唐窟，仍以唐窟视之。

出土《仕女围棋图》绢画，说明即使边陲妇女也耽此乐。王积薪深夜闻棋的故事更是千古美谈。王积薪棋艺高超，"自谓天下无敌"。一次入京途中，在旅舍夜里"闻主人媪隔壁呼其妇曰：'良宵难遣，可棋一局乎？'妇曰：'诺。'媪曰：'第几道下子矣！'妇曰：'第几道下子矣。'各言数十。媪曰：'尔败矣'，妇曰'伏局'。积薪谙记，明日覆其势，意思皆所不及"①。

唐代吐蕃人也喜"围棋陆博"②。

围棋还是中日友好往来的纽带之一。唐宣宗时，日本王子入贡，擅长围棋。宣宗命围棋待诏顾师言与其对弈。王子出本国楸玉局，冷暖玉棋子。行棋至三十三下时，顾师言"惧辱君命，汗手死心，始敢落指"。王子"亦凝目缩臂数四"，方才出棋，仍未获胜。他问礼宾院官员，这位棋手是大唐第几位棋手。答曰："胜第三，可见第二；胜第二，可见第一。"王子抚局叹道："小国之一，不及大国之三。"③

围棋在五代十国时期仍十分流行。后唐人高辇《棋》说：一些野客下围棋极为认真，视对手似仇人，为赢棋绞尽脑汁，下完一局棋，"白却少年头"。南汉曹郎张瀛赠琴棋僧诗云："我又看师棋一著，山顶坐沉红日脚。阿谁称是国手人，罗浮道士赌却鹤。输却药葫芦，斟下红霞丹，束手不敢争头角。"④ 后蜀欧阳炯《句》说："古人重到今人爱，万局都无一局同。"蜀王起床前，宫人们闲暇无事，就在房里学下围棋，为赌金钱争路数，专忧女伴怪来迟。留传至今的《李后主观棋图》，传为出自五代著名画家周文矩之手。描绘了南唐后主李煜正在观看两人对弈的情形。翰林学士徐铉有五首诗咏及围棋，主张下棋"何必计输赢"，因"睹墅终规利，焚囊亦近

---

① 《唐国史补》卷上，《王积薪闻棋》。《集异记》所载此事有所不同。
② 《旧唐书》卷196上，《吐蕃上》。
③ 《北梦琐言》卷1，《日本国王子棋》。
④ 《唐才子传》卷10，《张瀛》。

名",实在俗气,"不如相视笑,高咏两三声",来得高雅①。淦阳宰李中咏棋诗多至七首。"自乐清虚不厌贫,数局棋中消永日"(《春晚过明氏闲居》)。他与羽人在清凉的竹林里安排棋局。又"留僧覆旧棋"(《赠胸山杨宰》)。李中还将自己的石棋局献给时宰。柴朗中也爱好围棋。茅山道士对弈。南唐下围棋同样饮酒。考功员外郎伍乔,与处士史虚白"棋玄不厌通高品(一作通宵算)"(《寄落星史虚白处士》)。闽人詹敦仁,以围棋比当时走马灯式的政局,说"争霸图王事总非,中原失统可伤悲。往来宾主如邮传,胜负干戈似局棋"(《劝王氏入贡宠予以官作辞命篇》)。楚天册府学士徐仲雅认为:"棋妙子无多"(《赠江处士》)。

第二节　敦煌象棋

　　敦煌莫高窟藏经洞所出土的遗书中,有象棋对弈情景的描述。莫高窟初唐第96窟殿前门上有幅清代的象棋对弈图。这对我们研究象棋的演变轨迹有一定的参考价值。丝绸之路东端的天水市西河县出土了宋代的青铜棋子。棋子成套完整,共32枚,直径为2.7厘米,厚0.3厘米,分红黑二色,圆形片状,双面铸有宋体楷书"将、士、象、相、车、马、炮、卒"。是出土古代象棋文物的精品。本节就以敦煌及丝绸之路出土的古代象棋史料为线索,梳理中国古代象棋发展变化的脉络。象棋一词,早在春秋战国时代的《楚辞》中就已出现,唐宋时又名之为"象戏"。在漫长的岁月中,象棋的棋法由简到繁,棋制由粗到精,历经了1000多年的变迁,到北宋末南宋初才完全定型,成为今日的形制。象棋的起源和发展演变经历了我国古代劳动人民长期的实践。据南宋初洪遵《谱双·叙》的记载,当

---

① 《全唐诗》卷756,《棋赌赋诗输刘起居叟》。

时象棋在我国的发展已相当普及，达到"家喻户晓"的程度。关于象棋的起源，有中国、印度等几种说法，目前的史料证据更多的指向"象棋起源于中国"。这里主要对中国古代象棋的几种形态进行探讨。

1. 六博

春秋战国时期的棋艺，统称"博弈"。博或写成簿，就是六博，又称之为象棋，在刘向《说苑》中就有"燕则斗象棋"[①] 的记载。《楚辞·招魂》中有一段叙述六博象棋的形制，兹录于后：

菎蔽象棋，有六簿些。

分曹并进，道相迫些。

成枭而牟，呼五白些。[②]

第一句，"菎蔽象棋，有六簿些"，是当时的棋制。当时的棋制是由箸、棋、局等三种道具组成：箸，据《西京杂记》说"以竹为之，长六分"[③]。贵族们用菎即玉作成箸，以显珍贵，相当于骰子的作用，行棋之前先要投箸。棋，是放在局上行走的象形棋子，所谓象棋，《六臣文选·招魂》解释说："象牙棋妙且好也"，即用象牙雕刻的象棋子，这就是象棋的由来。局，就是博局，又名曲道，是一种方形的棋盘。六博，由每一方六个棋子组成，即一枭五散。枭是"贵"与"骁"之意，《韩非子》中说："博者贵枭，胜者必杀枭。"[④]《战国策》说："博者之用枭，欲食则食。"[⑤] 散是散卒的意

① 刘向：《说苑》引《七修类稿》卷二十五。

② 《六臣文选注·招魂篇》卷三十三。

③ 葛洪：《西京杂记》。引《孟子·告子章句上》，明焦循《疏》。《诸子集成》第一册，中华书局1954年版，459页。

④ 《韩非子》卷十二，外储说左下第三十三。见《诸子集成》第五册，中华书局1954年版，244页。

⑤ 《战国策·魏策》。引孟森《欧制象棋为今古说》，《东方杂志》第二十五卷，第十七期。

思。按春秋战国时兵制，以五人为伍，设伍长一人，共六人，所以六博棋游戏的玩法来源于对当时军事战斗的模拟。从这一句文献记载中还可得出两个结论：一是中国象棋一词的来源，当出自此处，决非舶来品；二是春秋战国时的象棋就是六博。

第二句，"分曹并进，遒相迫些"，是行棋比赛的方法。曹即偶，是指比赛时必须两人对局或两组联赛。其方法是"投六箸，行六棋"。先投箸后行棋，斗巧又斗智；"遒相迫些"就是指行棋的技巧性，相互进攻逼迫，使对方死棋。

第三句，"成枭而牟，呼五白些"，棋走到最后获胜的关键时刻，当投箸成"五白"，可以任意杀对方的重要棋子而取得倍胜（牟），并迸发出胜利的呼喊声。

司马迁认为《楚辞·招魂》是楚国屈原所作。据近代学者考证，认为屈原作《招魂》是招楚怀王之魂，故诗中提到的都是宫室之伟，陈设之美，女乐之富丽，而用玉制成的"箸"和用象牙制的棋子也反映了楚国宫廷生活的奢侈。由此推断其作品年代是公元前278年以前。

郭沫若先生曾在《屈原赋今译·招魂》中注释："六博，古代弈棋之一种。二人对局，用六筹十二子以决胜负。掷采以琼为之。琼刻四面，其头尖。刻一画者为塞，二画者为白，三画者为黑，一面不刻。注法失传。不甚了了。"凡投箸者称为博，而不投箸者称为塞，或称格五。

我们从春秋战国时期的文献记载和出土文物来看，六博的产生要早于这个时代。我国古代小说《穆天子传》说：纪元前970年的周穆王满就是个"六博棋"迷，他跟井公下了三天六博棋才分胜负。在汉魏时代，这个故事被说成仙人下棋，如曹植诗云："仙人揽六箸，对博泰山隅。"我们从汉代留下的仙人六博画像砖也可以证明（如图1、图2、图4所示）。

图1　仙人六博——汉代四川新津崖墓石函石刻

图2　仙人六博——汉代四川彭州出土画像砖

　　1975 年底到 1976 年春，考古学家从湖北云梦睡虎地发掘战国末期古墓中的棋局，可以与《招魂》相互印证（如图 3 所示）。棋盘为木质，长 38.5 厘米，宽 35 厘米；棋盘正面阴刻规矩纹，并用红漆绘四个圆点；棋子为骨质，六颗，均为长方形，其中红色的一颗较大，长 3 厘米，宽 1.4 厘米，高 1.8 厘米，这就是枭棋。其余五颗

黑色，较小，长 2.5 厘米，宽 1.2 厘米，高 1.7 厘米，这就是散卒；箸为六根，由小竹管劈成两半，成弧形断面，长 19.5 厘米，它的形状与古文献记载基本相同。

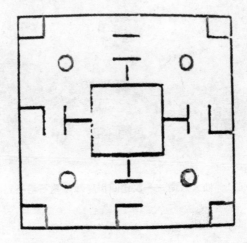

图 3　根据湖北战国云梦睡虎地出土"六博棋局"绘制

　　秦汉时期的六博棋制与春秋战国时基本相同。东汉时期六博棋制度出现一次革新，革新前也就是春秋战国时期的六博棋制称为大博，革新后的东汉时期的六博称为小博。它的区别首先是"箸"，据颜之推《颜氏家训》载："古者大博则六箸，小博则二茕（琼）。"①在甘肃武威磨嘴子汉墓中就出土了玩六博戏的彩绘木俑（如图 6 所示）。两个木俑隔棋盘相对跪坐，俑高约 27.5 厘米，中间的棋盘长约 29.2 厘米，宽 19.3 厘米，黑底，棋局绘白色"规矩纹"，它与一般博局稍有不同，即一般博局在靠近中央方框的角与曲线联结，也许行棋之法与一般博局亦有区别。

　　小博在张湛注《列子》中引《古博经》讲得较为详细："博法：二人相对坐而局。局分十二道，两头当中名为水，用棋十二枚，古法六白六黑。又用鱼二枚，置于水中。其掷采以琼为之。……锐其

---

① 《颜氏家训·杂艺第十九》，43 页。引《诸子集成》第三册，中华书局 1954 年版。

图 4　汉代六博——成都市郊出土的画像砖

头，钻刻四面为眼，亦名为齿。二人互掷采行棋，棋行到处即竖之，名为骁棋。即入水食鱼，亦名牵鱼。每牵一鱼，获二筹；翻一鱼，获三筹……获六筹为大胜也。"①

　　除武威出土的六博戏木俑外，1974 年在甘肃灵台傅家沟西汉墓中出土"铜四人六博戏俑"。这组跪坐六博戏俑，神情姿态各异。嘉峪关魏晋 7 号墓中室东壁有一幅绘彩砖画，描绘了生动的六博场面。博者跪坐两端，身穿红色长袍，头戴驼峰帽，两人之间有一张棋桌，桌上画一棋局。从画上观察人物表情动作，可以看出两人都非常激动地关注着棋局。左边一人两手高举进行掷箸。右边一人左手高举，右手指向棋盘，全神贯注地等待结果（如图 5 所示）。这幅砖画真实地记录了魏晋时期敦煌一带古人进行博弈活动的情况，说明博弈在

---

① 《列子》卷八，说符第八，中华书局 1985 年版，第 97—98 页。

图5　嘉峪关魏晋7号墓中室东壁六博画像砖

当时是普遍的娱乐游戏。

2. 塞戏和弹棋

塞戏是在六博的基础上演变而来的，古文献中常"博塞"并称，如《庄子·骈拇篇》有"博塞以游"之语，成玄英《疏》中载："投琼曰博，不投琼曰塞。"[①] 六博在游戏时往往靠侥幸取胜，汉代文学家班固在《弈旨》中说："博悬于投，不专在行，优者有不遇，劣者有侥幸，虽有雌雄，不足为凭。"《尹文子》中载："博尽关塞之宜，得用通之路，而不能制凿之大小，在遇者也。"因此，在广大棋艺家的不断创新之下，在春秋战国时出现了这种称之谓"塞"的棋戏。塞戏摆脱了六博侥幸取胜的局限，是对古代象棋的初次革新。

汉代时，塞戏也称为格五。西汉专门设有"棋待诏"的官职，《汉书·吾丘寿王传》中说："以善格五，召待诏。"[②]《后汉书·梁冀传》中说梁冀"善格五"。[③] 汉代刘德对格五解释："格五行塞

---

① 《庄子·骈拇第八》，146页。引《诸子集成》第三册，中华书局1954年版。
② 《汉书·吾丘寿王传》卷64，列传34，中华书局1985年版，第918页。
③ 《后汉书·梁冀传》卷64，列传22，中华书局1985年版，第541页。

法"①。魏晋时期苏林说："博之类，不用箭（箸），但行枭散。"② 这里告诉我们塞与格五名异而实同；塞与博的区别是前者不用投箸行棋，后者是投箸行棋。

关于塞戏的棋局，根据出土的文物有两种不同的形制。第一种，从湖北云梦西汉墓出土，棋局长38厘米，宽36厘米，厚2厘米。和六博局基本一样，不同点就是无博箸。第二种，从甘肃省武威磨咀子汉墓出土的彩绘木俑塞戏，棋盘为黑彩底，棋局绘白色"规矩纹"图案，与博棋局图案稍有不同。盘左一俑，由白黑二色绘画，穿长袍，梳圆髻，盖须，右臂向前下伸，拇、食两指握长方形木棋子，正在举手走棋；盘右一俑与左俑大致相同，右手放在膝上，左手举起在胸前，很有礼貌地凝视对方下棋（如图6所示）。

弹棋是西汉末年出现的一种棋艺游戏，据《西京杂记》说："成帝好蹴鞠，群臣以蹴鞠劳体，非至尊所宜。帝曰：'朕好之，可择似而不劳者奏之。'家君（指刘向）作弹棋以献。帝大悦，赐青羔裘，紫丝履，服以朝觐。"③ 此棋戏东汉时非常盛行，梁冀撰有《弹棋经》一卷，据邯郸淳《艺经》说："二人对局，黑白各六枚，先列棋相当，下呼上击之。"④ 魏文帝非常喜欢弹棋，技艺甚高，并且写了一篇《弹棋赋》，文中有这样的记载："先纵二八。"⑤，丁廙的《弹棋赋》中载："列数二八"，这些文献记载说明，三国至魏晋时期，弹棋的棋子数由六枚增加至八枚。到了唐代，弹棋仍甚流行，很多诗人都写过有关弹棋的诗篇，如杜甫、白居易、李贺、韦应物、王建等都非常喜欢下弹棋。柳宗元在《棋序》中说："得木局，隆其中而规焉。其下方以直，置棋二十有四，贵者半，贱者半，贵曰'上'，贱曰'下'，咸自一至十二。下者二乃敌一，用朱墨以别

① 《后汉书·刘德传》卷64，列传22，中华书局2007年版。
② 同上。
③ 《太平御览》卷754，工艺部11，中华书局影印版，第3349页。
④ （魏）邯郸淳：《艺经》，引（清）马国翰辑《玉函山房辑佚书·子部艺术编》，广陵古籍刊印社1990年版。
⑤ 魏文帝：《弹棋赋》，引《全三国文》卷四，第六页。

焉。"这些文献记载说明，唐代弹棋的棋子数由八枚增至十二枚，弹棋的下法更加复杂。到了宋代，象棋制度逐渐完善，象戏在这一时期特别盛行，弹棋突然销声匿迹了。

图 6　甘肃武威磨咀子出土的博塞木俑

3. 波罗塞戏与双陆

波罗塞戏的梵语是 PrasaKa。据唐朝智周《涅盘经·疏》中载："波罗塞戏者，此翻象马斗，是西国象马戏法"[1]。又据《梵钢法藏·疏》中载："波罗塞戏是西域兵戏法，二人各执二十余小玉，乘象或马，于局道争得要路以为胜。"[2] 六世纪初北魏宣武帝时期，由西域传入我国，后演变为双陆。

它的棋局为 12 道，前后各六；棋子均为立体，约三寸来长，像

---

① （唐）智周：《涅槃经·疏》，引《象棋月刊》，《关于中国象棋历史的研究》，1955 年第三十三期。

② （后秦）释道朗撰：《大般涅槃经·梵钢法藏·疏》卷十一，第 21 页。

小棒槌，又像国际象棋的兵卒，每方为 15 枚，也有 12 或 16 枚的；下棋时先掷骰子，然后走马，白马从右到左，黑马从左到右，以先出完马的一方为胜。敦煌遗书 P·2999《太子成道经》云："是时净饭大王，为宫中无太子，优（尤）闷寻常不乐，或于一日，作一梦，[梦见]双陆频输者，明日，[即]问大臣是何意旨？大臣答曰：'陛下梦见双陆频输者，为宫中无太子，所以频输。'" P·3883《孔子项托相问书》云："夫子曰：'吾车中有双陆局，共汝博戏如何？'小儿答曰：'吾不博戏也。天子好博，风雨无期；诸侯好博，国事不治；吏人好博，文案稽迟；农人好博，耕种失时；学生好博，忘读书诗；小儿好博，笞挞及之。此是无益之事，何用学之！'" P·2718《王梵志诗一卷》云："双陆智人戏，围棋出专能。解时终不恶，久后与仙通。"

　　敦煌莫高窟中唐第 7 窟东壁门南，绘有一幅两人对弈图。画面中坐者是维摩居士，棋盘左右各六路，是双陆博戏，两人正在对弈之中（如图 7 所示）。双陆在唐代非常盛行，又称为"长行"。白居

图 7　中唐——双陆——莫高窟第 7 窟东壁门南

易的诗就是最好的证明:"何处深春好,春到博弈家。一先争破眼,六聚斗成花。鼓应投壶子,兵冲象戏车。弹棋局上事,最妙是长行。"由于双陆行棋需要种种运智和诀窍,所以为当时的文人及风流雅士所嗜好。双陆发展到宋金时期达到鼎盛,不仅饭馆设双陆棋盘,供食客游戏,还出现了双陆的专门组织。一直到元明双陆的游戏都很流行,至清代双陆游戏基本绝迹。

4. 八八象戏

魏晋南北朝后期,北周武帝总结各个时期博塞戏的棋制,创造了象戏。发生于春秋战国时期、流行于秦汉的博塞戏着法简单,趣味太淡,围棋又太费时间,周武帝宇文邕非常喜欢棋戏,于是总结前朝各个时期的博戏,又结合从印度传入我国的波罗塞戏,发明了一种新的棋戏——象戏。《周书·本纪》中载:"天和四年,五月乙丑,帝制《象经》成,集百寮讲说。"[1]北周武帝创造了象戏,并把象戏的棋制、棋局、棋子、规则等记录在一本称之为《象经》的书里。考证《象经》这本书,在《隋书·经籍志》中把《象经》列入博类。唐代时,《象经》这本书还存在,据《旧唐书》说,唐太宗还读过《象经》,至唐中叶(约8世纪)从唐传入日本的卷子中有《象戏经》,所以日本后来的"将棋"就是起源于中国北周武帝创造的象戏。唐以后《象经》在我国失传了,宋人对它的具体内容已不知道了。现在留存的信息可从两个方面获得:一是唐初欧阳询的《艺文类聚》第74卷和宋代《太平御览》工艺部中记录的王褒撰写的《象经·序》一篇;二是通过南北朝时期的辞赋家庾信的《象戏经赋》,庾信在《进象戏经赋》中说:"臣伏读圣制《象经》,并观象戏,私心踊跃,不胜忭舞。"其《象戏经赋》云:"……绿简既开,丹局直正……局取诸乾,仍图上玄……坤以为舆,刚柔卷舒……马丽千金之马,符明六甲之符……既舒玄象,聊定金枰,昭

---

① (唐)令狐德棻等编《周书·本纪》卷五,中华书局1971年版,第76页。

日月之光景，乘风云之性灵，取四方之正色，明五德之相生。从月建而左转，起黄钟而顺行，阴翻则顾兔先出，阳变则灵乌独明。"①

通过王褒撰写的《象经·序》和庾信的《象戏经赋》，仍可了解当时象戏的棋局、棋制和棋子等一些主要内容。

"丹局正直"，说明棋局是正方形的，联系王褒撰写的《象经·序》中的"八卦以定其位"，棋局可能就是 8×8 的小方格组成。

"局取诸乾"，"坤以为兴"，说明棋局含有天地阴阳之意，也许是指黑色、白色的棋子，或是用黑白两色线条画成的棋局。

"马丽千金之马"，是指象戏中之"马"。

"符明六甲之符"，"符"为兵符，"六甲"指象棋中的"兵卒"。

"既舒元象，聊定金枰"，这个"象"，绝不是动物之"象"，应当作《周易》中的"象征"解释，这也是象戏的由来。魏晋南北朝时期的象戏，不是因为棋中有"象"而得名，就是到了唐代，也不见象棋中有"象"这个棋子。

从魏晋南北朝八八象戏的大致内容来看，这一棋戏的创造过程融合了很多中国传统文化的因素，寄寓了人们对天地自然法则和人间社会法则的总的认识。如中国传统的术数文化、天文历象、阴阳八卦等的思想。

5. 象棋

八八象戏经过隋唐的不断发展，到了宋代，迎来了象棋大革新的时代。这个象棋革新运动，整整持续了 160 年，最后才定型为今日的中国象棋。

甘肃天水市西河县出土了宋代的青铜棋子。棋子完整成套，共32 枚，直径为 2.7 厘米，厚 0.3 厘米，分红、黑二色，圆形片状，双面铸有宋体楷书"将、士、象、车、马、炮、卒"，是出土古代象棋文物的精品（如图 8 所示）。

---

① （唐）欧阳询：《艺文类聚》第 74 卷。

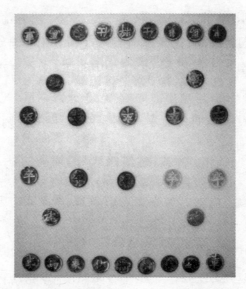

图8　宋代青铜象棋子——1972 年西河县南村出土

2006 年，丝绸之路文物调查期间，笔者在武威一个钱币收藏者那里征集到一枚青铜象棋子（如图9 所示）。

直径2.5 厘米；棋子为青铜质；棋子有正反两面，正面是阳文"傌"字，反面是铸造的马的纹饰图案。从棋子的形制看，和河南开封出土的北宋末年的青铜质象棋子一样，都是正面铸有汉字，反面铸图案。在兰州发现了两枚灰陶质地的象棋子和一枚玉质棋子（如

正面　　　　　　　　　　　　　　反面

图9　武威征集到的青铜象棋子

图10、11），两枚灰陶质地的象棋子直径 1.9—2.6 厘米，一枚单面刻阳文"車"字，另一枚单面刻阳文"將"字，从材料看，和宋代以前的灰陶瓦当很像；玉质的象棋子 2.7 厘米，双面刻阴文"士"字，玉质象棋子入土时间较长，形成了"白化"现象，也就是民间所谓的"鸡骨白"的玉沁颜色。从工艺形制分析，都是宋代以前的象棋子。同时在兰州还发现了残缺的一幅红陶制的象棋子（如图12所示），直径 2.5—3.0 厘米，单面刻阴文，共有 17 枚，从工艺形制来看为清代晚期的民间象棋子。

正面　　　　　　　　　　　　反面

图 10　兰州发现的灰陶质的象棋子

正面　　　　　　　　　　　　反面

图 11　兰州发现的"白化"的玉质象棋子

从北宋时期的青铜象棋子到宋代以后的其他材料的象棋子看，和现代的象棋子很像。象棋子在唐代是立体的，但到北宋中叶已完全成为平面的了。从立体到平面，这是象棋子的重要改革，但仍遗留有形象化的特点，后来发展成了棋子的图案全是代表棋子性

图12　兰州发现的红陶质象棋子

质的字，这种改变源自于人们对象棋下法的实际需要。发现的文物和古代文献证明，当时的棋盘纵十路，横九路，有河界，棋子32只，"将"在"九宫"之中，已具有现代象棋的规模。这种有"九宫"式的象棋棋局，是象棋在北宋宫廷中盛行后开始改革的。所谓"九宫"，原为我国古代"数术"家所创，即在九个方格内写1—9个数字，纵横斜任何三个数字之和都是15。当时"将"的位置在九宫的中央"五"上，这个"将"其实就是"王"，即所谓"乾卦九五，为人君之象"，棋的第一步是"将"退"一"位，登"九五"而坐"一"，是一统江山、唯我独尊之意，我国传入朝鲜的象棋仍沿其旧。同时，"九宫"中"士"的步法只能斜走"士"路，不能走"将"路，这是宋代宫廷礼仪及中国传统文化在象棋棋局、棋制、棋子发展中的反映。

第七章　敦煌武术

　　敦煌，作为古丝绸之路的重镇及中西交通的重要隘口，几千年来为我们留存下来了大量反映我国西部和中原社会的文化遗产，其中不乏表现我国中古时代千余年间武术形象的珍贵史料。它表明敦煌是为中华武林作过贡献的武术之乡。敦煌壁画、雕塑中有关武术形象的造型，就是中华武术流变传承的结果。随着社会的发展，武术以其自身的功能拓宽了它的应用领域，武术除单纯地用于军事外，还在教育、健身、经济以及表演方面发挥着重要作用，也使得中华武术在中国古代体育中成为最有生命力的传统项目。

　　关于敦煌武术，已有很多专家学者进行了深入地研究。这一章主要从四个方面对敦煌武术史料进行探讨。一是关于敦煌武术史料研究的几点看法；二是敦煌武术史料考略；三是敦煌武术的社会学功能；四是宗教祭祀中的武术。

第一节　对敦煌武术史料研究的几点看法

研究中国中古时代的武术历史困难很多，主要原因就是唐宋以前的资料极其匮乏。如果没有新的古代武术史料发现，可以说已有的武术资料已被挖掘殆尽。敦煌壁画包罗万象，其中就有不少表现的是武术。在没有照相和录像技术的古代，这样生动的壁画弥足珍贵，它可以让我们直接见识到古代武术的风貌。但是怎样通过这些壁画研究武术？通过这些壁画又能有何发现？不同的学者有不同的方法，这些方法有些是对的，有些值得商榷。能否通过研究方法达到恢复历史本来面貌的目的，是判断的标准。

1. 对武术的界定

任何事物必先有其质而后有其形，必先有其体而后有其用。通过敦煌壁画研究武术，必须先要对武术的本质进行界定，因为对武术的认识不同，所以拥有的研究理念也就不同，在不同的理念指导下，我们看待事物的角度和研究成果必然不同。武术始终没有一个清晰和统一的概念，通常认为这是由于武术是随着时代发展在不断变化的，因而只能依据武术在不同历史阶段的独特性进行适时的定义。之所以产生这种看法，正是因为忽视了武术的本质属性（武术的体），只看到了武术为适应不同历史阶段、不同社会条件和不同人的不同需求而衍生出来的不同功能（武术的用）所造成的结果。

武术的本质是："人类为了最大限度地消灭敌人，最大程度地保存自己而进行的一种人体运动形式。"这种运动形式是人们把人体和技击作为研究对象，进行有目的、有意识、主观能动性地研究，从而去认识在技击环境下的人体运动规律、心理活动规律、工具使用规律。武术，虽然像其他人体运动形式一样，会受到一切自然规律

（如物理规律和人体生理规律）、人类的文化差异和文明程度的影响，但因为它从诞生的那一刻起，其终极目的就是搏杀，因此在训练方法、运动形态和技战术上，就不能拿一般体育运动的标准去衡量。

2. 敦煌壁画不能体现武术的内在规律

武术是人为的而不是固有的，武术并不是一种被人发现的事物，而是人类的发明创造。因为武术的各种形态受到不同民族、地域、宗教、文化等因素的影响，所以武术的外部形态上会有所不同，例如服饰、仪式、演练形式、技击风格等。但抛开这些外在因素，我们会发现武术具有不受这些因素影响的、不变的东西，那就是普遍存在的，受地球物理、人体生理和基本心理因素影响的人体运动规律。这种规律放之四海而皆准，不会因为种族、民族、文化、地域、宗教的影响而不同，只会因为习练者自身水平的不同，有观察角度的不同、认识层次上的高低和研究程度上的深浅，人们对客观规律的表述和通过形体的表现，才产生了群体和个体上的差异。例如同样一个前手直拳，中国武术各门派之间，以及拳击、空手道、跆拳道、泰拳、综合格斗风格等不同搏击体系之间，甚至同一体系内部的不同技术流派之间，其技术细节的要求都不尽相同，并且外在形态也各有一定差异。这就是受到不同人种、文化和自身水平等因素影响而产生的结果，但不管有多么的不同，其终究逃不出物理和生理因素的影响，其内在的人体运动规律只能是相同的。

人们看到武术外在的差异，也从文化因素上进行了探讨，但缺乏的是进一步深入进去，探索人体运动规律因武术的特殊性而具有的，不同于其他运动形式的运用和表现。对中国武术的研究，首先应该进一步保存、挖掘、整理、发展它所体现出的因自身民族独特思维方式影响而具有的，不同于现代西方科学发展思路的人体运动科学，在此基础上结合一切现代人体科学的研究成果，走出一条有中国特色的人体运动科学研究发展之路，为整个人类的生命科学研究作出贡献。

敦煌壁画作为静态的图像，所表现出来的是中国武术的演练形态、服饰、兵器形制以及个别技术动作的瞬间定型，它不能体现中国武术特有的技术内涵、技战术特点和深层的运动科学规律。这样一来，通过敦煌壁画研究武术就会有先天的不足，敦煌壁画只能作为研究武术的资料的有益补充，却不能解决武术研究的根本性难题，如：中国武术区别于国外武术根本的内在特点到底是什么；如何继承发扬传统武术；如何解决传统武术现代化的问题；传统武术与现代搏击是否矛盾，等等。如果根据敦煌壁画中有关武术动作的图像编一套"敦煌拳"，就有望文生义、生搬硬套之嫌。

3. 表现相关内容的壁画的分类

现被认定为表现武术的敦煌壁画需要进行相关度的重新分类，因为并不是所有的相关壁画都能够直接与武术产生联系。这里把与武术相关的壁画分为四个类型：Ⅰ型为"武术图像"；Ⅱ型为"参考图像"；Ⅲ型为"相关图像"；Ⅳ型为"联想图像"。

（1）Ⅰ型图像

这类图像清晰准确地表现了武术的相关内容，不会使人产生歧义，与今天人们对武术的认识也吻合，包括莫高窟第61窟壁画，西壁（五代）；莫高窟第61窟壁画，南壁（五代）；莫高窟第45窟壁画，南壁（唐）；莫高窟第154窟壁画，东壁门北侧（唐）；莫高窟第112窟壁画，东壁（唐）。

壁画数量虽然很少，但其中所表现的拳术和剑术，不但逼真生动，而且写实，这是难能可贵的。艺术作品往往会做艺术加工。通过敦煌壁画研究武术，必须首选能够表现古代武术真实风貌的壁画，例如第61窟的壁画，图像上有各种人物，或练剑，或练拳，或单独练习，或集体操练，或对练搏击，堪称敦煌壁画中研究古代武术的最真实的第一手资料。

（2）Ⅱ型图像

这类图像为"参考图像"，也就是与武术有一定的相关性，有一定的参考价值，但其表现内容不能直接认定为就是武术的，包括莫高窟 237 窟壁画，龛顶北坡（唐）；莫高窟第 296 窟壁画，主室南壁（北周）；以及众多的力士、药叉图像。

这类图像不能直接划定为武术图像。因为研究资料应以真实为第一宗旨，不应把描画神仙、天界、宗教人物的艺术形态当做真实形象，艺术家不一定会武术，就算以真实事物作为原型参考，其表现的形态也会有艺术夸张和艺术想象的成分，把这类图像归为武术是不够严谨的。

不是任一艺术加工后的武术动作形态都能反映武术运动的本质和内涵，它们是否符合人体的运动力学或解剖学，是否符合技击要求甚至健身养生，都需要反复论证和不断地实践。真正习练过武术的人都会知道，武术绝不仅是比划动作、摆出造型或编排成套路，任何一个武术动作的创新都必须要经过身体的实践和时间的检验。如果通过这类壁画的静态形象去认识、研究武术，甚至仅仅模仿表面的动作形态就创编所谓的"某某拳"，这只能是徒有其表的空架子。认为编排套路就是弘扬武术，其实只是把武术浅薄化，流于表面，对武术的研究和发展毫无积极意义。

（3）Ⅲ型图像

这类图像为"相关图像"，虽然图像中表现的并不是武术，或者说表现的内容与今天人们所界定的武术不相称，但却属于古代的"武学体系"，或者说是中国"武文化"不可缺少的一部分。这类图像包括了所有表现射箭和摔跤的内容。

摔跤和射箭各有自己的发展脉络，自古以来也自成独立体系，但在古代冷兵器的特殊历史条件与古人"学得惊人艺，货与帝王家"等思想的影响下，在武学修炼的过程中，射箭、马术、马上武艺（马上射箭和枪术）的习练也是必不可少的。在今天的武术门派中，仍保留着对这些技法的传承，例如，心意六合拳的拳理拳法就完全出自于在步战和马战中大枪的使用方法，并有"化枪为拳"的说法；而拳术中的"抽扯劲"和"张弓蓄势"则完全来自于对练习射箭时

身体经验的总结和感悟。摔跤则更是包含于武术"踢、打、摔、拿"的格斗技法之中，是武术体系不可缺少的部分。

（4）Ⅳ型图像

这类图像为"联想图像"，它们虽没有直接表现武术，但人们看到后，通过联想会认为与武术相关。这些图像包括所有军事战争、训练的图像，还包括一些举重、杂技等体育运动内容的壁画。

严格说来，这些壁画并不属于武术，只是在逻辑上可以认为与武术有关联。例如从军事战争的训练可以联想到武术格斗技术的练习，从战争场面会联想到格斗技术的运用或实战时的身法，而举重、杂技、百戏等体育图像则会使人联想到基本功和身体素质的练习。这些图像可以作为研究武术时的有益补充或者作为补充性说明的例证。例如，在探讨古代武术基本功训练时，可以抽取其中的某幅图片作为形象的说明。

最后值得提出的是，有学者把大量的"持剑图"也作为武术内容的图像，这是不妥的。这类图如果用来研究冷兵器的形制还具有参考价值，但在武术研究中，此类图既不与武术的功理功法、技击、训练等方面有任何相关，也不能在武术的身体运动形态上做任何参考，在逻辑联想上也十分牵强。

4. 横向联系，模糊处理

由于历史原因，武术被人为的在形式上进行了肢解，从而有了竞技长拳、武术散打和传统武术之分；在时间上进行了割裂，产生了传统与现代之别。事实上，武术在历史发展进程中尽管会有变化，但我们要认清，在时空上武术始终都应该是一个完整的体系。一个完整的"武学系统"应该包括徒手与兵器、技击与演练、健身与养生、科学与哲学等。如果我们只从现代体育运动项目的角度去研究从历史中延续到今天的武术，就会割裂武术在时空上的延续性和完整性。

通过敦煌壁画研究武术，就要打破项目划分的界限，横向上把与武术相关的内容联系起来综合研究。同时，在分清图像相关度的前提下，在引用资料进行论证时，要模糊处理，目的是作为说明问题时的补充例证。例如，金刚、药叉、力士的动作可以认为是一种"武舞"，而一些被认定为舞蹈的动作却可以当做某种武术的功架，因为舞蹈和武术在历史上的血缘关系亲近，两者的动作有着天然的关联，完全可以做模糊处理。

5. 独特的艺术表现形式

在表现武术、军事战争、射箭和摔跤的图像中，除了很多摔跤类的图像有表现两人身体相交成搏斗状态，或胜负已分出现结果的内容，其余的则无一例外表现的是双方蓄势待发，就要相交而未相交时的刹那间的状态。这不能不说是敦煌壁画在表现形式上的一种独特方式。

中国武术讲究"在引而未发中找消息"，是因为受到中国文明讲求对自我的不断完善和修炼，不与他人相争，只与自己的身心相斗的影响。此心同，此理同。壁画的表现手法正体现了这一点，只表现千钧一发的那一刻，并不表现结果。或许从中也能看出，为什么摔跤在古代只是作为供人娱乐、观赏的一种民间运动，难登大雅之堂，而武术、剑术、射艺等则作为高级的修炼手段，流传于古代的上流阶层之中。

第二节　敦煌武术史料考略

1. 徒手格斗

中国古代武术中的徒手格斗，通常称之为拳勇。《诗经》中就有"无拳无勇，职为乱阶"的诗句，是指那些既无徒手格斗的技艺，又

缺乏勇敢精神的人，是专起祸乱的根源。在我国古代文献中，《诗经》最早提出了与武术相关的词——"拳勇"，可视为我国武术的发端。敦煌壁画中反映徒手格斗的内容很多，比较典型的是第 428 窟中心方柱后壁下部的《对打图》，表现的是两位身高体壮、精力充沛的武士正在"放对"，这是近代在西北地区流行的八极拳的对打拳术——"八级对接"①。画面生动地勾画出了八极拳稳实的下盘，强劲的上盘，攻势的缠捆劲道。该套路要求动作简洁，长短相兼，发劲迅猛，撞靠捆跌，下盘稳固，非常适宜于西北人中身强力壮者演练。此外，敦煌壁画中亦有很多以夸张的手法表现徒手格斗内容的，如第 254 窟的一对金刚力士，赤膊披巾，剽悍粗犷，挥拳比武，进退攻守，颇有一拳定胜负的气概。

武术既有搏斗运动，更有套路运动，这是中华武术最大的特点之一。在古代，武术最初是由生存和军事技能发展为搏斗运动的体育项目的。随着岁月的流逝，套路运动逐步占据了武术的主要阵地。套路运动即拳术，它是练武的基础。《礼记·王制》中有"凡执技论力，适四方，裸股肱，决射御"的话，表明当时有比赛形式，通过对抗方式"执技论力"来分胜负。敦煌第 249 窟壁画"力士捧摩尼珠"就是武术套路运动中手脚并用、上掠下取技术在实战技击中的运用。图中左侧武士毫不怠慢，采取上封下截的招数有效地达到了"自保尔后全胜"的目的。

春秋时期，在选拔和训练将士时，很重视拳勇方面的才能和素质。每年春秋两季天下武艺高强之人还要云集到一起进行较量。《管子·七法》中就有"春秋角试……收天下豪杰，有天下之骏雄"的记载。此后，逐步由单纯军事技能向竞技方向发展，武术已不像早先那样仅仅满足人们生存的需要，而是逐渐成为人们文化生活享受的一种需要，角抵、手搏、击剑等竞技项目相继出现。秦统一六国后，"罢讲武礼，为角抵"，角抵有了较大发展。角抵又叫角力、校

① 陈青、黄雪松：《莫高窟壁画中的敦煌武术》，《丝绸之路》1994 年第 2 期。

力、贯交、争交等，是一种摔跤运动。角抵戏中包括徒手的对抗性项目，这是武术中摔跤运动的前身，后称之为相扑。在汉代称之为"手搏"的相扑非常流行。《汉书·艺文志》兵伎巧十三家中就收入《手搏》六篇。《汉书·傅常郑甘陈段传》里说：甘延寿"试弁，为期门"。孟康注曰："弁，手搏也。"敦煌壁画中就有反映摔跤、相扑的诸多画面。如第290窟人字披顶上有六条长达20多米的佛传连环画，其中就有十分珍贵的相扑图，生动形象地描绘了一场紧张激烈的相扑比赛。相扑双方都裸着上身，下着短裤，赤足，系一腰带并遮盖下体，其中一人正提起对方的一条腿，搂住肩膀企图摔其倒地；另一人也紧紧抓住对方的腿，一手撑地，欲用劲反摔对方。两人比着耐力，相持不下，右边一人扬手喊叫，似是一名裁判，左边一人正瞪目观战，似是入迷的观众，形态十分传神。图中描写的抱脚摔法符合我国古代相扑技巧特点，同样的情形还可在敦煌藏经洞幡画和白描画中见到①。

魏晋南北朝时期实行府兵制，选士的标准对武艺有很高的要求。晋时，练武已成口诀。葛洪在《抱朴子·外篇自序》中自称："少尝学射"，"皆有口诀要求，以待取人，乃有秘法，其巧入神"。唐代开始实行武举制，用考试的办法选拔武勇人才。《事物纪源》载"武举盖起于武后之时"，这种制度对武术的发展起了促进作用。敦煌第61窟中就有一幅徒手格斗的画面，描绘的是两名武士在一长方形的地毯（或席子）上的武术散打比赛。图中右边的武士一手在前一手在后，用弓箭步直取对方；左边的武士则双臂弯曲，低俯身体，准备迎战。两人上场后不是立即扭抱在一起，而是伺机而动，显然其技术比较复杂，已经有了攻和防的应对套路。这一切都为我们研究古代武术散打历史，提供了极为可贵的形象资料②。

宋代，民间习武者有"社"的组织，尚武的风气促进了武术的

---

① 易绍武：《敦煌壁画中的古代武术》，《新体育》1982年第7期。

② 易绍武：《敦煌壁画中所见的古代体育》，《敦煌民俗研究》，甘肃人民出版社1995年版。

发展。明清两代是武术集大成的发展时期。在明代，已有了完整的记载套路图谱的书籍，如《纪效新书》、《耕余剩技》等。其中明将戚继光在《纪效新书》中对拳术中的踢、打、摔、拿、起伏转折、闪展腾挪、蹿蹦跳跃以及手法、身法、步法、精神气力等方面的特点都做了详尽的分析。明代的武术项目通常被概括为"十八般武艺"，包括有徒手以及长兵、短兵、软兵等器械，这就意味着武术已经规范化了。到清代则把武术简单地分为内功、外功两家，此外还有南北派之说，也有按山川、河流、姓氏分类的，反映了清代武术流派的繁多。

2. 武舞

舞武相济是敦煌武术的又一特点。这是因为原始的体育和舞蹈，在形成过程中，是互有影响的，并随着社会的发展，其社会职能也在发生变化。当社会分工达到了能完全区别事物的性质时，事物的独立形态才明显地显示出来。敦煌壁画中的"飞天"、"歌舞"、"百戏"等内容，在人物的肢体造型上普遍呈现出舞蹈动作和武术技巧相结合的独特风韵。如敦煌第320窟、112窟中的飞天飘带乘风，技巧娴熟，有飞舞轻盈的健美形象，整体感很强。尤其是画中的舞蹈者回首拨弦，背身反弹琵琶，难度极大，堪称绝技，如果没有武术的基本素质是不可能做出这样高难度动作的。

在中国古代的武舞中，有一种叫"九伐"的舞蹈。相传这种武舞出现于夏朝。据《山海经》说，大禹的儿子启就在一个名为大东的广场指挥他的军队练习"九伐"这类舞蹈。关于"九伐"，《礼记》中解释为"一击一刺为一伐"，可见，"九伐"就是手持兵器，互相击刺多个回合。

到了西周，周人沿用夏人传下来的"击刺之法"，培养和锻炼武士的攻防能力。武王伐纣前夕，用武舞鼓舞士气，名曰"武宿夜"。灭商之后，武王给击刺之法配上了音乐，称之为"武象"，随后，他又以灭商时的战争场面为题材，编排了一种大型的舞蹈，名为"大武舞"，以此来歌颂伐纣的武功。这种舞武后来逐渐和练武分化开来，但却被武术套路运动所借鉴吸收。

表现战争内容的舞蹈有助于培养人们的军事技能，一击一刺实际上都带有攻防之意，武术中的对练形式可能渊源于此。武术中的对练形式根据不同的需要，可分为单练、合练（对打）和集体练。敦煌壁画中反映单练内容的如第285窟佛龛之间的"力士舞"最具代表性。图中武士左手握拳，右手托掌，手眼相随，目光炯炯，正在行拳走架。"力士舞"取材于魏晋时期的拳术，《通鉴纪事本末·元叉幽后》中说："普通二年甲午，魏王朝太后于西林园，文武侍坐、酒酣迭舞，康生乃为力士舞，及折旋之际每顾视太后，举手蹈足，瞋目领首，为执杀之势。"可见"力士舞"实为一种由个体演练的具有击技性质的武术套路。

合练（对打）内容的形象，有前文提到的第285窟的《对打图》，这是反映徒手格斗的，另外在敦煌壁画中还有许多反映持器械对打的画面。如第285窟"五百强盗成佛"的故事画中，就有生动的拥盾对打的场面。图中一方执矛，一方执短刀拥盾迎战，生动地描画了一场长短器械对打的情景。另外，在此壁的右下方有一位身着袴褶、足蹬麻鞋的武士潜伏于草丛中，其用盾牌护身，伺机进攻的动作便是拳法中常见的"埋伏式"。"埋伏式，此势进步甚速，用小行或左或右，如有枪戳在牌不能脱手，急用刀尖将牌借力顶开急进，绝妙"。[1] 这是明朝的著名将领戚继光关于"合练"方法的记载。

集体训练在军事训练中有着重要意义。如敦煌第217窟北壁"未生怨"中就有集体的矛盾演练图。图中五人执矛与五人持盾握刀两两相对，双方都穿相同的铠甲，执矛者作进攻状，持盾者握刀作防守准备，以伺机反击。其背景为方形城郭，周围有骑马高官，侍者数人，在观看表演。可见这一攻一防的动作就是常见的武术对打"盾牌刀进枪"之类的成套的假设性的攻防练习。

---

① 《纪效新书·藤牌总篇》，第11卷。

此外，由于作战的需要，武舞有时与射箭是相提并论的。诗歌文献中歌颂鲁庄公说："舞则选兮，射则贯兮，四矢反兮，以御乱兮。"① 说他的武舞异常出众，射箭能穿靶，四箭都射穿了靶子，这种本领正好可以防御作乱。可见，射箭是当时武舞训练内容的一种。敦煌第 53 窟的《蹲射图》中就有一吐蕃装束的射手，高鼻深目，卷发，头裹红绢，倚坐磐石，上身后倾，左手持弓，右手拉向脑后，拇指和食指相捻，好像刚刚发出一箭，目光凝视着箭的去向，形象地勾画出了射手在箭刚离弦后刹那间的动态和神情。

射箭，在我国有悠久的历史，尤其我国西部和北方游牧民族历来有射箭特长。敦煌第 290 窟窟顶人字披上有幅《射靶图》，画的右面是射箭的棚子，这种射箭的棚子就是西周金文中提到的"射庐"。棚子里有三个射手拉满了弓正在瞄射左边的十幅靶架，架上挂着球形的箭靶。射箭棚前有四人，一边两人，可能是监督或裁判；一人骑马，可能是拾箭者或报数人。可见敦煌射箭规则已十分完善，设施也已齐备，并且和出土的战国铜壶纹饰所反映的内容基本相同，说明敦煌射箭的比赛运动是在深厚的中原文化基础上发展起来的。

3. 剑术

剑术是以击、刺、点、崩等剑法结合平衡、旋转等动作所组成的套路练习。剑属于一种短兵器，便于携带，利于近战。在古代，除战场上多数人愿意用剑外，平时人们也喜佩剑以自卫，故在民间留下了"剑乃短兵之道"的说法。

早在青铜和铁器出现之前，就有了关于剑的传说。用青铜铸剑，始于殷商和西周。2002 年，笔者在丝绸之路作体育文物调查期间，曾征集到两把汉代铁质长剑（如图 1、图 2 所示）。第一把铁剑长 90 厘米，宽 3 厘米，整体结构由剑把（铁质）、剑格（青铜质）、剑身（铁质）组成（如图 3 所示）；第二把铁剑长 88 厘米，宽 2.8 厘米，

---

① 《诗经·齐风》。

较厚，上面还附着朽木的纹路，结构和第一把相似，只是没有中间的剑格。从这两把铁剑的形制来看，确实很适合击、刺、点、崩的剑术技法。

图1　丝绸之路上征集的第一把铁剑

图2　丝绸之路上征集的第二把铁剑

图3　第一把铁剑局部

到了春秋时期，剑术已发展到相当高的水平，出现了不少技艺高超的武术家，如越女、袁公、鲁石公等。越女精剑术，其剑术理论理法深奥，以致春秋以后，历代著名的剑客多学剑于越，以示自己的剑法精深。其后，武术逐步由单纯军事技能向竞技方向发展，击剑等竞技项目相继出现，同时也出现了剑舞、刀舞、钺舞等舞练形式的项目，而击剑则更为风行。《汉书·艺文志》兵伎巧十三家中，列《剑道》38篇，即为记载剑术套路形式的专篇。

在唐代，剑术在战场上逐渐消失，但在民间却得到发展。《太平御览》卷5有"公孙大娘善舞剑"的记载。这说明除击剑外，健身、艺术给了剑术新的生命力。著名剑术家裴旻的舞剑、李白的诗歌、

张旭的草书，在当时被称为"三绝"。敦煌壁画中以剑作为武器对阵的场面很多，而描绘剑术的最生动的图像则属第 61 窟西壁《佛传屏风画》。画面有在林中、河边舞剑的场面。有的撩剑作"金鸡独立"之势；有的身体后仰，在胸前运剑如行云流水一般，姿态各异，动作刚劲雄健，手、眼、身、剑，浑然一体，动感非常突出，连续快速的撩、挂、云等动作，以图解形式展现于我们面前，使人一目了然。

在敦煌，一些江湖艺人还会跳一种威武雄壮的剑舞，配合这种舞的唱词就是《剑器词》，它是敦煌曲子词中的名篇。S. 6537《剑器词》为五言八句体，是现今唐代民间流传下来的唯一配合剑器舞的完整词句，也是迄今所仅能见到的珍贵的剑器舞之真实记录，兹全录下：

皇帝持刀强，一一上秦王。
闻赋勇勇勇，拟欲向前汤。
心手五三个，万人谁敢当？
从家缘业重，终日事三郎。

丈夫气力全，一个拟当千。
猛气冲心出，视死亦如眠。
率率不离手，恒日在阵前。
譬如鹘打雁，左右悉皆穿。

排备白旗舞，先自有来由。
合如花焰秀，散若电光开。
喊声天地裂，腾踏山岳摧。
剑器呈多少，浑脱向前来。

这首曲子词通过英雄的舞姿体现了一种赴汤蹈火、视死如归的忠诚。由于剑器舞曲是音乐、舞蹈、诗歌三者结合的大曲，所以剑器舞的曲子具有多段歌词。《乐府杂录》将剑器舞归于健舞类，健舞表现出的自然是英武刚健的舞姿。马端临《文献通考》中说："剑器，古武舞之曲名。"张自烈《正字通》亦云："剑器乃武舞之曲名。健舞，武舞也。"由此可见，剑器舞是一种持剑的武舞。唐代诗人姚合的《剑器词》中有这样的描写："今日当场舞，应知是战人"、"今朝重起舞，记得战酣时"，反映出剑器舞就是一种持剑并含有攻防套路的武舞。而描写剑器舞全貌的，应属杜甫写的《观公孙大娘弟子舞剑器行》一诗，兹摘录如下，可作对照。

> 昔有佳人公孙氏，一舞剑器动四方。
> 观者如山色沮丧，天地为之久低昂。
> 爏如羿射九日落，矫如群帝骖龙翔。
> 来如雷霆收震怒，罢如江海凝清光。

剑器舞为唐代中原地区民间著名的舞蹈，并传入宫廷。敦煌《剑器词》的存在已确定剑器舞在此地曾风靡一时。

总之，敦煌史料所记载的武术是中华古代体育中历史悠久、内容极其丰富的运动项目，其宝贵遗存真实地再现了我国古代人民丰富多彩的文化生活，同时又是我们研究中国体育史必须要借鉴的珍贵史料。

第三节 敦煌武术的社会学功能

在敦煌史料中有许多反映我国古代人类进行体育活动的材料，这些文物为我们保存了大量汉唐至宋元时期的武术形象史料。这些敦煌史料中所反映和呈现出的中国古代武术我们称之为敦煌古代武术。

社会学是从社会整体出发，通过社会关系和社会行为来研究社

会的结构、功能、发生、发展规律的综合性学科。功能是指事物本身所具有的客观属性所发挥出的有利作用，人们可以基于对事物客观属性的理解来对其进行挖掘。社会学功能就是从整个社会范围的角度来分析和考虑事物客观存在和发挥出来的有利作用。中国古代武术作为一种文化现象，作为整个社会文化的一个因子，必然与社会其他领域存在着必然的联系。

在古代武术的演变和发展过程中，包括主流文化、军事政治、娱乐表演、民间习俗、经济等在内的诸多社会因素与武术相互影响，相互糅合，并随着社会的发展，使得武术的社会学职能逐渐发生变化，从而使得古代武术以不同的形式履行着文化、政治、军事、娱乐、民俗、经济等多方面的社会学功能。

1. 武术是中国传统文化独特的载体

中国古代社会以儒家和道家为代表的本土文化，以及西汉末期从印度传入我国的佛教文化，构成了中国传统文化的主要哲学体系。

儒家思想主要建立在以"礼"为核心的伦理学上，讲求"中庸"，注重礼节，重视个人道德修养、人格修养。传统武术孕育在儒家思想中，深受"中庸"之道影响。其练习方法和运动特点都特别注重人的整体、人与自然的和谐，儒家思想也促使人们在练功习武时十分注重武德修养。在敦煌遗书中，就收录有儒家典籍"诗、书、礼、易、春秋、论语"等六经。在春秋战国时期，礼文化主要体现在礼射方面。《礼记·射义》谓："射者，所以观盛德也"，又谓："射者，男子之事也，因而饰之礼乐也。故事之尽礼乐而可敬为行立德行者，莫若射，故圣王务焉。"《战国铜壶礼射纹》上就生动地反映了礼射的场面（如图4所示）。礼射作为周礼的一部分，是宗法制度的反映，也赋予了射箭这一体育活动以精神内容。

"道"是中国人追求的最高智慧和真理，将"阴阳"纳入"道"的范畴，对立统一的传统哲学思想已成为先民解释一切事物现象的理论依据。传统武术在拳理上确立了以太极、八卦、五行相克等理

图 4　战国铜壶射箭纹

论为指导；在风格上体现出"狗闪猫窜兔滚翻"等比拟；在练习上要求对道的体悟和与天道规律的主动相合，表现为"身法自然"、"天人合一"等追求。道教养生思想对我国古代养生学发展起到了主导和推动作用。传统武术从军事格斗攻防训练，发展到具有健身养生思想的专门动作，其中不无具有道教养生思想的深远影响。如太极拳要求的"心静体松"，长拳的"提"、"托"、"聚"、"沉"内部呼吸之法等都是道教养生思想的表现。在敦煌遗书中，道教文献约370 余卷，主要有《道德经》、《老子化胡经》等。《道德经》曰："人法地，地法天，天法道，道法自然。""致虚极，守静笃。万物并作，吾以观其复。夫物芸芸，各归其根。归根曰静，静曰复命。"[①]"万物负阴而抱阳，冲气以为合。"[②]

佛教的"仁"、"忍"思想与传统武术的"武德"思想相通。佛教讲究"诸法皆是菩萨妙明元心中物"，即"仁"；传统武德的主要内容为：仁、义、礼、智、信、勇等。在敦煌遗书中，有很多佛教文书，主要写经有《维摩信经》、《全刚经》、《大般若波罗密多经》、《观世音经》、《妙法莲华经》等一万余卷；其他经、律、论，有近400 多种。敦煌莫高窟428 窟北周《对练图》（如图5）上描绘了两

①　《道德经》第十六章。
②　《老子·四十二章》。

位僧者的拳术对练；敦煌61窟五代时期的《佛教角力图》（如图6）也生动地描绘了佛教寺院中进行的角力练习，两位小沙弥在进行角力练习，旁边还有三位和尚，或是观众，或是指导教练。

图5　敦煌428窟北周时期《佛教角力图》　　图6　敦煌61窟五代时期《佛教拳术对练图》

儒、道、释三家哲学思想对武术风貌、品格观念的形成都有着重要的影响。如："天人合一"、"知行合一"、"阴阳对立统一"、"五行相生相克"等。武术动作之所以能够发展成内容丰富、风格独特、内外兼修并高度成熟的技巧，正是因为它蕴涵着这些深刻的哲学思想。

2. 武术的军事化功能

纵观中国古代史，中国社会历经了数千年的农耕文明，古代人民过着一种"日出而作，日落而息"，"自给自足"的恬淡生活，中国传统武术就是在这样的经济和文化环境中产生和发展的。就武术的起源问题，不同的学者持不同的观点。武术作为人类的一种有意识、有目的的活动，它的"有意识"和"有目的"源于什么呢？首先我们可以明确武术的本意是技击，武术从一开始便是一门以攻防对抗、克敌制胜为核心的研习杀伐的艺术。任何关于武术起源的观点如果脱离了这点都不会成立。传统武术起源于古代的战争以及与战争有关的练兵活动的学说也正是基于此。

敦煌，地处甘肃西部，属上古时期三危之地，是古代丝绸之路上的交通枢纽和贯通亚欧大陆的必经之地。其军事地理位置的重要性如《裴矩传》中言："故知伊吾、高昌、鄯善并西域之门户也，总辖敦煌，是其咽喉之地。"所以这里是兵家必争之地。自西汉时期，西域各国（包括匈奴、拓跋、回鹘、吐谷浑、西夏等北方少数民族）经常滋扰敦煌一带。频繁的战争促进了当地武术的发展，尤其是弓箭之术、骑兵术和马上枪术。

军旅之中，广泛采用武术用于练兵活动来增强士兵的战斗力。弓箭作为一种远射兵器而运用于战场，随着战争的发展，弓箭又不断地得到改进和完善。形式有骑射、跪射、站射、狩猎等，并大量地反映在写本、石窟和墓穴的壁画及砖画中。428窟东壁门南绘有一幅《萨垂那练靶图》，描绘一个武士骑着飞快的骏马，弯弓俯身，对准树上的箭靶，那种潇洒的骑射形象跃然画上。53窟描绘了一个吐蕃射手弯弓如满月，仰头蹲射的形象。130窟东壁北侧的《八王分舍利》描绘了一个武士骑马疾驰，回首弯弓射箭的勇猛英姿。榆林窟唐25窟《西方净土变》圣画中，绘有一名武士全身披挂，身上携带弓箭、弓弩、弓袋、箭囊等。敦煌130窟《武士图》（如图7）描绘了一位将军骑着飞驰的骏马，回身弯弓射箭，旁边还有很多士兵呐喊助威，展示了古代军事训练的壮观场面。描写武术在军事方面的运用的还有敦煌285窟壁画西魏以盾藏身"埋伏式"图（如图8），285窟西魏壁画中《矛盾对打图》（如图9），428窟中心方柱后壁下部的《对打图》。

在敦煌文献中也有很多关于武术在军事上应用的描述，前文所录《剑器词》有对武术的描述："皇帝持刀强，一一上秦王。闻贼勇勇勇，拟欲向前汤。心手五三个，万人谁敢当？从家缘业重，终日事三郎。丈夫气力全，一个拟当千。猛气冲心出，视死亦如眠。率率不离手，恒日在阵前。"敦煌歌辞中还有描述边塞征戍生活，歌颂以保家卫国为己任的爱国主义思想和将士们勇武、乐观精神的。如《补敦煌曲子词》第八首："大丈夫汉，为国莫思身。单枪匹马抢排阵，尘飞草动便须去，无复进家门。两阵壁，隐微处莫潜身。腰间四围十三指，龙泉宝剑清妖雾。举将来，献明君。"敦煌写本中就有

图 7　敦煌 130 窟 "武士" 图

图 8　敦煌 285 窟壁画西魏
以盾藏身"埋伏式"图

图 9　敦煌 285 窟西魏壁画中"矛盾对打"图

这样的记载："少年将军佐圣朝，为国扫荡驱狂妖。弯弓如月射双雕，马蹄到处阵云消。休寰海，罢枪刀，银鸾驾□上连霄。行人南北尽歌谣，莫把尧舜比今朝。"① "兵部简练，选试论量……抱石跳空，弓弯七札。"②

武术与军事的密切联系构成了中国文化中一个复杂而又精深的历史现象。在冷兵器时代，作为士卒军事技能之一的武术，是决定

---

① 《望远行》，法藏敦煌文献，第 4692 页。
② 《伍子青变文》，英藏敦煌文献，第 328 页。

军队战斗力的重要因素，是古代战争的重要手段。武术在军事上的应用是古代中国武术发展的一条主线索，在古代武术发展过程中起着不可替代的作用。中国武术与古代军事是相互影响、相互作用、相互促进的关系，武术作为中国传统文化的子系统，也对传统文化的完善和充实起到了积极作用。中国古代武术隶属于军事范畴，其特殊的政治军事功能，对武术技术、理论的发展和完善也发挥了积极的作用。

3. 以宫廷表演为代表的武术表演业的发展

武术在其演变和发展过程中，受到多种社会因素的影响。这些因素与武术相互影响，并随着社会的发展，使得武术的社会学职能逐渐变化。当社会分工达到了能完全区别事物的性质时，事物的独立形态才明显地显示出来。当武术不再用于杀戮和战争的时候，所产生的新职能就是向着休闲娱乐的方向发展，武术的成分渗透到很多社会行业之中，表现出不同的行业职能，我们综合起来称之为武术表演业。如我们所知道的"舞武"、"飞天"、"相扑"、"角抵"和"百戏"中也有很多武术表演的成分。

汉代以来，常有民间武艺人被招纳进入宫廷操练和表演，专门为此类人设置的职位也是汉代宫廷体育娱乐兴盛的标志。为宫廷贵族服务而产生的武术表演业和作为一种谋生手段而兴起的民间武术表演业作为代表，把含有武术表演成分的"舞武"、"飞天"、"相扑"、"角抵"、"百戏"等技能表演推向了一个新的高潮。

敦煌壁画中的"舞武"、"飞天"、"相扑"、"角抵"、"百戏"等形象的视觉画像在肢体造型内容上均表现出了武术表演成分，表现出这些行业与武术技巧相结合所产生的独特风韵。如敦煌61窟五代时期的《佛传屏风画》上的剑舞——"金鸡独立"和"行云流水"，手中运剑如行云流水，衣袖随风舞动，飒爽英姿舒展美观，动感非常，形象的剑舞表演动作以图解形式展现于我们面前。第320窟、中唐第112窟中的飞天图，飞舞者舞姿轻盈，形象健美。如果没有武术的基本素质是不可能做出这样优雅的动作的，这也充分说明武术在艺术表演中的美学作用。敦煌莫高窟五代第 61 窟的西壁下方，绘有 15 扇屏风画《佛传屏风画》（如图 10 所示），其中有描绘多人集体舞武场面的画像。有的画面人物动作一致，排列整齐；有的围成三角形，手足蹈舞，神态各异，明显地可以看出经过了人工排练，真实地反映了武术广泛地用于舞武动作创编的情况。

图 10　敦煌第 61 窟五代时期的《佛传屏风画》

壁画中描写古代相扑、角抵的内容也很丰富。藏经洞中白描画上的唐代角抵图，如西魏第 288 窟、北周第 428 窟、初唐第 321 窟、五代第 61 窟等均绘有生动的角抵表演场面。北宋 290 窟人字坡顶上，有石条连续长达 20 余米的佛传连环画。其中有十分珍贵的相扑、角抵、摔跤图，生动形象地描绘了比赛表演的场面。敦煌西魏时期的 249 窟"拿大顶"壁画，北周第 290 窟、220 窟举白象的图像，五代时期 61 窟的"举钟"壁画中的种种形象，如果说没有一定的武术功底是不可能做出那些常人无法做到的动作的。

4. 民俗武术的发展

聚居在敦煌的各民族多以游牧狩猎为生，由于长期的战争和生活需要，当地人民养成了尚武图强的习俗，他们崇尚刚健劲勇、孔武有力。这种审美观支配着人们有目的、有意识地进行武术健身和娱乐活动。敦煌壁画和雕塑中，有很多反映他们崇尚武术的内容，也正说明武术在民间得到了极大的发展。

壁画反映武术形象的内容很多，画面上多有练武的姿势，千姿百态，他们或是弯弓射箭，或是手持刀剑器械，或是空手而武，或两人相扑对打等，这无疑是画家从当时流行的武术动作中摄取的形象。285窟东壁描绘了民间武士射野牛和射鹿的狩猎场景；156窟南壁《张议潮统军出行图》和北壁的《宋国河内郡夫人出行图》也都绘有生动的民间狩猎场景；莫高窟290窟窟顶人字披上的《射靶图》描绘了三个射手一字排开比赛射箭，满弓瞄准着对面靶架上挂着的球形箭靶，而且射庐前有四个人，充当裁判或者观众。另有一人骑马，身份有点类似拾箭报数的人。这些壁画展示了敦煌民间狩猎射箭的视觉形象场面。敦煌莫高窟290窟北周《角抵图》生动形象地描绘了一场紧张激烈的民间角抵场面，双方都裸着上身，下着短裤，其中一人采用抱腿招式，企图把对方摔倒在地，另一人一手撑地，想用反劲扭转战况。右边一位裁判举手正要示意结果，左边一人似是观众，正看得如痴如醉。藏经洞幡画上的唐代《相扑图》（如图11所示）描绘了两个人在一个庭院里进行相扑的生动画面，两人双臂架起，正等待合适的时机进攻，战事一触即发。

敦煌壁画中有很多以夸张的手法表现民间练武情形的内容，如古代武术图录必定取材于当时的拳术，为我们了解古代武术提供了重要的形象资料。敦煌285窟西魏时期的《练武力士图》，428窟的《对打图》都生动地表现了身体强壮、精力充沛、动作彪悍粗犷的民间练武者。

敦煌遗书中有很多关于民间习武的描述，S.5637《何满子》："半夜秋风凛凛高，长城侠客逞雄豪。手执钢刀亮如雪，腰间恒垂可吹毛。"[1] P.271《王梵志诗》记述："丈夫无伎艺，虚沽一世人。"[2] S.2947《丈夫百岁篇》记述："三十堂堂六艺全。"[3]

---

① 《何满子》，英藏敦煌遗书，第5637页。
② 《王梵志诗》，法藏敦煌遗书，第271页。
③ 《长丈夫百岁篇》，英藏敦煌遗书，第2947页。

图 11　敦煌藏经洞唐代幡画"相扑"图

5. 武术带动了以弓、剑为代表的武术器械制造业的发展

我国弓、剑文化源远流长，在敦煌遗书中，就有大量凝固在弓、剑上的武术文化的描写。敦煌遗书 P. 4962《望远行》中记述："年少将军佐圣朝，为国扫荡驱狂妖。弯弓如月射双雕，马蹄到处阵云消。"① S. 5437《汉将王陵变》记述："双弓背射分分开，暗地唯闻落马声"②，"遂将生杖引将来，搭箭弯弓如大怒"，说明弓箭作为远射武器在古代战争中已广泛应用。敦煌遗书 S. 6537《剑器词》其中一首："排备白旗舞，先自有由来。合如花焰秀，散若雷光开。喊声天地裂，腾踏山岳摧。剑器呈多少，浑脱向前来。"③ 唐代诗人岑参作"酒泉太守能剑舞，高堂置酒夜击鼓"诗句，说明当时的剑已不

---

① 《望远行》，法藏敦煌遗书，第 4962 页。
② 《汉将王陵变》，英藏敦煌遗书，第 5437 页。
③ 《剑器词》，英藏敦煌遗书，第 6537 页。

再是单纯的武器了，剑文化已经发展成一种武术与舞蹈乃至文学融合的新形态。剑术文化在强烈文化意识的驱使下，摆脱单一的发展方向，逐步走向文明。

生产力的水平决定生产工具的发展水平，生产工具则是对生产力发展水平的体现。同理可以认为，一个时代的武术器械的制造水平直接反映了当时武术的发展水平。在冷兵器时代，战争的胜负不仅取决于士兵的作战能力，而且与兵器的优劣有直接关系。

早在夏、商、西周时期，围绕官府控制的军用武器的生产与销售就形成了庞大的手工制造业。从河南殷墟出土的青铜兵器看，大致有五类：铜镞、铜勾兵、铜矛、铜刀、铜斧。

据《周礼·考工记》记载当时有"攻木之工"有七，即"轮、舆、弓、庐、匠、车、梓"七种。与武器有关的是"弓人"制造作战时所用的大弓；"梓人"造射箭用的靶；"庐人"所造的是武器上必需的木柄。另外，"刮摩之工"中有"矢人"负责造箭矢等。"攻金之工"中的"冶氏"、"桃氏"负责制造戈、戟、剑、矢等武器。这些不外乎供给统治者在战事上、祭祀上及娱乐生活上的需要。

六艺是周代官学中的必修课程，其中射在于武备，用以培养和训练学生的作战能力，为国家培养后备人才。弓箭作为战争中的一种常用兵器，往往是在政府控制下生产的。西汉后期，出现了专门制造兵器的机构——尚方，负责制造官方军事武器，尤以弓剑为主。1952 年在河南郑州二里岗商代遗址中出土了大量的青铜镞。

敦煌壁画中能够体现弓、剑制造水平的有：61 窟西壁《佛传屏风画》中有描绘悉达太子箭穿铁猪、铁狗、铁瓮及弯弓射飞雁的数幅图像；53 窟描绘了一个吐蕃射手身着武士服，脚穿战靴，腰间插箭数支，满弓仰头蹲射的形象（如图 12 所示）；346 窟《天王脚下的射手》描绘天王孙子哪吒天神一身汉族下层人民装扮，扎头巾穿战靴，腰带上插着两支箭，充满了英武之气；榆林窟唐 25 窟《西方净土变》圣画中绘有一名武士，全身披挂，身上携带弓箭、弓弩、弓弩、箭囊等，表明当时的弓箭制造技艺已达到相当精致的水平。

图 12　敦煌 53 窟五代 "跪射" 图

　　民间武器制造业也有所发展，私家武装主要出现在东汉晚期统治者控制薄弱的时代。从考古发掘的材料可以看到，当时有不少豪强地主的田庄都设有锻冶、制造兵器的作坊，甚至一些武器也成为交换的商品。军事用品的制造和销售在民间的出现，尤其是民间制造和销售剑这种利器，说明当时政府政策是允许的。三国时期，民间有关铁的专卖首先是官营铁兵器的制造，但铁兵器大部分发给官兵，只有一小部分出售给民间。

　　战国时期，围绕剑的使用还形成了一个专门的领域——击剑。《庄子·说剑》中道，赵文王豢养剑士三千人，都穿专门的剑服，称为 "短后之衣"，是为击剑而特制的。当时不仅有大量依附于贵族、官僚为生的剑士，而且有专以传授剑法为业的武术家。而铸剑、击剑、传剑、相剑等职业的形成，反映了依靠武艺谋生的经济现象。

第四节　宗教祭祀中的武术

《礼记·祭统》云："凡治人之道，莫急于礼，礼有五经，莫重于祭。""祭者，教之本也"。在中国数千年的文化传统里，古代人对鬼神、自然、伟大人物的敬畏崇拜观念根深蒂固，祭祀这些事物的礼俗更是受到重视。古训曰："国之大事，唯祀与戎。"可见祭祀在中国古代的地位多么重要。

宗教祭祀与身体活动有着密不可分的联系，从古希腊的祭祀仪式——古奥林匹克，我们就可以有所了解——古奥林匹克就是古希腊人对希腊诸神的祭祀活动。当这些身体活动从祭祀活动中分离出来，专门服务于人类的身体健康，人们有目的的利用这些身体活动进行健身心、娱乐、竞技比赛等的时候，现代意义上的"体育"就产生了。所以祭祀活动与体育的起源有密切的联系。中国古代的宗教信仰繁多，祭祀活动也千奇百怪，很多祭祀活动包括众多的体育项目，例如：武术、射箭、舞蹈、摔跤等。这次我们主要讲西北地区各主要民族在传统的祭祀活动中表现出来的武术。

1. 宗教祭祀的起源

原始人类由于对自然现象的不理解和恐惧，因而产生了万物都是受神灵主宰的观念，因此产生了宗教信仰。在原始宗教时期，人们崇拜图腾、神灵、自然事物，而主要宗教祭祀活动是舞蹈、角力、竞技等巫术、法术祭祀。原始人希望以这种特定的动作影响、控制自然。在阴山、贺兰山、阿尔泰山和天山山脉都遗留了众多的舞蹈岩画，特别是在阿尔泰山富蕴县唐巴勒塔斯一幅用红褐色石头描绘的集体舞蹈带有浓郁的宗教活动色彩。我们还可以从一些有关宗教祭祀礼仪活动的原始歌舞的史料中体验原始人对祭祀的狂热与执著。

如：若国大旱，则率巫而舞雩（《周官·司巫》）。击石拊石，百兽
率舞（《尚书·益授》）。昔葛天氏之乐，三人操牛尾，投足以歌八
阕（《吕氏春秋·古乐》），可以说原始体育总是和宗教活动联系在
一起。在各类巫术和法术中包含了原始武术的很多元素，比如说在
狩猎中运用的刺杀技巧、翻滚跳跃技巧等，人们幻想以这种动作来
影响自然现象、祈祷丰收、娱乐神祇、祈求保护。后来随着氏族、
部落战争出现，全新的一种祭祀方式出现了，这就是武舞（兵舞）。
"就像《周礼》说的武舞就是在祭祀山川的典礼上领着舞队跳着表
现战争的舞蹈"①，这正是原始武术用于宗教祭祀的表现。

2. 西北地区的祭祀活动中包含的武术文化

西北地区聚集了众多的以游牧狩猎为生的民族，恶劣的生存环
境，致使各民族均盛行一种自然崇拜、英雄崇拜、祖先崇拜融为一
体的宗教祭祀仪式。丝绸之路所传播的文化与宗教思想在传播过程
中必然与当地的某些宗教相融合，形成独特的东西方结合的宗教祭
祀活动。

（1）敦煌驱傩祭祀

敦煌的祭祀活动在敦煌莫高窟的各类文献卷子、壁画和画像砖
中不难见到其踪影。遗书 P.2578、P.2807、P.2854、P.2809、
P.2055、P.4640、S.1366、S.5448、S.0343、S.6315 等均记载了四
时八节、赛天王、赛祆神、赛青苗神、赛河神、赛水神、赛马神、
赛路神、赛雷神等。"这些祭祀活动是敦煌的一种文化现象，他有继
承性和互相融化的渗透性。那香烟缭绕、牲畜陈列、肃穆虔诚的宗
教祭祀，祭祀礼仪激扬的歌乐、雄壮的武舞、精彩的角抵与百戏表
演、现实功利性的讲经俗唱、百姓聚集的热闹场面等，以及广泛而
绚丽的宗教信仰"②，敦煌驱傩祭祀在敦煌文献中有大量的记载，可

---

① 崔乐泉：《体育史话》，中国大百科全书出版社 2003 年版，第 11 页。
② 李重申：《敦煌古代体育文化》，甘肃人民出版社 2000 年版，第 109 页。

见驱傩祭祀在古代是多么的受重视。

傩，是原始狩猎驱赶巫术群舞的演变形态之一，产生于黄帝时代的中原地区，最终形成并完善于先秦时期，它逐渐由原始宗教活动向娱人为主的方向发展，最终演变成一种宗教性的民俗艺术现象。最迟在唐代，傩通过丝绸之路传到了敦煌。在张议潮收复甘州地区之后，更形成了颇有地方特色的敦煌傩，在傩史上也有了一定地位。据李正宇先生的研究，五代至北宋敦煌的傩事就很活跃了。

驱傩是用以驱鬼逐疫、消灾纳吉所进行的宗教祭祀礼仪式，它是以舞蹈与歌唱为基本形式来进行拟态表演的。敦煌遗书中记载了数十首驱傩歌词，《驱傩儿郎伟》包括了 17 个卷子 36 首《驱傩词》。如 P. 3552 的"除夜驱滩之法，出自轩辕"；P. 3270 的"今夜旧岁未尽，明朝便是新年"；P. 4055 的"玄英斯夜将末，孟春来旦初开"；S. 2055 的"今夜新受节岁，九天龙奉（凤）俱飞"。其中敦煌文献 P. 4976 的《驱傩儿郎伟》："旧年初送玄律，迎取新节青阳。北西寒光罢末，东风吹散冰光。万恶随于古岁，来朝便降千祥。应是浮游浪鬼，付与钟馗大郎。从兹分付已讫，更莫恼害川乡。谨请上方八部，护卫龙沙边方。伏承大王重福，河西道泰时康。万户歌谣满路，千门谷麦盈仓。——大将倾心向国，亲从竭方寻常。今夜驱傩之后，直的千祥万祥"。真实的反映了唐宋时期，每年逢除夕之夜，敦煌的各级衙门和街道港巷，组成浩大的驱傩队伍。人们扮演五道神将、钟馗、夜叉等，戴面具、着彩衣，执戈扬盾，载歌载舞，穿街走巷驱鬼逐疫的生动形象①。例如敦煌写本 P. 2444 的《太上洞渊神咒经》关于钟馗写到："今何鬼来病主人，主人今危厄，太上遣力士、赤卒，杀鬼之众万亿，孔子执刀，武王缚之，钟馗打杀得，便付之辟邪"②；还有 P. 2569（背面）Pt（藏文写本）和 P. 3352 中都有记载。傩仪中驱傩人各种法事动作如砍杀、燃符、手诀、禹步等都有

① 李重申：《敦煌古代体育文化》，甘肃人民出版社 2000 年版，第 109 页。
② 黄永武：《敦煌宝藏》，新文丰出版分公司 1985 年版，第 120 册，第 480 页。

武术的动作。西域的一些特技表演如吞刀、吐火、卧剑上舞等特技也通过丝绸之路与当地的傩文化融合形成了独特的傩武术特技。明代释宝成编纂的《释氏源流》卷四的《僧道角法》就对傩特技有详细的描写。我们可以看出，敦煌傩舞融合了当地的一些武术搏击和招架动作，同时吸收了西域的一些武术特技成分。

军傩是古代军队于岁终或誓师演武祭祀仪式中头戴面具的群体傩舞，兼备祭祀、实战、训练、娱乐的功能。《魏书·礼志》载："高宗和平三年十二月，因岁除大傩之礼，逐跃兵示武，更为制。令步兵阵于南，骑兵阵于北，各击钟鼓，以为节度。步兵所衣青、赤、黄、黑，别为部队。盾稍矛钺，相次周回转易，以相赴就。有飞龙腾蛇之度。为函箱鱼鳞之阵，凡十作法。——各令骑将去来挑战，步兵更进退以相去，南败北捷。"既然军傩可以用于军队训练和实战，军傩中必然有武术的攻防动作。

由于自南宋以来就禁止汉人夜间活动，加之明代嘉靖年间的闭关大迁徙，驱傩之俗在敦煌当地已无法寻觅，但驱傩仪式仍活跃或残存于甘肃的很多地方，如酒泉农村驱傩习俗"打醋罐（清宅子）"，文县白马人氏族的"赤哥昼"傩舞，宕昌羌族的"凶猛舞"，永靖县的傩戏、傩舞，兰州的军傩舞，庆阳的傩社火、傩仪，还有临夏的"六月跳会"傩戏，静宁县贾河乡的傩面舞，洮南的傩拉扎节中的跳傩舞等，从这些傩舞中我们也可以看到武术的成分。

（2）西藏祭祀文化

"西藏的宗教，虽然和所有中华民族的宗教一样，属于普化的宗教，亦即有着世俗的社会生活制度混而为一的特征，与具备独立组织、教义和仪式的西方制度化宗教很不相同"①。宗教贯穿在西藏的整个发展过程中，所以西藏的宗教几乎是全民信仰与生活方式、民俗、社会人群的世俗生产结为一体的。西藏不仅寺院庙宇多，而且

---

① 《台湾学术界宗教戏曲研究新动向》，载上海艺术研究所《艺术科研信息》1991年第8期。

每个家庭，乃至在藏人的居室或帐篷里都供奉着神祇。"在漫长的西藏社会发展历史中，保存并登峰造极的发展了一切宗教起始阶段所共有的仪式，造就了举世罕见的大场面、大声势、大气氛"①。故而在西藏至今还保留着大量的原始巫祭、苯教祭祀和藏传佛教祭祀仪式多元或者结合在一起的丰富多彩的原始祭祀习俗、仪式和活动。这些祭祀中有大量的武术类舞蹈动作，部分祭祀还有瑜伽、气功的成分。

例如：镶鬼煨桑燔祭战神祭祀，要把新制的木质矛、箭和旗幡放在高山之巅或旷野高坡，群众还会一起向草人射箭，呐喊助威，接着进行赛马、射箭、表演武艺等活动。《苯教源流》记载的苯教祭祀活动中，在氏族部落时期，就开始"制作弓箭和矛，——以歌舞庆祝喜事——并出现讲述故事得民间艺人和占卜打卦的巫师与比赛游艺的习俗"，说明在氏族时期就有了武术在苯教祭祀中的运用。

珞巴族受图腾崇拜祭祀影响，在出殡时男性要边舞刀边呐喊。萨吉氏族进行跳鬼祭祀时，祭司纽布也有类似的手持大刀的武术表演动作。止贡噶举派祭祀中的砍杀灵噶舞也有武术动作的运用。

青海热贡的六月雤祭源于一个传说：热巴巾时期，吐蕃和唐朝失和，两军在甘青交接处对立，后来在高僧的调解下和解，军民们认为是神灵帮助，于是通过舞蹈庆祝。这种祭祀舞蹈世代相传，逐渐形成了热贡六月祭祀盛会。除了请神、煨桑、牲祭、念经外，还有群众性的大型祭祀舞蹈拉什则（神舞）、莫合则（军舞）、勒什则（龙舞）等以求逐瘟除疫，消灾纳福，人畜兴旺，庄稼丰收。

夏鲁派羌姆祭祀中竟有气功表演。如有一种气功，气功师先坐在边长是一度（伸展两臂的距离）的四方形小房里，经过念经运气，紧缩身体，可以从边长只有一拜（伸展大拇指与中指的距离）的小窗中穿出来。还有一种热气功，即铺一张冰冻后变得很硬的湿牛皮，气功师脱光衣服在牛皮上反复打滚几次，坚硬的牛皮马上被热化变

① 宣武：《西藏文化琐思录之三——宗教的冥思》，《雪域文化》1989年第4期。

软，竟可以折叠。

嘉戎军事部落的祭祀舞："舞时男人们身穿铠甲，头戴插羽毛的皮盔，手持刀剑，女人们跟随后面唱歌，人们围圈而舞，中间有呼喊声和挥舞刀剑的动作"①。我们较容易看到的布达拉宫的跳神祭祀，其中就有勇士角色戴头盔、穿铠甲、配着剑、拿着盾牌及弓箭，进行精彩的舞剑表演。

（3）甘肃地区的祭祀文化

甘肃地区的鼓文化丰富，出现了多样的鼓舞形式，通过文献资料我们可以看到很多的鼓舞在古代却是一种祭祀仪式。羊皮鼓舞是流行于甘谷、秦安、武山、通渭一带的祭祀舞蹈。庆祝丰收，请神祈雨，建庙供神等都要打羊皮鼓舞。表演时，师公左手持鼓，右手握短鞭。跟随鼓点，上下翻飞。羊皮鼓舞表演时常伴有武术动作，如长拳、刀枪、棍棒、翻跟头、倒立、劈叉、对打、腾飞、扫地腿、坐马势等。太平鼓舞最早用于"腊祭"仪式中，"起源于原始的逐疫辟邪祭祀，兰州的太平鼓舞将戏剧舞蹈架子功的技法与武术的技法揉进传统打法里，通过闪、转、腾、挪、翻、骑、搓、磨、敲、蹲、刮、举等一系列舞蹈动作，再加之节奏的变化与速度，队形与场景的巧妙搭配与美术化，使表演过程气势磅礴，粗犷刚健，真有'响彻云霄，震撼人心'的艺术魅力"②。武威的攻鼓舞是民间祭祀亡魂、祈求神灵的舞蹈。攻鼓舞与太平鼓舞非常相似，常见有奔、腾、跳、挪等对打、互打的武术动作，这些都有现代武术对打的影子。

甘肃的保安族六月六浪山节：男性们背上猎枪，挎着腰刀，骑着高头大马，到山上去围猎或游戏，还进行诸如射击、摔跤、拔腰等体育活动。

（4）蒙古族祭祀文化

蒙古族先民和其他民族一样，由于对自然力量的恐惧和神秘产

---

① 刘志群：《西藏祭祀艺术》，河北教育出版社 2000 年版。
② 武文：《中国民俗大系——甘肃民俗》，甘肃人民出版社 2003 年版，第 324—325 页。

生了宗教信仰。"我国著名岩画专家盖山林先生收集整理的《阴山岩画》书中所展示的不少岩画都与古代北方民族的原始宗教舞蹈有关，盖山林先生所选阴山岩画中有不少'拜云'、'祭日'、'祈雨'的场景，我们从中均可以感受到蒙古人的祖先以舞蹈的形式虔诚祷告、祈福于人的场景，它为我们了解古代蒙古民族的原始宗教舞蹈的状况提供了重要的凭证"①。

蒙古族的祭祀舞蹈大多来源于狩猎舞蹈。蒙古萨满教的舞姿基本上是模拟鹰、白海青、猫头鹰、鹿、黄羊、熊、老虎等鸟兽的动作和姿势，这有一点像武术中的象形拳架势。蒙古族在祭祀时有时还要进行一些体育的娱乐活动，如祭敖包仪式、祭成吉思汗仪式中，祭祀结束时人们要进行摔跤、射箭、赛马等体育活动，当然其中也不乏一些武术文化的展现。

蒙古族最重大的庆祝活动那达慕盛会，在创立之初就是一种宗教的祭祀活动，祭祀仪式主要是以博克（摔跤）、赛马、射箭为主，只是在发展中逐渐脱离了宗教的影响，融合了西方体育、军事体育、趣味体育以及其他民族的传统体育项目，形成了现在丰富多彩、形式多样的现代那达慕大会。

（5）回族舞蹈与武术

伊斯兰教是通过丝绸之路传入我国的，并影响了中国许多民族的信仰，也对当地的体育产生了巨大的影响，比如回族舞蹈。回族舞蹈是伴随着回回民族的形成、发展而逐渐形成的，是伊斯兰文化和中国本土文化的双向交流、渗透过程中新的文化创造，是中华民族文化的组成部分。回族舞蹈与武术有着脉脉相承的关系，回族舞蹈自产生之初就受到了武术技艺的影响，回族民间武术为回族舞蹈艺术架起了桥梁。虽然武术不是舞蹈，但在历史进程中的相互影响贯通中，各地优秀的回族民间舞蹈均吸收了许多武术的动作技巧。

---

① 徐英：《论蒙古族舞蹈的宗教渊源》，《内蒙古大学学报（人文社会科学版）》2003 第35 卷，第 5 期。

流行于西北一代的舞蹈《耍场》、《踏脚舞》以脚和腿部的动作为主，是从回族拳术"弹脚"的套路演变而来的。我们必须明白回族历史短暂没有经历过原始社会的洗礼，所以没有宗教祭祀的成分。回族舞蹈无论从表现形式还是审美活动中都没有任何宗教崇拜和图腾的痕迹，"祈神安鬼，咒语占卜"这些巫术形式都和伊斯兰教无关，可是从回族舞蹈我们可以看见武术与艺术完美融合的产物。

　　武术在祭祀中大多以舞蹈的形式出现，这是在原始社会就出现一直延续至今的在宗教祭祀中的表现方式。只是随着历史的进步，宗教祭祀的神秘性逐渐被揭开，而且祭祀活动中很多迷信的仪式逐渐被健身和观赏性很强的舞蹈活动代替，祭祀中包含的武术项目也被逐渐的与宗教分离开来，成为独立的民族传统体育项目。

　　就在这种娱神娱人的祭祀活动中，武术文化得到了孕育、提炼、磨砺和升华，最终发展为一种带有浓郁民族精神和运动文化氛围的体育项目。宗教祭祀与武术紧密融合，为我们深入研究西北体育文化从古代至今的衍变过程提供了崭新的信息，而且也为重新认识西北体育的源流和西北地区体育的形成历史，显示出更为鲜明的物证和理论依据。

第八章
敦煌射箭

　　射箭，在远古时代只是人类生存的一种活动。弓箭起初只有生产工具的功能，制造这些生产工具的过程，是人类进步的过程。传承这些生产工具的实用技巧的过程，其实也是射箭作为一项体育属性的活动形成的过程。在敦煌壁画中，射箭图像资料十分丰富，它系统地反映了我国自公元4世纪至14世纪千余年间的射箭内容。射箭是体育传统项目，在我国具有悠久的历史。新石器时代的石镞、骨镞的大量出土，表明弓箭是原始先民极普遍的武器。古籍记载，弓最初是用来发射弹丸的。《越绝书》："陈音曰：'臣闻弩生于弓，弓生于弹。'"古《弹歌》载："断竹，续竹，飞工，逐肉。"意思是说：砍下竹子，做成弹弓，发射弹丸，直射野兽。敦煌壁画上大量的射箭内容，是研究我国射箭历史最好的图像资料。王进玉先生和易绍武先生在这方面都做过深入的研究。这些学者把敦煌壁画的射箭内容归纳为三类：第一类是有关习射活动的内容，其中包括步射和骑射；第二类是

狩猎中的射箭；第三类是战争中的射箭①。这些成果为深入研究莫高窟壁画中的射箭内容打下了坚实的基础。本章就是在这些学者们研究的基础上，对敦煌北朝时期的射箭壁画图像做进一步的探讨。

---

① 王进玉：《敦煌壁画中的军事科技》，《历史大观园》1993 年第 10 期，第 36 页。

第一节　北朝民族的射箭

民族融合时期的北朝，弓箭既是生产工具，又是武器。射箭是狩猎和战争中最普遍的活动。西魏第249窟狩猎图是一幅反映狩猎活动的射箭图像资料。画面描绘树林中两个骑着快马的猎手正在追逐兽群，近处一人跃马而起，拉满弓弦，向着从背后猛扑过来的饿虎射去；远处一个猎手正纵马急驰，追赶着惊慌逃窜的黄羊。由此可见，北方少数民族具有武勇蛮健的体魄及高超的射术。男子不必说，即使妇女中也不乏射箭高手。有民歌曰："李波小妹字雍容，褰裙逐马如卷篷，左射右射必叠双。妇女尚如此，男子那可逢！"① 北方民族精于骑射，由此可见一斑。西魏第249窟狩猎图正是对这一史实的印证。南北朝时期，南朝与北朝，即汉族与鲜卑等民族之间经常开展射术比赛与交流。《北齐书·綦连猛传》写北齐大将綦连猛射术高强，战胜了梁朝派来的射箭高手。"五年（547），梁使来聘，云有武艺，求访北人，欲与相角。世宗遣猛就馆接之，双带两鞬，左右驰射。兼共试力，挽强。梁人引弓两张，力皆三石，猛遂并取四张，叠而挽之，过度。梁人嗟服之"② 。从这段文字的记录看，当时南方汉族在射术上是弱于北方民族的。关于射箭竞赛，《北史·魏宗室常山王遵传》记："初，孝武在洛，于华林园戏射，以银酒卮客二升许，悬于百步外，命善射者十余人共射，中者即以赐之。"③ 结果，濮阳王顺喜获奖杯，奖杯箭孔处铸"足蹈金莲，手执划炙"的银童。

莫高窟北魏第428窟萨埵太子练靶图中描绘了一个骑手在狂奔

---

① 《魏书》，中华书局1974年版，第1176—1177页。
② 《北齐书》，中华书局1972年版，第540页。
③ 《北史》，中华书局1974年版，第565页。

的马背上张弓搭箭，瞄准树上的目标。在鲜卑、匈奴等民族的古老传统习武活动中，有一种叫"射柳"的射箭活动。匈奴古有"蹛林"，即射柳性质的活动。《汉书·匈奴传》："五月，大会龙城，祭其先、天地、鬼神。秋，马肥，大会蹛林，课校人畜计。师古曰：蹛者，绕林木而祭也。鲜卑之俗，自古相传，秋天之祭，无林木者尚竖柳枝，众骑驰绕三周止。此其遗法。计者，人畜之数。"① 绕林木驰马骑射，如无林木则插柳枝，以林木树枝或柳枝为骑射的目标，这种活动即"射柳"，北朝时期甚为流行。这种"射柳"活动也有比赛的性质。北周文人庾信《周大将军司马裔神道碑》有云："藏松宝剑，射柳琱弓。"就是这一活动的写照，此为"射柳"名称的较早记载。此活动，辽宋金元各代均较盛行，是南北朝时期北方民族射术活动传入中原的一个代表性项目。萨埵太子练靶图是一幅射柳图，便是对这一射箭活动的引证。

这些射箭活动都是建立在具备高超的射箭技术之上的骑射。对马的控制，讲究"稳"，对目标讲究"准"，同时重视射箭的穿透力，这需要有很强的臂力。对于射术理论，春秋战国时代就有文献记载。《吴越春秋·句践列传》记："夫射之道，身若戴板，头若激卵，左蹉，右足横，左手若附枝，右手若抱儿，举弩望敌，翕然咽烟，与气俱发，得其和平。神定思去，去止分离，右手发机，左手不知，一身异教，岂况雄雌。此正射持弩之道也。"这是越人弩射理论的精练概括。秦汉时代有关射箭的著述大量出现，仅《汉书·艺文志》就载有《逢门射法》、《阴通成射法》、《李将军射法》、《望远连弩射法具》等八种69篇，可惜这些书已经亡佚，但仅从其书名判断，至少可以说明，当时射术已相当精熟，且形成不同特点的各家射法。这些射术理论的传承和训练对后代汉族射术的影响是深远的、巨大的。在这个过程中有两个问题值得我们注意：（1）汉族射术主要是"步射"。（2）汉族射术中包含着深厚的儒家思想。在春秋战

---

① 《汉书》，中华书局1975年版，第3752页。

国时代，列国争雄，诸侯混战，社会充满了险恶与战争。各国大力发展军事力量，象征着威武、征服、胜利的射箭，被纳入军事训练体系之中，练兵习武、弯弓射箭成为时代风气。当时思想文化领域里的诸子百家，也对射箭表现出了极大的关注和热情。尤其是孔子，《礼记·射仪》曰："孔子射于矍相之圃，观者如堵墙。"当时孔子就对其弟子进行了"射以观德"的教育。荀子也以射箭为例，对他的学生提出了精益求精的要求。《荀子·劝学》曰："百发失一，不足谓善射。"这些儒家思想对以后的射术理论都有一定的影响。北方少数民族的射术是以"骑射"为主。《格萨尔》便是以吐蕃时代实有的一些主要头面人物及其相互关系的基本事态为依据谱写的英雄史诗①。它有许多射箭内容的描写，其中就有反映古代藏族射术的诗句，在《格萨尔文库·降霍篇》中，岭国神箭手察相·丹玛江对射箭技巧有一套系统的理论：

> 霍尔辛巴梅乳孜，论箭法需向我学。
> 古时藏人有谚语：射手射箭有七妙：
> 射穿头盔盔旗不摆摇，
> 射穿铠甲背旗不卷飘，
> 射穿头发发髻不颤动，
> 射入胛骨中间最为好。
> 从上下射敌人难保命，
> 从下上射飞鸟逃不了。
> 角盾铁盾一箭射穿透，
> 这样射箭才算是绝妙。②

　　它突出"精准"，强调"力度"，同时，这是马背上的技术，对

---

① 赵秉理：《格萨尔学集成》，第 2 卷，甘肃民族出版社 1990 年版，第 998 页。
② 《格萨尔文库》，第 1 卷第 2 册，甘肃民族出版社 2000 年版，第 108 页。

马的控制讲究"稳"，射箭气势也比较"凶悍"。这些射术应该是北方少数民族射术传承的结果。

第二节 射礼在北朝民族政权的继承和发展

莫高窟北周第 290 窟窟顶人字披上的射靶图，是一幅北朝民族政权吸收汉族文化的射礼图。

射礼出现于我国西周时代，以射箭比赛为主要表现形式的射礼是西周礼典中的重要组成部分。它按性质分为三类：（1）以训练射术为目的，带有浓厚军事色彩的习射。（2）与大型祭祀相伴随，象征宗族首领亲自猎获牺牲的射牲仪式。（3）与饮宴、乐舞紧密结合，以集体娱乐为主要目的的射礼①。第一类性质的射礼，实际上就是西周金文记载的"射庐"、"学宫"中的习射活动。在周代，习射成为武士的重要标志，成为人们日常生活中的重要内容。人们心目中的英雄都是善射的能手，《诗经·猗嗟》是这样歌颂鲁庄公的："巧趋跄兮，射则臧兮！""舞则选兮，射则贯兮；四矢反兮，以御乱兮。"为提倡人们习射，周天子经常习射，并修"射庐"、"学宫"等习射场所。对各地武士的选拔主要考试射箭术。《礼记·射仪》："诸侯岁献贡士于天子，天子试之于射宫……是以诸侯君臣，尽志于射。"在西周金文中，这类性质的射箭活动都是军事性练习，讲究"主皮之射"。《论语·八佾》记孔子语："射不主皮，为力不同科，古之道也。"《仪礼·乡射礼》解释道："礼，射不主皮，主皮之射者，胜者又射，不胜者降。"意思是不同于一般的礼射，它追求射击穿透皮甲的力度，是一种不追求仪容风度的射。《左传·成公十六年》载楚

---

① 胡新生：《西周时期三类不同性质的射礼及其演变》，《文史哲》2003 年第 1 期，第112 页。

人潘党、养由基"蹲甲而射之，彻七札焉"，说明春秋时期的习射者惯以穿透力度相炫耀，这正是典型的"主皮之射"。这一性质的射箭不属于"礼射"。第二类性质的射箭活动是与祭祀有关的射牲仪式。这类射箭活动与祭祀有关，射击禽兽都带有象征意义。在传世铜器麦尊和陕西长安张家坡西周洞室墓所出的伯唐父鼎，都记有周王在辟雍、辟池中乘舟而射的史实，"雩若翌日才辟雍，王乘于舟，为大礼。王射大龏禽。（邢）侯乘于赤旗舟，从尸，咸。之日，王以侯入于寝，侯易（赐）幺周戈……"① 这是麦尊上的铭文。"王格乘辟舟，临白旗，用射兕、麞虎、貉、白鹿、白狐于辟池。"② 这是伯唐父鼎上关于射牲仪式的记载。这些事前捕获的野兽被固定在另外的船只上，周王乘辟舟射击这些目标，才能箭无虚发，全部擒获。这些全是宗教性射礼。第三类性质的射箭活动是与饮宴、乐舞相结合的娱乐性射礼。这种射箭活动贯穿了道德礼仪观念和规则。正如《礼记·射礼》所述："射者，男子之事也。因而饰之礼乐也，故事之尽礼乐而可数为以立德行者，莫若射。故圣王务焉。"说明射礼是与德行教化紧密结合的。周代的射礼有四种：大射、宾射、燕射、乡射③。《仪礼》所记乡射礼、大射仪都是以饮酒礼为前奏。乡射、大射中的"释获"和"饮不胜者"，都不是以个人成绩为标准，而是将所有射者分成两队，按集体成绩决定胜负。射箭比赛的组织形式都是程序化的，天子、诸侯及大夫以下各使用不同的"侯"（箭靶），天子自射用虎侯，诸侯射用熊侯，大夫以下用豹侯，每人皆四矢，并设置众多职事人员管理竞赛。

莫高窟第 290 窟的射靶图（如图 1 所示）使我们得以看见一千多年前北周王朝的射箭运动场的真实情景。这幅画为横卷式连环画，

---

① 郭沫若：《西周金文辞大系考释》，（日本）文求堂书店 1935 年版，第 40 页。

② 陕西省考古所：《长安张家坡 M183 西周洞室墓发掘简报》，《考古》1989 年第 6 期，第 32 页。

③ 国家体委武术研究院编纂，张耀庭主编：《中国武术史》，人民体育出版社 1997 年版，第 20 页。

图 1 莫高窟第 290 窟的射靶图

画的右边是一个射箭棚，棚为木构建筑，上为灰瓦的四坡项，中为立柱支撑，下有砖石砌台基。箭棚内三名射手呈立姿，都引满了弓，分别瞄射着左边重叠树立着的十个鼓形箭靶。另有一人骑着快马往返于靶棚之间，显然担当着场内的服务工作，箭棚前还有两行排列整齐的人群，可能是等候轮换上场的射手。壁画中的人物全部穿圆领小袖褶，下着小口裤，这是北方少数民族服饰。从专门修建的射箭场地、程序化的组织形式等特点看，这是一幅北周时期的射礼图。两晋、南北朝的长期战乱，为各民族的武艺提供了辽阔的舞台。北方民族匈奴、鲜卑、氐、羌诸族先后入侵中原，建立政权。北方人体质强健，徒手及器械武艺多不凡，尤以骑射为最精。他们一方面接受汉族文化，另一方面极力强调习武练兵，以发扬其尚武传统。当时，南方汉族政权已停止了射礼。但北朝民族政权则继承汉族射礼，加以提倡，用之习武。《南齐书·礼志》："九月九日马射。或说云，秋金之节，讲武习射，像汉立秋之礼。"魏太武帝时专门修建习射场地，说明北朝民族政权很重视习射。"秋七月己卯，筑坛于祚岭戏马驰射，赐射中者金锦缯絮各有差"①。这是古文献对这一历史的

---

① 《魏书》，中华书局 1974 年版，第 73 页。

记录。《孝文帝本纪》："太和十六年七月己酉。将行大射之礼，雨，不克成。"这次大射虽因雨而改期，但孝文帝特别下诏反复强调习射尚武之深远意义，指出："然则天下虽平，忘战者殆。"① 认为讲武不够，命令有关部门修建射箭场地，制定射礼之规章。"后齐三月三日，皇帝常服乘舆，诣射所……皇帝入便殿，更衣以出，骅骝令进御马，有司进弓矢。帝射讫，还御坐，射悬侯，又毕，群官乃射五埒。""秋季大射，皇帝备大驾，常服，御七宝辇，射七埒。正三品以上，第一埒，一品五十发……从三品四品第二埒，三品四十二发……九品第七埒，十发。""大射置大将、射司马各一人，录事二人。七埒各置埒将、射正参军各一人……又各置令史埒士等员，以司其事"②。这些文献记载了北齐政权举行射礼的情况。当时，每年春秋两季各举行一次大规模的射礼，全体官员均参加组织严密的射箭比赛活动，利用这种射礼活动来习射练武。"丙子，大射于正武殿，赐百官各有差"③。这是周武帝保定元年（561）举行大射的记载。"辛亥，帝御大武殿大射，公卿列将皆会"④。这是保定二年又一次举行大射的记载。"十一月辛巳，帝亲率军讲武于城东。癸未，集诸军都督以上五十人于道会苑大射，帝亲临射宫，大备军容"⑤。这是发生在建德二年的事。从这些文献记载来看，北方民族政权较为重视射礼这个传统的射箭比赛活动。莫高窟北周第 290 窟的射靶图正是对这一历史时期的射礼活动的引证。从射靶图中我们可以看到重叠树立的箭靶，说明北周时期的射礼既继承了我国汉族礼射的组织形式和文化内涵，即前面介绍的第三类性质的射礼，同时又讲究"主皮之射"，追求射箭的穿透力度，强调习射的军事训练目的。这是对西周礼射的发展。

---

① 王进玉：《敦煌壁画中的军事科技》，《历史大观园》1993 年第 10 期，第 170 页。
② 《隋书》，中华书局 1973 年版，第 165—166 页。
③ 《周书》，中华书局 1971 年版，第 64 页。
④ 同上书，第 67 页。
⑤ 同上书，第 83 页。

第三节　唐代的射术

　　敦煌盛唐 130 窟的骑射图中，一个身穿战袍的武士在一匹奔驰的战马上挽好了缰绳，俯身瞄准远处的箭靶，手中的箭即将离弦射出。这幅画，战马威武，射手勇猛，骑术高明，色彩鲜艳，形象的反应了唐代军中骑射训练的情况。唐代 156 窟南壁的《张议潮统军出行图》和北壁的《宋国河内郡夫人宋氏出行图》，都有精彩的骑射场面（如图 2、图 3）。这些图像资料告诉我们这样一个信息：唐代军中善于骑射。

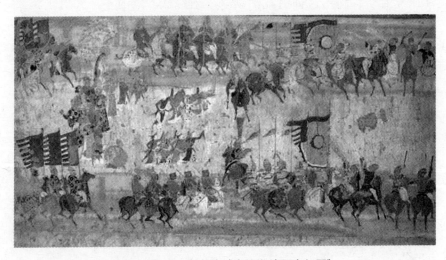

图 2　唐 156 窟南壁《张议潮统军出行图》

　　唐军中的这一变化是有根源的。据古文献记载，唐高祖李渊未起兵之前，与隋将王仁恭一起守备马邑郡，北御突厥。李渊曾对王仁恭谈到："突厥所长，唯恃骑射，见利即前，知难便走，风驰电卷，不恒其阵，以弓矢为爪牙，以甲胄常服，队不列行，营无定所，逐水草为居室，以羊马为军粮，胜止求财，败无惭色，无警夜巡昼

图3 唐156窟北壁《宋国河内郡夫人宋氏出行图》

之劳，无篝垒馈粮之费。中国兵行，皆反于是，与之角战，罕能立功。今若同其为，习其所好，彼知无力，自然不来。"① 李渊深知突厥善于骑射以及其行军打仗的优势，对己方的弱点也很清楚。王仁恭听从了李渊的见解，于是，"乃简使能骑射者二千余人，饮食居止，一同突厥，随逐水草，远置斥堠。每逢突厥候骑，旁若无人，驰骋射猎，以曜威武"②。李渊重视军队骑射和组建精良骑兵的措施，在推翻隋王朝、击败其他军事集团、统一国家的历次重大战役中，取得了极大的成效。李渊本人也是射术高强。有文献记载："十一年，炀帝幸汾阳宫，命高祖往山西、河东黜陟讨捕。师次龙门，贼帅母端儿帅众数千薄于城下。高祖从十余骑击之，所射七十发，皆应弦而倒，贼乃大溃。"③ 由此看来，骑兵与骑射对唐代江山的建立立下了汗马功劳。唐代建立后，仍然面临着北方突厥等少数民族侵扰的问题，所以唐代君臣长时期仍然非常重视骑射。唐太宗李世民曾于武德九年（626年）"丁未，引诸卫骑兵统将等习射于显德殿庭，谓将军已下曰：'自古突厥与中国，更有盛衰。若轩辕善用五兵，即能北逐獯鬻；周宣驱驰方召，亦能制胜太原。至汉、晋之君，逮于隋代，不使兵士素习干戈，突厥来侵，莫能抗御，致遗中国生民涂炭于寇手。我今不使汝等穿池筑苑，造诸淫费，农民恣令逸乐，

---

① （唐）温大雅：《大唐创业起居注》，古籍出版社1983年版，第2页。
② 同上。
③ （唐）令狐德棻：《周书》，中华书局1971年版，第2页。

兵士唯习弓马，庶使汝斗战，亦望汝前无横敌。"于是每日引数百人于殿前教射，帝亲自临试，射中者随赏弓刀、布帛①。由于重视骑射训练，士兵非常善于骑射。敦煌莫高窟唐代 130 窟、165 窟的骑射图就是对这一历史文献的印证。

　　莫高窟晚唐 12 窟南壁法华经变中有作战图，图中描绘两个城堡国家以河为界展开一场大搏斗。图中射手多跪姿射法，这与早期各窟的立姿不同。唐人王琚所著《射经》中说："凡射必中席而坐，一膝正当垛，一膝横顺席。"跽坐发射正是唐代步射的一个特点。这一情况被 12 窟壁画所证实。同样的图像资料还可以在 53 窟五代射箭图、346 窟跪姿射手图中看到。

---

① （唐）令狐德棻：《周书》，中华书局 1971 年版，第 30 页。

第九章

敦煌『田径』

　　敦煌壁画和遗书中所记录的古代田径运动资料，从历史时间上看，跨越了近千年，历史悠久，博大精深；从形式内容上看，它所描绘的有关我国古代的"田径运动"主要包括奔跑类、跳跃类、投掷类等运动形式在内的一些体育活动；从动作成因上看，这些古代"田径"运动是应当时生产劳动以及军事战争的需要演化发展而来的。虽然敦煌壁画和遗书中记录的我国古代"田径"运动同现代奥运匹克田径竞技运动有着本质的区别，两者之间不能简单地画等号，但两者在其历史形态及源头上却存在一定的相似性。

第一节　奔跑（走）类运动

从人类诞生到现在，奔跑这种身体活动是人类最常见的行为举止，可以说人类的进化就是在不断的奔跑和走路的过程中完成的。在对"北京猿人"居住的洞穴进行考古发掘时，发现了数以千计的鹿和马以及其他兽类遗骨，可以推断，在当时没有先进生产工具的条件下，追逐这些善于奔跑的兽类，人类需要怎样的奔跑速度才能捉到它们。在史前社会，善于奔跑和走路的人获得生存的机会就大，因为只有善于奔跑和走路的人，才能在与野兽或同类的斗争中获得优势。

在夏商西周时期，军队中已出现专门针对奔跑和走进行的训练和比赛了。当时有一种人被称之谓"先马"（或"先马走"），也就是"马前卒"。要求他们在奴隶主出行或作战时，能跑在马或马车的前头，可以想象要想胜任此职，首要条件便是要具有很好的快速和长途奔跑能力。商代甲骨文中有不少关于"先马"的记载："□先马，其每，雨"[1]；"弓弓先马，其雨"[2]；"翊日新，王其田。马其先，□不雨"[3]。

西周《令鼎》铭文所载有关"先马走"的内容最为翔实："王大耤农于諆田，饧（饬）。王射，有司众（暨）师氏小子卿（合）射。王归自諆田，王御，濑中（仲）仆令众奋先马走。王曰：'令众奋，乃克至，余其舍女（汝）臣世家。'王至于濑宫，拥，令（拜）稽首曰：'小子遒学'。令对扬、王休。"[4]

这段铭文的意思是：周王到諆田去视察鼓励农耕，举行饬农礼，

①　孙海波：《诚斋殷墟文字》。
②　胡厚宣：《战者平津新获甲骨集》。
③　同上。
④　唐兰：《论周昭王时代的青铜器铭刻》，《古文字研究》第二辑，中华书局1981年版，第30页。

也就是举行了射礼，一些侍臣与掌管教育的官员、贵族子弟都参加了射礼活动。周王从誖田回来时，周王的御人濂仲驾着马车。周王说："令，你们众人奋力地在马前奔跑！你能先跑到，我就赏给你奴隶十家。"到了濂之后，周王不食言，就赏给令十家奴隶。令稽首拜谢，自谦地说："我还要好好学习。"令在回答中颂扬了周王的功德。

"先马走"是在马车之前护卫的武士，它要求在官吏和将帅出行时跑到前面，这种快速奔跑的能力必须要经过严格的训练才能具备。由此可见，西周之前就有这种奔跑的身体活动项目，它不是现代的竞技体育项目，而是一种古代的军事技能。但它也具备体育的功能和性质，属于军事体育。夏桀和商纣能"足追四马"，也就是能徒步追上四匹马拉的战车。可见古代最高统治者也在跑步这种军事技能上训练不俗。

春秋战国时，诸侯的近卫部队都以长跑为必修项目。《国语·鲁语下》："天下有虎贲，习武训也。诸侯有旅贲，御灾害也。大夫有贰车，备承事也。士有陪乘，告奔走也。""虎贲"、"旅贲"均指执戈盾在主将车前或车旁奔跑的武士，为近卫侍从。当时军队中对士兵长跑训练的负荷是很大的，要求很严。《墨子·非攻》："古者吴阖闾教七年，奉甲执兵，奔三百里而舍焉。"意思是说吴王阖闾教战七年，士卒披甲执刀，全副武装奔走三百里才歇息。战国时的百里等同于现在的 35 公里①，春秋时期的三百里比现在奥林匹克田径比赛中所举行的马拉松赛跑的距离——42195 米还要远、还要长②。《荀子·议兵篇》："魏之武卒，以度取之，衣三属甲，操十二石之弩，负服矢五十个，置戈其上，冠轴带剑，赢三日之粮，日中而趋百里。中试，则复其户，利其田宅。"意思是全副武装的战士至少百余斤，而至中午时要跑百里路程，当时全副武装的武卒每小时长跑一公里，从负重跑角度来说，这个速度也是相当快的。魏国用免除家庭赋税的办法来鼓励士卒们从事艰苦锻炼。这一时期出现了不少善于奔跑

---

① 李晶伟：《古代的中长跑运动》，《体育文化导刊》1985 年第 5 期。
② 李少龙：《中国古代田径运动的形成与演变》，《河南大学学报》2005 年第 3 期。

的人，如《吴越春秋·阖闾内传》："筋骨果劲，万人莫当。走追奔兽，手接飞鸟，骨腾肉飞，拊膝数百里。吾尝追之于江，驷马驰不及。"这段记载说明，吴国王子庆忌极其善于奔跑跳跃。

秦汉三国时期，民间有一种叫"唐绨追人"的游戏，其实就是一种短距离的赛跑。按秦汉时期的礼仪规定，官吏出行时有在车前鸣声开道的步卒，称之为"伍伯"。"伍，当也，伯，道也；使导引当道陌中以驱除也。"① 相当于担任前导的步兵卫队。这些为马前驱的"伍伯"，或持环首刀，或持长矛，或持棨戟，奔驰在车辆的前后。四川德阳出土的"伍伯"画像砖上，前二人肩荷长矛，一手持刀，后二人执棨戟，健步飞舞；四川彭县出土的"伍伯前驱"画像砖上，在一辆奔驰的轮车前面，两名"伍伯"疾步先行；成都北郊出土的"导车"画像砖上，前有两骑奔马，车右有一执戟的步兵卫士飞步随行；成都出土的"斧车"画像砖上，在疾驰的"斧车"两旁，各有一跑步跟随的侍卫；成都羊子山一号东汉墓中"车马出行"画像石刻上，共有十二车，五十六匹马，八十三人，其中奔驰在马前车旁的奔跑侍从共十六人。这种与驱车同行的奔跑能力是经过严格的专门训练才能达到的。在当时称他们为"疾足之士"。"唐绨追人"的游戏可能是当时校阅"疾足之士"的延伸。

居延位于甘肃省北部额济纳河流域，自古以来就是蒙古高原进入河西走廊的交通要道，也是汉王朝与匈奴激烈争夺之地，至今在居延一带仍保留着当时大量的城障烽塞遗址，这里还出土了大量的汉代竹木简牍。

居延汉简自1930年被考古学家发现后，挖掘出简牍一万余枚，考古学界把这部分简牍称之为"旧简"，1972年至1976年又考古挖掘出两万余枚，考古学界称之为"新简"。综览居延汉简，内容涉及非常广泛，不仅包括政治、经济、军事、科技、法律、哲学、宗教、民族、医学等，还包括体育。汉简上记述了汉代军事要塞之间利用士卒快速的奔跑行走传递军事消息的内容，它为我们提供了研究汉

---

① 李贤注引《后汉书·曹节传》。

代奔跑行走类运动的史料。

居延汉简中描述了关于古时戍卒快速步行传递文书的活动，其中步行传递的文书有"以亭行"、"以次行"两种方式，如："1. 甲渠候官行者走（如图 1 所示）；2. 甲渠障候以亭行；3. 城南候长王治所，以亭行；4. 广田以次传，行至望远；5. □目行以此传，行至望远；6. 万岁东西部吞胡东部候长以次走行"①。这些简文描述了戍卒短距离步行传递文书的情况。据《汉旧仪》载：汉代"十里一亭"，即一系列烽燧，每间隔一定距离则置一兼职传邮之烽燧，挑选"行者"竞相往来投递文书。秦代时，"近县令轻足地其书，远县令邮行之"，② 汉承秦制。"轻足"即快速走路的人。《说文》释"行"："人之步，趋也，从'彳'，从'亍'，凡行之属，皆从行"，它包含两方面的意思，"步"是行的意思，较慢的一种行走方式；"趋"是走的意思，较快的一种行走方式。居延和悬泉汉简（如图 2 所示）中关于"亭行"、"次行"的记载，意思都是挑选善于快速行走的士卒竞相往来传递邮件文书，并且作出严格的行前要求和详细的行后记录等的规章制度。

魏晋南北朝时期，有一个非常著名的善于奔跑的人，他的名字叫杨大眼。此人是北魏的将领，甘肃武都氏族人。据《魏书·杨大眼传》中载："时高祖自代将南伐，令尚书李冲典选征官。杨大眼往求焉。冲弗许。大眼曰：'尚书不见知，听下官出一技。'便出长绳三丈许，系髻而走，绳直如矢，马驰不及。见者莫不惊叹。中曰：'自千载以来，未有逸材若此者也。'遂用为军主。"③ 这段文献记载的是公元 477—499 年的事，一条约三丈长的绳子系在髻上，起跑后，像脱弦的箭一样直，跑的真是快。难怪李冲看了惊叹不已。杨大眼因为具有奔跑的才能，而被选拔为军中的将领，以后跟随孝文帝、宣武帝在征伐战争中屡立战功。宣武帝永平年（公元 508—511

---

① 李重申：《敦煌古代体育文化》，甘肃人民出版社 2000 年版。

② 考古发现的秦律残章。睡虎地秦墓竹简整理小组：《睡虎地秦墓竹简》，文物出版社 1978 年版，288 页。

③ 《魏书·杨大眼传》，第 1633—1634 页。

图1　居延汉简——竞走

图2　敦煌悬泉汉简——竞走

年），杨大眼从前线来到京师洛阳，"观者如市"，大家都想看看杨大眼的雄姿风采。

嘉峪关的魏晋古墓中出土了有关古代"邮递"的绘彩画像砖（如图3、图4所示）。这些画像砖印证了文献中关于"邮递"的记

图3　邮递——嘉峪关魏晋5号墓

载，当时的"邮递"分为三等，有步递、马递、急脚递，尤以急脚递速度最快。

图4 邮递——嘉峪关魏晋画像砖局部

第二节 跳跃类运动

现代奥林匹克运动会田径项目中的跳跃类运动，其实就是起源于古代人类在生产生活和军事斗争中跨越障碍的一种身体活动，把这种古代人类社会中经常发生的身体活动挑选出来，进行专门的训练、比赛、游戏和作为教育的手段时，现代意义上的田径跳跃类运动就诞生了。

古代人类如果遇见能跨越的障碍，一定会用"跨"、"跃"的身体活动克服这些障碍，这是经常发生的一种动作。但是最早进行这方面专门训练的还是出现在古代的军队中。

春秋战国时期，军队中最为流行的跳跃类训练是"曲踊"与"距跃"。"束胸见使者，曰：'以君之灵，不有宁也'，距跃三百，曲踊三百"①。这段文献记载的背景是，晋国大将魏犨在一次军事行动中违反了军令，晋公欲杀但又爱其才。这时魏犨正在家养伤，晋公交代派往探伤的使者，如果他的伤重，就擒杀之，以正军法。魏犨早已洞悉晋公遣使的来意，便有了上述文献记载的表演。晋公见魏犨还强健能战，就豁免了他的死罪。其中"距跃"是指往上跳跃；"曲踊"是指往前、往远跳跃。② 魏犨用"距跃"、"曲踊"的身体活动表演救了自己的命。这两项跳跃活动在当时军中是将士们必须练习的基本军事技能。跳跃也是春秋战国时期军队中挑选军士的测试项目。《左传·哀公八年》记载："私属徒七百人，三踊于幕庭，卒三百人，有若与焉。"这段文献记载的背景是，吴国马上就要进攻鲁国，鲁国大夫微虎组织挑选精兵，防范吴国的夜袭。引文的意思是在帐前设跳高架，每个战士跳三次，从七百人中最后精选出三百壮士，其中还有孔子的弟子有若在内。跳跃运动也流传于民间，《管子·轻重丁》记载齐国农村青年男女"扶辇推舆，相睹树下，戏笑超距，终日不归"。"超距"就是比赛跳远。

魏晋南北朝时期，民间经常以跳跃这项身体活动作为休闲娱乐和比赛的方式，社会上还出现了以善跳著称的名人。《宋书·孝义列传》中记载："天与弟天生，少为队将，十人同火。屋后有一火坑，广二丈余，十人共跳之皆渡，唯天生坠坑。天生乃取实中苦竹，剡其端使利，交横布坑内，更呼等类共跳，并畏惧不敢。天生曰：'我向已不渡，今者必坠此坑中。丈夫跳此不渡，亦何须活？'乃复跳之，往返十余，曾无留碍，众并叹服。"③ 这段文献记载了一个叫卜天生的人在跳跃方面的传奇故事。卜天生，吴兴余杭人，出身将门，

---

① （春秋）左丘明：《左传·僖公二十八年》，陈成国校注《春秋左传校注》，岳麓书社2006年版。

② （清）顾炎武：《左传杜解补正》卷上引邵宝说，谓距跃为直跳，曲踊为横跳。（清）刘文淇：《春秋左氏传旧注疏证》谓直跳者，向上跳，今之跳高也，横跳者，向前跳，今之跳远也。

③ （梁）沈约：《宋书》，中华书局1974年版，第2254页。"火"通"伙"。"渡"这里指跳过大坑。"利"，锐利，指把竹端削尖。

深受父兄熏陶，从小机智勇敢，奋发进取，特别在一次跳坑训练中
表现出众，受到时人的称赞。在刘宋时期，人们喜欢因地制宜，利
用天然障碍进行跳跃活动。当时社会上经常进行跳高比赛，时称
"赌跳"。而《资治通鉴·宋纪》也记载有刘宋皇帝和大臣们"赌
跳"、"以高为胜"的史实。

　　《南史·黄鬼法传》也记载"巴山新建人也，少劲捷有胆力，日
步行二百里，能距跃三丈"，文中的"距跃"指的就是跳远。根据
《中国历代度量衡变迁表》，梁朝的一尺相当于现今的 0.25025 米，
那么"三丈"就是 7.05 米[1]。《南史·周文育传》记载文育"义兴
阳羡人。少孤贫，年十一，能反复游水中数里，跳高六尺，与群儿聚
戏，众莫能及"。周文育是陈朝人，陈朝因存在年代短，没有发现当时
的尺子，按前朝梁朝尺寸计算，"六尺"等于现在的 1.05 米。如以隋
朝的尺寸计算，隋朝的一尺相当于现在的 0.296 米了。那么六尺就相
当于 1.77 米了[2]。可见古时人们的跳跃运动能力也是十分出色的。

　　敦煌壁画中也有关于古代跳跃类运动的资料描绘和记录。在莫
高窟五代第 61 窟西壁《佛传屏风画》第 14 扇中，绘有悉达太子头
戴三叉冠，大袖裙襦，进行腾象跨车，跳坎跃马的场面；第 15 扇绘
有悉达太子腾跳双马、腾跳四马的场面；第 16 扇绘有悉达太子手持
旗腾跳跨越四骆驼，太子跳车等画面；第 20 扇则绘有悉达太子跳过
六马的惊险场面。这些壁画上虽然绘制的是有关佛教经典的故事，
但这些艺术创作的源泉却来源于当时的民俗生活。在唐五代时期，
不管是军队还是民间，以跳跃这种方式进行锻炼、娱乐已成为社会
生活中随处可见的场景。因此当时绘制敦煌壁画的工匠，才能以他
们认为最健美的生活场景作为艺术构思的素材。反过来，这些艺术图
像可以作为唐五代时期人们在现实生活中进行跳跃运动的实证材料。

　　与敦煌壁画中的跳马、跳驼相比，现代奥林匹克田径运动中的

　　① 公衍芬：《我国古代的田径记录》，《田径》2005 年第 1 期。
　　② 余多庆：《古代田径运动最佳成绩考证》，《郑州牧专学报》1998 年第 9（18）期，第
2—3 页。

跳高、跳远运动技术出现了比较大的改观，更具有比赛性、竞技性和观赏性。不过就其基本动作过程来说，依然是由助跑、起跳、腾空落地等部分构成，两者之间虽然有着本质的区别，但在历史渊源上似乎存有一定的相似性和连通性。

图5　莫高窟第61窟（五代）跳跃六马

第三节　投掷类运动

在人类进化发展的几十万年里，用投掷石块这种身体活动的方式与野兽搏斗或获取猎物，是古人类生存的基本方式之一。大约十万年前的旧石器时代的丁村人文化遗址就出土了打制而成的石球，后来又在距今四万年的许家窑人文化遗址中有所发现。在距今四至五千年的西安半坡文化遗址中发现了大量的打磨而成的石球，这是新石器时代的文化类型，制作工艺明显有了提高。同时在这个遗址中还发现了为小女孩陪葬的可能是用于游戏的石球。后来在全国各地都陆续发现了新石器时代的石球，有些还是镂空的陶球。石球是经过加工的远投工具，旧石器时代较大一些的石块都是以投掷的方式打击野兽或猎物，到新石器时代经过打磨加工而成的石球，在投掷过程中精度明显增加，获取猎物的机会增多，这实际上是一种生产力的进步。新石器时代制作的较大的石球是以投掷的方式使用的，而加工的较小的石球是以弹射的方法使用的。

从出土的史前投掷类文物看，人类很早就掌握了用投掷的方法远距离打击野兽和各种猎物的能力。这种劳动方式既可以保护自己不受猛兽的伤害，又能有效地狩猎，获得更多的食物。这是人类最早掌握的劳动技能，也是现代田径运动投掷类项目发生的根源。史前人类要使用远距离投掷的技能打击猎物，一开始也许是偶然发生，后来是专门的行为，那就要经过闲暇时间的专门练习，以提高精准度；大人给小孩传授投掷石球的方法，也就是原始的教育，在这个过程中，原始人类的投掷活动也就有了体育的功能和作用。

在春秋战国时期，以扛鼎、投石活动为手段进行的力量训练，主要发生在军队中。古代军队非常重视士卒的力量素质，军队的日常训练都会采用一定的手段对士卒进行力量训练。在《吴子·料敌》中就有"力轻扛鼎"的记载，意思是指力量非常大，能轻松举起很重的青铜鼎。"民有胆勇气力者聚为一卒，乐以进战效力者聚为一卒，能逾高超远、轻足善走者聚为一卒……此五者，军之练锐也。有此三千人，内出可以决围，外入可以屠城矣。"① 意思是说，把民间有胆有勇有力量的人挑选出来组成军队的精锐之师。春秋战国时代多以扛举铜铸重鼎作为练习力量的手段，并经常以这种方式比赛，这一时期出现了一些著名的举重力士，如孟说、乌获、任鄙等人。传说乌获能举千钧，孟子在与人们讲"事在人为"的道理时曾以乌获为例："今日举百钧，则为有力人矣。然则举乌获之任，是亦为乌获而已亦。"② "武王有力好戏。力士任鄙、乌获、孟说皆至大官。王与孟

---

① （战国）吴起：《吴子》，《四库全书·子部·杂家类·杂学之属·习学记言》卷四十六。

② （战国）孟轲，杨伯峻点校：《孟子译注》，中华书局1960年版。

说举鼎，绝膑"。① 这些文献记载说明举鼎较力是春秋战国时期流行的一种体育活动，著名的力士还因此获得统治者的赏识而被授予官职。

春秋战国时代，时局动荡，战乱不断，军事斗争非常惨烈，以投掷石块的方式杀敌是经常采用的军事手段之一。因此，各诸侯国的军队对士卒进行投掷石块的训练。《史记·白起王翦列传》就有这样一段记载："王翦使人问军中戏乎？对曰：'方投石、超距'。于是王翦曰：'士卒可用亦'。"这段文献记载说明了当时军中采用"投石"、"超距"的方式训练士卒，同时表现出军队高昂的战斗情绪。

汉代军队也非常重视投掷训练，其中就有一个著名的人物——甘延寿。《汉书·甘延寿传》曾记载：延寿"投石拔距，绝子等伦，尝超逾羽林亭楼，由是迁为郎。"《汉书·甘延寿传》注引《范蠡兵法》称："飞石重十二斤，为机发，行二百步。延寿有力，能以手投之。"意思是指，重十二斤的石块一般都是用投石机这种古代武器抛掷出去，汉代一斤相当于今天的 258 克，那么十二斤等于现在的六斤多重量，汉代一尺相当于今天的 0.231 米，一步约合今 1.40 米；二十步就约等于 28 米。而甘延寿的力量相当出色，用手投掷这样的石块，就能达到抛石机抛飞石的水平。

在隋代，投掷石片还曾被农民起义军王簿用来作为对敌作战的方式，他的部下都学会了扔石片，比远比准，还编了一首歌谣："守住青石城，人人得太平，学会扔石片，强似射弓箭。"② 由此可见我国古代投掷类的运动不但形式丰富多样，而且在当时也非常普及和流行。

唐代时，高宗曾下令征召"投石、拔距，勇冠三军……具录封进"。③

到了宋代，掷枪运动也逐渐普遍流行开来。据《文献通考》记载："宋代的掷枪，是一种掷远与掷准相结合的活动，将几个环立在

---

① （西汉）司马迁：《史记》，线装大字典藏本，中华书局 2010 年版。
② 艾获：《谈我国古代投掷运动》，《天津体育学院学报》1985 年第 2 期。
③ （清）《全唐文》第 01 部卷十三，据原刻本影印断句本，中华书局 1985 年版。

数十步以外，连掷十余枪，令标枪穿环孔而过，非常惊人"。《梦粱录》里就有关于"飞枪斫柳"的记述，而《武林旧事》文中也明确提出了"标枪"一词，充分说明了当时掷枪活动的广泛与流行。

敦煌壁画中就描绘有类似于古代投石运动的"投象"画面，在敦煌莫高窟五代时期的第61窟西壁《佛经屏风画》的第22扇中形象生动地刻画了悉达太子右手举象（如图6所示），掷置城外，越七重墙，度七重堑，象坠地即成大坑的古代举重兼投掷运动的场景。

图6　五代　第61窟西壁《佛经屏风画》中的悉达太子举象

敦煌莫高窟第61窟甬道南壁上则绘有一个右手持矛投掷的力士图像，其表现的身态姿势就非常类似于现代田径运动标枪的投掷动作。另外，在敦煌莫高窟西魏时期的第249窟窟顶北坡所绘的一幅图上也生动形象地勾画出了古代人们持枪进行狩猎的场面，其中一位骑马的猎手正手持长矛（标枪），左手在前，右手屈肘在后，引身向后，眼望前方，准备将标枪投向猎物。画面中人物手持长矛的姿势和向后引身以加大长矛投掷的做功距离欲使其投得更远的动作，与现代奥林匹克田径运动中的掷标枪的技术动作甚为相像。

第十章
敦煌游泳

　　在敦煌壁画中有很多表现飞天游泳、跳水姿势的画面。古代绘制壁画的艺术家们，为了表现飞天飞翔时优美的姿态，他们创作画面的素材主要来自三个方面：一是通过典故；二是通过想象；三是来源于现实生活。敦煌壁画中关于游泳、跳水姿势的飞天形象就是来源于现实生活，我们通过对这些资料的研究也可以逆向还原那个时代的人们进行游泳运动的历史原貌。本章就是以这些敦煌莫高窟壁画中的游泳图像对中国古代的游泳活动，从游泳起源、军事中的游泳、民间的游泳三个方面作进一步地研究。

第一节　游泳的起源

史前社会人类的生存就是围绕两件事展开："一是求食，也就是为满足基本的生理需要而进行的采集和渔猎；二是攻防，为了获得食物或免受身体伤害而发起对野兽或其他部落人群的攻击和防守。"[①]专门为了愉悦、健康身心的类似于我们今天的体育活动是没有的，或者说专门为了健身而游泳在史前人类的意识中是没有的。但是为了生存、为了得到食物、为了躲避伤害而进行游泳的活动却普遍存在。我们可通过史前人类的遗存来窥视当时人类的生活状况。

甘肃、青海和宁夏等地发现了大量的我们称之为马家窑文化的彩陶罐，这些彩陶罐上都绘有精美的图案，这些图案都是史前人类对自己真实生活状态的简单、抽象的反映。在马家窑早期类型的彩陶罐上绘制最多的一种纹饰，就是水波纹、大旋涡纹（如图1、图2所示）。这是先民们对水的敬畏和歌颂。史前人类一般居住在山坡上，他们每天都是下山取水，他们离不开水、爱水，因此就在彩陶罐上绘制了水的图案来赞美水。从出土的马家窑彩陶罐的地域看，都在黄河上游及其较大的支流附近，还有其他河流附近。这些早期的彩陶罐上绘制的图案告诉我们，史前人类认为水是最神秘的、最强大可爱的东西，因为一开始人们是不了解水、不能驾驭水的。靠近水边的生活使史前人类戏水、游泳成为可能。

---

① 毕世明：《中国古代体育史》，北京体育大学出版社1990年版。

图1　马家窑类型水纹瓶①

图2　马家窑类型水纹罐②

　　史前人类最早的游泳形态也许是蛙泳姿势。为什么这么说呢？因为出土的马家窑类型彩陶和后期的马场类型彩陶罐上出现了蛙纹图案。马家窑类型的彩陶上绘制的蛙形纹（如图3、图4所示）比较写实，蛙的眼睛、腿都画得很具体。长期与水接触的生活，使史前人类逐渐熟悉了水性。人们看到蛙可以在水中自由自在的活动，又能在陆地上生存，就产生了对蛙的崇拜。到了马家窑文化后期，也就是马场类型彩陶上都绘有"蛙纹"图案，这些"蛙纹"已经不是马家窑类型时期的具象蛙纹，而是抽象化了的"蛙纹"（如图5所示），他们画了类似蛙的巨大腿部。在这些神奇、发达的腿上，不仅足部长着指爪，而且腿关节处也长着指爪，夸张的显示了驾驭水的能力。但凡有头的蛙纹，都不是蛙头，而是人头，这说明人们已经开始模仿蛙在水中的样子进行游泳活动了。

图3　半山类型蛙纹罐①

图4　半山类型蛙纹罐②

---

① 图片来自甘肃省马家窑文化研究会。
② 同上。

图 5　马场类型蛙纹罐①

　　史前人类在布满江河的土地上生存，不可避免地要和水打交道。人们从旧石器时代的遗址中发现了有鱼漂之类的工具，这说明当时人类依山傍水，靠山打猎，傍水捕鱼，以谋求生活，在生产劳动和同大自然作斗争的过程中学会了游泳。人们在江河中捕鱼，就必须学会游泳的技能。一开始，史前人类也受到了江河水流的危害，人们把这种对水的畏惧都绘制到了彩陶上。经过长时间的对江河水流的了解，人们慢慢熟悉了一些水性，然后模仿青蛙在水中游泳的样子，学会了游泳技能。

　　史前人类游泳技能的获得也有可能来源于居住在河流湖泊附近的人们的戏水和洗澡。按照人类的思维逻辑，一定是先在小河、浅的湖泊中学会游泳技能，再利用这个技能到大江大河中进行劳动生产。在劳动之余，人们要放松休息，就回到小河、浅的湖泊中戏水玩耍。在这个过程中，史前人类也能摸索出游泳的技能。《山海经》

中有这样的记载："大荒之众有渊，正方四隅皆通，北属黑水，南属大荒，北旁名曰少和之渊，南旁名曰纵渊，舜之所浴也。"① 这一文献记录了舜洗澡的场所，这也说明在舜的时代，劳动之余，在溪中戏水、洗澡是经常的事。在洗澡、戏水的过程中摸索出游泳的技能是完全有可能的。

第二节 军事中的游泳

《论语·宪问》中记载了羿人力能"荡舟"② 的传说。在夏代的时候，一个叫"羿"的人，力量很大，可以使船在水上和陆地上行走，能使船在水上行走的人，其游泳能力也一定不差。《竹书纪年》中载："帝相二十七年，浇伐斟鄩，大战于潍，覆其舟灭之。"③ 这段文献告诉我们，在夏代的时候，这个叫"羿"的人力量很大，很有本领，他率领军队讨伐过"斟鄩"。"斟鄩"是夏代时的一个小国，或者是一个部落。他们大战于"潍"，"潍"就在山东。这场战争的特点就是水战，"羿"的部队打败了"斟鄩"国的部队，掀翻了他们的战船。

《史记·周本纪》载："武王'东观兵'至于盟（孟）津……师尚父号（令）曰：'总尔众庶，与尔舟楫，后至者斩。'……诸侯不期而会盟者八百诸侯……师毕，渡盟津……"④ 西周的战争开始使用两用船，出现了专门的水兵作战的军队。可想而知训练水兵的游泳技能也成为当时军事训练的重要内容。

游泳是重要的军事技能。春秋战国时期，各诸侯国为了争夺地

---

① 罗梦山编译：《山海经》（文白对照本），宗教文化出版社 2003 年版。
② 《四书五经·论语章句集注卷七》（上册），第 58 页。
③ 《竹书纪年》丛书集成初编，第 3679 册。
④ 《史记》，中华书局 1973 年版，第 120—121 页。

盘，相互之间频频发生战争，水战亦成为战斗的重要方面。因为东周时期，南方各国都靠近水边，善于应用水、舟作战，所以训练士兵利用水、舟作战的技能也成了当时军事训练的重要内容。故宫博物院藏有一件战国时期的铜壶，壶壁上铸有一幅水上作战图（如图6、图7所示）。这幅图到底是真正的水上作战的战争场面，还是水上作战训练的场面，我们现在就不太清楚了，不过这幅图像确实给

图 6　战国水陆攻战纹铜壶

图 7　战国水陆攻战纹铜壶的纹饰

我们展示了古代水、舟上作战的场面。两个作战船在水路上狭路相逢，马上摆开阵势，发起攻击。这种攻击作战是三位一体的：战船上面的士兵用长戈、矛攻击对方，相当于现代军舰的"舰面火力"；船体中间是划桨的士兵，相当于现代军舰的动力；在船体下方的水里是游泳的士兵，他们伺机爬上对方的战船，破坏对方的"战舰"，相当于和现代军舰配合攻击的"潜艇"。这就要求游泳的士兵要有高超的泳技。"奇技者，所以越深水，渡江河也。强弩长兵者，所以水战也。"① 水上作战的士兵要求具有较高的游泳、划船等水上技能。"桓公曰：'天下之国，莫强于越。今寡人欲举事孤竹离枝，恐越人之至，为此有道乎？'管子对曰：'君请遏源流，大夫立沼池，令以矩游为乐，则越人安敢至？'桓公曰：'行事奈何？'管子对曰：'请以令隐之川，立员都，立大舟之都。大舟之都有深渊，垒十仞。令曰：能游者千金。'未能用千金，齐民之游水不避吴越。桓公终北举事于孤竹离枝。越人果至，隐曲蔷以水齐，管子有扶身之士五万人，以待战于曲蔷，大败越人。此谓之不豫。"② 这段话是说为了防犯精通水战的越国偷袭，在管仲的建议下，齐国修建游泳设施，开展游泳活动，以重金奖赏游泳能手，使齐国人的游泳水平大幅提高，达到了与越国人不相上下的程度，并在曲蔷一战中击败了越国水军。管仲的立沼池，垒深渊，表明我国早在春秋初年就修建了人工游泳设施，并开展了游泳的军事训练。

秦汉时期，国家得到了统一，并形成了一套严密的官僚行政制度。世风也逐渐演变为"独尊儒术"，教育思想从春秋时期的重武轻文向秦汉时期的重文轻武过渡。在这一时期，没有以水为战的历史条件，文献中也没有关于这一时期进行水战的记录。

魏晋南北朝时期，国家又陷入了分割和混乱的状态，形成了很多小国。靠近水的国家又可以利用水的资源和条件，进行水兵的游

---

① 《六韬·奇兵》，旧题周初太公望所著，普遍认为是后人依托，作者已不可考。

② （唐）房玄龄注，刘绩增注：《管子·轻重甲》，上海古籍出版社 1989 年版。

泳和驾驭船的训练，利用江河作战的条件形成了。"投水搏蛟，蛟或沉或浮，行数十里，而处与之俱，经三日三夜……处果杀蛟而反。"①这段话是说，西晋的将领周处有非常高的本领，他曾经跳到水里与蛟搏斗，或浮于水面，或沉于水底，历时三日三夜，行程数十里，表现了非常高的军事游泳才能。南朝梁、陈时的名将周文育也是一个游泳高手，"年十一，能反覆游水中十里"，② 表现出极高的游泳才能。后文育被周荟收为养子，教以技艺，成为陈霸先军中的一员骁将。

第三节　民间的游泳

《周易·泰卦》有"包荒，用冯河"③ 的记载。"包荒"，把匏瓜挖空。包，借作匏。荒，空。"冯"意即徒涉。这是古代一种过河的方法，渡河时不用船只，只要在腰间系上挖空的匏瓜，就能渡过河去。匏瓜就相当于我们现在的"救生圈"，腰间系上挖空的匏瓜就像是带上救生圈游泳一样。这种渡河的方法必须经过游泳的训练。由此也可推断出，在商周时期，游泳是民间基本的生存技能之一。靠近河边的老百姓一般都从小得到训练，并能熟练掌握游泳技术，游泳是生产、生活中经常使用的劳动技能。

公元前 6 世纪，《诗经·邶风·谷风》里就有关于游泳的记录："就其深矣，方之舟之，就其浅矣，泳之游之。"④ 意思是说，遇到河水挡路的时候，如果水深，就找船渡过；如果水较浅，就用游泳的方式渡过。可见，早在 2500 多年之前，我国古代民间就已熟练掌

---

① 《晋书》中华书局 1974 年版，第 1569 页。
② 《陈书》中华书局 1972 年版，第 137 页。
③ 《四书五经·周易本义卷一》（上册）。
④ 袁梅译：《诗经译注》，齐鲁出版社 1985 年版。

握了游泳技能。《诗经》里还有女子游泳的记载："汉有游女。"这句话的意思是说，在西周初期的时候，在汉水附近就有女子在游泳。如果在那个时候连女子都熟练掌握了游泳技能的话，那男子就更不在话下了。《管子》一书里也载："齐民之游水。"这句话说明，在周代生活在水边的人，以捕获水中的鱼类为食，劳动的需要，使之必须熟练掌握游泳技能。《淮南子·说林训》中对游泳的方法作了概括："游者以足蹶，以手拨。"意思是游泳的时候，脚用力蹬水的同时手要向两边划。《列子·说符》载，居住河边的人们大多熟悉水性，擅长游泳，他们以捕鱼捉虾为生。《庄子·秋水篇》中有这样的记录："水行不避蛟者，渔夫之勇也。"这是说学习游泳首先要不怕水，要勇敢。

西汉时期，民间的竞渡、被禊活动在固定的日子都要按时在水上举行。

端午竞渡之俗，按照传统说法，与屈原投汨罗江有关。据《荆楚岁时记》载："五月五日竞渡，俗为屈原投汨罗日，伤其死，故并命舟撖以拯之。"① 《隋书·地理志下》："屈原以五月望日赴汨罗，士人追至洞庭不见，湖大船小，莫得济者，乃歌曰：'何由得渡湖！'因而鼓棹争归，竞会亭上，习以相传，为竞渡之系。"② 闻一多先生在他的《端午考》一文中指出，端午竞渡之俗始于古越族的图腾崇拜。古代越族，以龙为图腾，每年五月五日要举行盛大的图腾祭，其中一项重要的活动就是开展龙舟竞渡。《端午考》中说："关于端午的记载，最早没有超过东汉，而事实上是吴越一带的开辟也是从这时开始的。因此我们可以推断，端午节可能最初只是长江下游吴越民族的风俗，自东汉以来，吴越地域渐被开辟。在吴越文化与中原文化的对流中，端午这节日才渐渐传播到长江上游及北方各地。"③ 竞渡民俗和端午节令相结合成为包含很多内涵的节日，在中国大地

---

① 《四部备要》，中华书局 1957 年版。
② 《隋书》，中华书局 1973 年版。
③ 《闻一多全集》，古籍出版社 1956 年版。

上传承了下来。

被襫，就是"三月三"在河滨或有水的地方洗濯，后来渐成一种民俗，并发展为包含很多意义的节令活动。《后汉书·礼仪志上》载："是月上巳，官民皆絜于东流水上，曰洗濯祓除去宿垢为大絜。"①《韩诗》载："三月桃花水之时，郑国之俗三月，上巳于溱洧雨水之上，执兰招魂续魄，祓除不祥。"② 这个活动在官方和民间都非常盛行，并被赋予很多意义，诸如"避邪"、"祈福"、"招魂续魄"等。之所以进行这样的活动，是因为古代人民在重大的疾病和自然灾害面前无能为力，只有通过宗教的洗濯仪式，清洁身体，避免疾病的发生和其他灾害的降临。《论语·先进》载："莫春者春服既成，冠者五六人，童子六七人，浴乎、风乎舞雩，咏而归。"③ 可见到了春秋时候，其宗教色彩日益淡漠或仅具形式，人们通过这个活动主要是戏水、游春，休息、玩耍而已。

汉代这两种水上活动的文献表明：首先，这些活动是掌握了游泳技术以后才能进行，说明当时的人是把游泳技术当作劳动技能来掌握的，游泳技能的掌握在民间深入而普遍；其次，这些水上的民间活动，促进了民间对游泳技术的掌握。

在魏晋南北朝时期，民间的游泳高手也一定很多。在敦煌莫高窟北魏第 257 窟窟顶上的一方斗四莲池平棋图案中的绿色水池中，就有四个赤裸的飞天形象，表现的是净土世界的莲花池中的化生童子（如图 8 所示）。我们从这幅图的左边描绘的两个飞天可以看出，飞天躯干的胸大肌发达，双臂交替摆臂时肌肉紧张，右手臂前臂手心向前，即将入水，手臂较直，而左手刚划出水面，手臂弯曲，头部保持偏向在后手臂一侧，这与现代自由泳的技术很像。右边描绘的两个飞天其姿势很像现代蛙泳动作。从这幅图我们可以想象，当时在敦煌莫高窟的墙壁上绘制飞天的艺术家们，头脑里一定是展现

---

① 《后汉书·礼仪志上》。
② 《韩诗》，《艺文类聚》卷四引。
③ 《论语·先进》。

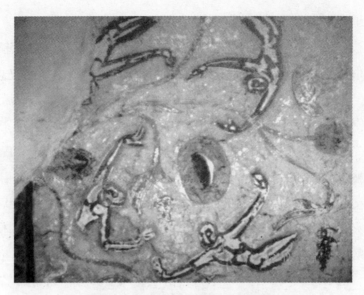

图 8　北魏　莫高窟第 257 窟窟顶

出现实生活中游泳高手的优美姿势，所以把飞天画成了游泳的样子。

　　隋唐时期，民间的游泳技术已经非常高超。隋代第 420 窟窟顶东坡的《法华经变·观音普门品》中，绘有两个在水中游泳的人物形象（如图 9 所示）。第 329 窟东壁门上说法图中绘有一身披飘带，双臂向前伸直、双腿并拢伸直，正向下做跳水状的飞天形象，与现代游泳中的跳水的那一刹那很像（如图 10 所示）。隋代第 404 窟绘有仰泳式和潜游式飞天（如图 11、图 13 所示）。初唐第 321 窟绘有自由泳式飞天（如图 12 所示）。虽然有的拿着乐器、佛具，在天空中遨游，但是如果去掉这些飞天身上的巾带长裙，把云朵变成水中的浪花，这些飞天就都变成了泳者（如图 14 所示）。榆林窟中唐 25 窟南壁上绘有一幅《观无量寿佛经变图》，其中两个小孩在戏水玩耍时的欢乐表情表达得很完美。画面中，亭台水边，一个小孩攀着栏杆，右脚提起离开水面，左脚在水里荡起一阵涟漪；另一个则将头部和四肢没入水中，只留屁股在水面，情形煞是可爱，这个小孩实际就在做潜泳动作（如图 15 所示）。我们通过这些画面可以对隋唐时期的游泳技术进行分类，从这些图片上看，当时民间已出现了类似现代蛙泳、自由泳、仰泳、潜泳的技术。

图9　隋代　莫高窟第420窟窟顶东坡

图10　初唐　莫高窟第329窟　东壁门上

图11　隋代　莫高窟第404窟

图12　初唐　莫高窟第321窟

图13　隋代　莫高窟第404窟

图14　隋代　莫高窟第407窟

图15　中唐　榆林窟25窟南壁

　　宋元时期，游泳这个运动项目又向前发展了一步。南宋的时候，无论皇宫，还是民间，无论大人，还是孩童，都能熟练掌握游泳技能。甚至出现了专门从事泅泳技艺的善泳者，还出现了惊险的游泳表演。《宋史·礼志》中就记载了这样一个奇人，洪州有一个从事戏曲的艺人叫胡曹，他能从很高的船墙上跳入水中，他在水中游泳的姿势好像坐在水面一样。他还叫人把自己装在口袋里，然后系上绳子，扔到水里。他能在水中解开绳子钻出口袋，其惊险的表演，让观者胆战心惊。南宋词人辛弃疾曾留下这样的词句："吴儿不怕蛟龙怒，风波平步，看红旗惊飞，跳鱼直上，蹴踏浪花舞。"从词句中可以感觉到，当时南方游泳非常普及，已成了集体性的娱乐项目。

第十一章 敦煌马球

马球运动是盛行于唐代宫廷、军中及民间的一项群众性的体育活动，我们可以从诗文和壁画、铜镜、陶俑等文物中了解其大致的情况。敦煌杂言歌词写卷 S. 2049、P. 2544《杖前飞》对马球运动有较全面的记述，兹录全文如下：

时仲春，草木新，初雨后，露（路）无尘。林间往往林（临）花鸟，楼上时时见美人。相唤同情共言语，闲冈结伴（游）球场。传（侍）中手持白玉鞍，都使乘骑紫骝马。青一队，红一队，轲皆铃笼（玲珑）得人爱。前回断当不盈（赢）输，此度若输没须赛。脱绯紫，著锦衣。银蹬金鞍耀日辉。场里尘非（灰）马后去，空中球势杖前飞。

求（球）四（似）星，仗（杖）如月。骤马随风真（直）充（冲）穴，人衣湿马汗流。传声相问且须休，或为马乏人力尽，还须连夜结残筹。①

---

① 徐俊：《敦煌诗集残卷辑考》，中华书局 2000 年版，第 473—474 页。

　　本章拟据这首杂言歌词所述情况分别从马球运动的概况、器具、场地、规则等方面加以探讨，力求复原唐代马球运动的基本情况。

第一节　唐代马球运动概况

马球，又名波罗球，亦名击鞠、打马球、击球、打球。据向达先生考证，马球运动发源于波斯（今伊朗），其后向西传至君士坦丁堡，向东传入土耳其，由土耳其又传到印度和中国西藏，并由中国传到了朝鲜、日本等地①。另据有关专家考证，马球运动有可能源于我国的西藏地区，因为"波罗"一词起源于藏语，后为欧亚许多民族语言所借用②，但无论如何，隋唐之际马球运动在中国内地已开始兴盛起来，如《封氏闻见记》卷6《打球》云："太宗常御安福门，谓侍臣曰：'闻西藩人好为打球，比亦令习，会一度观之。昨升仙楼有群胡街里打球，欲令朕见；此胡疑朕爱此，骋为之。以次思量，帝王举动，岂宜容易，朕已焚此球以自诚。'"③可见唐代马球运动始自太宗时的"比亦令习"，但当时太宗并不提倡，此后唐朝皇帝中，敬、玄、宪、穆、敬、宣、僖、昭诸宗均喜击球（如图1所示）。其中玄、宣、僖宗等则是球艺出众的高手，受其影响，马球在士大夫、文人、军队中也颇为流行，就连宫女和教坊女伎也迷上了马球，接受打球训练。"上有所好，下必盛焉"。帝王喜好，军队重视，文人擅长，妇女也乐于为之。可以说，从真正娱乐、竞技意义上的体育项目讲，马球运动在唐代当名列榜首。其后"历经宋、元而不衰，在社会上广为流传，至明末始消失"④。

马球运动与中国固有的"蹴鞠之戏"截然不同。早在春秋战国

---

①　徐俊：《敦煌诗集残卷辑考》，中华书局2000年版，第80—88页。

②　李重申：《敦煌古代体育文化》，甘肃人民出版社2000年版，第55页。

③　《资治通鉴》卷199，"永徽三年二月"，中华书局1956年版，第6278页。

④　陕西省博物馆，乾县文教局唐墓发掘组：《唐章怀太子墓发掘简报》，《文物》1972年第7期，第16页。

时期，我国就已有蹴鞠活动，如《史记·苏秦传》云："临淄甚富而实，其民无不吹竽、鼓瑟、弹琴、击筑、斗鸡、走狗、营六博、踢鞠者。"可见蹴鞠以步打足踢为主，而马球运动则以骑马杖击为特点，故《资治通鉴》卷243《唐僖宗纪》云："上好蹴球、斗鸡，尤善击球。"把蹴鞠与击球并列，见二者有别则显而易见。

图1　马球　《马球图》现藏于英国维多利亚博物馆

第二节　唐代马球器具

马球运动是一项剧烈的竞技活动，球受击后，有时悬空而飞越，有时滚地而疾走，故球体必须要轻；其装饰外形，要使之易击动，更亦识别。又击球均希命中，故必须精制球杖，弯其下端，使易张击。赛球贵迅速有法，故又需精选良马，以便驱驰。可见，球、杖、马三者为马球运动的基本器具，缺一不可，以上在《杖前飞（马球）》杂言歌词中均有反映，现分别阐述之。

1. 球体

"求（球）四（似）星"，即讲球体。关于球体形制，大概最早是"编毛结团"而成，或于球外裹几层薄韩，如《资治通鉴》卷199《唐纪十五》云："鞠以韦为之，实以柔物，今谓之球子。"唐以后，则大多直接用薄韩裹木为球体，大小如拳头，故《金史》卷35《礼志八》记载："球状小如拳，以轻韧木枵实其中而朱之。"又唐武平一应制诗《幸梨园观打球》有"分鏄应彩球"①之语。《宋史》卷121《礼志二十四》"打球条"有"内侍发金合，出朱漆球，掷殿前"的记载，可知球体均彩绘其面，以便识别，故有"彩球"、"画球"、"七宝球"、"珠球"等美名。

2. 球杖

"杖前飞"、"仗（杖）如月"，即为描写球杖。球杖，木质，长数尺，彩绘，讲究的面雕纹饰，杖头曲似初月，类似今日的曲棍球。蔡孚《打球》篇云："德阳宫北苑东头，云作高台月作楼。金槌玉莹千金地，雪杖琱文七宝球……奔星乱下花场里，初月飞来画杖头。"又《金史》卷35《礼志八》"拜天条"云："已而击球。各乘所常习马，持鞠杖，杖长数尺，其端如偃月。"正因为球杖常饰纹彩，打球时又须飞击作势，故时人常以"电光相逐"来比喻，如《酉阳杂俎》卷9"韦行规"条云："见空中有电光相逐如球杖。"大概马球运动，其射门准确性如何，与球杖关系很大，故嗜球之辈必出重金购置球杖，社会随之就有专门以精制球杖为生的人。如《唐摭言》卷3《慈恩寺题名游赏赋咏杂纪》云："稣校书者，好酒，唱望江南。善制球杖，外混于众，内潜修真。每有所缺，即以球杖干于人，得所酬之金以易酒……晋州汾西令张文涣长官说此。"即为例证。唐代马球球杖的实物图像可在敦煌莫高窟晚唐第85窟南披、五代第

---

① 《全唐诗》卷102，中华书局1960年版，第1084页。

100 窟《曹议金出行图》和五代第 61 窟东壁《维摩诘变相》各国王子听法图及晚唐第 144 窟中见到（如图 2 所示）。

图 2　五代　球杖　莫高窟第 61 窟东壁

3. 乘马

"银镫金鞍耀日辉"、"马汗流"、"骤马随风真（直）充（冲）穴"等均描写赛马。至于乘马与击球之关系，时人多有记述。如阎宽《温汤御球赋》云："宛驹冀骏，体估心闲，银鞍月上，华勒星还，细毛促结，高髻难攀，俨齐足以骧者，待骜乎其间。"[①] 又蔡孚《打球》篇云："共道用兵如断庶，俱能走马入长揪。红髻锦鬖风骤骦，黄络青丝电紫骝……自有长鸣须决胜，能驰迅足满先筹。"另张祐《观打球》诗云："白马顿红缨，捎球紫袖轻。晓冰蹄下裂，寒瓦

---

① 《全唐文》卷 375，中华书局 1983 年版，第 13 页。

杖头鸣，又手膝粘去，分鬃线道绯。自言无战伐，髀肉已会生。"①
此外，《唐语林》卷5《补遗》也曾记载打球与乘马之关系，文云：
"开元天宝中，上数御观打球为事，能者左萦右拂，盘旋宛转，殊有
可观。然马或奔逸，时致伤蔽。永泰中苏门山人刘钢，于邺下上书
于刑部尚书薛公，云打球一则损人，二则损马，为乐之方甚众，何
乘兹至危，以邀晷刻之欢耶！刑"② 可见击球纯粹要依靠马的快捷，
故历代帝王嗜好马球者，都十分注重乘马的选择与驯习。画家绘画
也多以马球为题材，从章怀太子墓壁画《马球图》上看，赛马均马
尾打结或剪尾，以防激烈对抗时马尾相互缠绕。又《宋史》卷121
《礼志二十四》"打球条"有"群臣谢，宣召以次上马，马皆结尾，
分朋自两厢入"，亦为例证。唐代马球的乘马图像可在莫高窟第156
窟南壁和北壁中看到（如图3、图4所示）。

图3 晚唐 莫高窟第156窟南壁

---

① 《全唐诗75》，中华书局1960年版，第817页。
② 《新唐书》卷111"薛仁贵"，中华书局1975年版，第4145页。

图4　晚唐　莫高窟第156窟北壁

唐人击球也有以驴代马的，如郭英乂拜剑南节都使，教女伎乘驴击球①。又《旧唐书》卷17《敬宗纪》云："宝历二年六月甲子，上御三殿，观二军、教坊、内园分朋驴鞠、角抵。戏酣，有碎首拆臂者，至一更二更方罢。"另《酉阳杂俎》卷8《黥》云："崔成宠少从军，善骑驴鞠，逗脱杖捷如胶焉。"可见当时也盛行骑驴打球。

第三节　唐代马球球场

"场里尘非（灰）马后去"，描写球场。球场，大小没有严格的规定，就用途而言，除可打球外，还可用于大型集会、练兵习武等活动，可见球场较大，且平坦，以便策马驰骋，使球滚动。唐代宫中多筑有球场，以便随时观赏。长安凝云阁北有球场亭子②。大明宫

---

① 《新唐书》卷133，"郭知运"，中华书局1975年版，第4546页。
② 徐松：《唐两京城坊考》，中华书局1985年版，第6页。

东内苑有球场亭子殿和鞠场①。大和九年"填龙首池以为鞠场"②。大明宫出土马球场碑。唐敬宗继位初，"击鞠于中和殿"，旋又"击鞠于飞龙院"③，禁苑有球场亭子④。华清宫外观风殿有球场，唐宣宗时犹存，等等，⑤ 不胜枚举。另唐代武臣出镇拒藩者，大都在其地自筑球场，民间百姓无条件筑球场的，就在大街上击球。如洛阳一些少年，在里巷"或差肩追绕击大球，里言谓之打棍谐论"⑥。长安君臣有讲究的球场，常以油料洒筑，制作之精，令人叹为观止。武崇训、杨慎交的自筑球场⑦，可为例证。大概修筑球场的唯一原则是平整坚硬，故唐人咏及马球并及球场时，均就其平滑而言。如阎宽《温汤御球赋》云："广场惟新，扫除克净，平望若砥，下看犹镜。微露滴而必闻，纤尘飞而不映。欲观乎天子之人，先受平将军之令。"又杨巨源《观打球有作》云："新扫球场如砥平，龙骧骤马晓光晴。入门百拜瞻雄势，动地三军唱好声。玉勒回时沾赤汗，花骏分处拂红缨。欲令四海氛烟净，杖底纤尘不敢生。"⑧ 正因为球场以平滑为主，所以如果有不整治球场而使其杂草丛生者，不免为嗜球之辈所嗤笑⑨

唐时敦煌也有球场。据 P. 3451《张淮深变文》记载，张淮深当时曾于球场举行迎接朝廷天使仪式并接受诏书及赏赐。⑩

---

① 徐松：《唐两京城坊考》，中华书局 1985 年版，第 29 页。
② 同上书，第 29 页。
③ 《新唐书》卷 8 "敬宗纪"，中华书局 1975 年版，第 227 页。
④ 徐松：《唐两京城坊考》，中华书局 1985 年版，第 30 页。
⑤ 郑嵎：《全唐诗》卷 567 "津阳门诗并序"，中华书局 1960 年版。
⑥ 李绅：《全唐诗》卷 482 "拜三川守"，中华书局 1960 年版，第 5488 页。
⑦ 《资治通鉴》卷 209 "景龙二年七月"，中华书局 1956 年版，第 6624 页。
⑧ 《全唐诗》卷 333，中华书局 1960 年版，第 3726 页。
⑨ 李肇：《唐国史补》"球场草生对"，上海古籍出版社 1957 年版，第 42 页。
⑩ 王重民：《敦煌变文集》上，人民文学出版社 1957 年版，第 123 页。

第四节　唐代马球规则

"前回断当不盈（赢）输"、"此度若输没须赛"、"骣马随风真（直）充（冲）穴"、"还须连夜结残筹"等言击球规则。关于击球规则，唐人记述已不可详考，只好以宋金史料补充。《宋史》卷121《礼志二十四》打球条云："打球，本军中戏。太宗令有司详定其仪。三月，会鞠大明殿，有司除地，竖木。东西为球门，高丈余，首刻金龙，下施石莲花座，加以绘缋。左右分朋立之，以承旨二人守门，卫士二人持小红旗唱筹，御龙官锦绣衣，持哥舒棒，周围球场。殿阶下，东西建日月旗。教坊设龟兹部鼓乐于两廊，鼓各五，又于东西球门旗下，各设鼓五。阁门豫定，分朋状取裁。亲王、近臣、节度观察团练使、刺使、驸马、都尉、诸司使副使、供奉官、殿直悉预……天厩院供驯习马并鞍勒。帝乘马出，教坊大合凉州曲，诸司使以下前导，从臣奉迎。既御殿，群臣谢，宣召以次上马，马皆结尾，分朋自两厢入……帝击球，教坊作乐奏鼓。球既度，飐旗鸣钲，止鼓，帝回马，从臣奉觞上寿……饮毕上马。帝再击之，始命诸王大臣，驰马争击，旗下擂鼓，将及门逐厢急鼓。球度，杀鼓三通。球门二旁置绣旗二十四，而设虚架于殿东西阶下。每朋得筹，即插一旗架上以识之。帝得筹，乐少止，从官呼万岁。群臣得筹则唱好，得筹者下马称谢。凡三筹毕，乃御殿召从臣饮。"此为宋制，其球场布置及行列次序，也许和唐代有出入，但其分队争胜，驰马争击，射门得分，鸣乐唱好的马球规则，当与唐时没有区别。其规则为：比赛设双球门于球场东西两端，分别有一名队员守门，均分队比赛。比赛时，以将球击入对方球门的次数多寡计胜负，一般以打入球门算得一筹。球门两旁置绣旗24面，在看台东西阶下设有空架，作插旗计分用。有"唱筹"二人，手持小红旗计分，此可用唐王建所作

《宫词》及张建封《酬韩校书愈打球歌》来验证。王氏词云："对御难争第一筹，殿前不打背身球。内人唱好龟兹急，天子鞠回过玉楼。"[1] 张氏词云："仆本修文持笔者，今来帅领红旌下。不能无事习蛇矛，间就平场学使马。军中伎痒骁智材，竞驰俊逸随我来。护军对引相向去，风呼月旋朋先开。俯身仰击复傍击，难于古人左右射，齐观百步透短门，谁羡养由遥破的。儒生疑我新发狂，武夫爱我生雄光。杖移鬃底拂尾后，星从月下流中场。"[2] 所谓"对引相向"当即分队比胜，《杖前飞》中亦有"青一队，红一队"的记述。"透短门"即球射门。但也有在球场南面中央立一单球门比赛者，如《金史》卷 35《礼志八》"拜天"云："已而击球……分其众为两队，共争击一球。先于球场南立双桓，置板，下开一孔为门，而加网为囊。能夺得鞠，击入网囊者为胜。"可见球门为两柱下置一木板，底部开一圆孔，后束一网囊。比赛时双方以球击入网囊即得筹，以得筹多少计胜负。对垒双方人数一般要求对等，也有人数多少不一的，如《封氏闻见记》卷 6《打球》云："景云中，吐蕃遣使迎金城公主，中宗于梨园亭子赐观打球。吐蕃赞咄奏言：'臣部曲有善球者，请与汉敌，上令伏内试之。决数度，吐蕃皆胜。时玄宗为临淄王，中宗又令与嗣虢王邕、驸马杨慎交、武秀等四人，敌吐蕃十人。玄宗东西驱突，风回电激，所向无前。吐蕃功不获施。其都满赞咄犹此仆射也。中宗甚悦，赐强明绢数百段，学士沈佺期、武平一等皆献诗。"可见打球优胜者亦获奖。比赛设有裁判。如双球门比赛，则开球时放球于场地中央。如唐末神策军击球表演，"都教练使放球于场中，诸将皆骤马趋之"[3]。以上皆属马球规则。

---

[1] 《全唐诗》卷 302，中华书局 1960 年版，第 3440 页。
[2] 同上书，第 3117 页。
[3] 《资治通鉴》卷 253，中华书局 1960 年版，第 8222 页。

第十二章
敦煌角抵
与相扑

在敦煌莫高窟的壁画和藏经洞中发现的白描、幡画和遗书中，均有反映古代一种被现代学者或称为"角抵"或称为"摔跤"或称为"相扑"的运动。如莫高窟早期洞窟的佛龛下和四周壁画的下方绘有许多形象各异的力士和药叉的图像。其中西魏第288窟，中心塔柱下绘有药叉摔跤的图像（如图1所示）。北周第290窟窟顶人字披上，绘有一幅"佛传故事连环画"，其中有表达悉达太子向善觉王女儿裘夷求婚，应约试武，并以摔跤战胜了大魔力王的内容。比赛时，两人均袒露上身，着短裤，头束发髻（如图2所示）。这形象和文献记载极相似，如东汉《西京赋》中描述摔跤时说："朱鬕髽鬈，植发如竿，袒裼戟手，奎蹋盘桓。"表明摔跤比赛时要求裸露上身，头发扎成髻。五代第61窟西壁佛传屏风画中，绘有一幅形象生动的摔跤图。图中两名选手正在一块席毯上交手（如图3所示）。北周第428窟、盛唐第175窟、榆林窟五代第36窟等均绘有摔跤比赛的场面（如图4所示）。另外，从藏经洞出土的幡绢画和白描中，各绘有一幅形象生动的相扑图。比赛选手头饰发髻，赤身裸体、着兜裆，正在奋力相搏。俄藏敦煌遗书中有一《杂集时要用字》的文献，其中出现了"相扑"一词。敦煌壁画和藏经洞所发现的"角抵"、"摔跤"、"相扑"的图像和敦煌遗书充分反映出古代这种运动的着装、发式、比赛场地、角逐姿势与方法等（如图5、图6所示）。关于这方面的研究，学者们有不同的说法，其实都是对同一运动从不同的角度进行研究得出不同的名称而已。从年代上说，最开始的时候，这种古老的运动是一种祭祀活动，在秦汉以前称之为"角抵"，此项活动发展到唐宋时期称之为"相扑"，发展到后来称为"摔跤"。

图1　西魏　莫高窟第288窟中心塔柱

图2　五代　莫高窟第61窟西壁

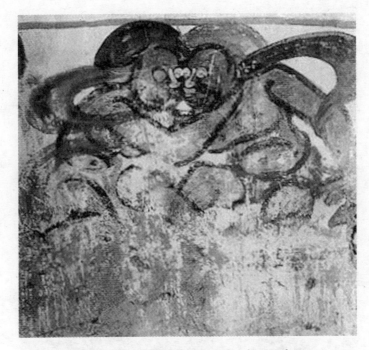

图3　北周　莫高窟第428窟中心柱西面龛下

图4　盛唐　相扑

图 5　盛唐　相扑

第一节　秦汉时期的角抵戏

敦煌壁画和文献中的这种运动勃发于秦，大盛于汉，而其远源又可上溯到商周的社祭和社乐，其余绪亦沿唐宋明清绵绵而下，至今仍活泼泼地保存于国家盛典和民间赛会之中。

1. 角抵的名与实

在古代文献中较早出现这一名称的，当是司马迁的《史记》①，称之为"觳抵"或"大觳抵"，《李斯列传》中记载："是时二世在甘泉，方作觳抵优俳之观。"集解应劭曰："战国之时，稍增讲武之礼，以为戏乐，用相夸示，而秦更名曰角抵，角者，角材也；抵者，

---

① 本书所引《史记》、《汉书》、《后汉书》等均为中华书局标点本。下文不再注明，径注卷数页。

相抵触也。"文颖曰："'案：秦名此乐为角抵，两两相当，角力，角伎艺射御，故曰角抵也。'骃案：'毂抵即角抵也。'"① 正文中将"毂抵"与优俳联称，且后文曰："李斯不得见"，大约规模有限，是一种离宫中帝王小圈子的娱乐。但由应劭集解可推想大型的演出必然存在，既然是由战国时延续下来的"讲武之礼"，是诸侯列强"用相夸示"的戏乐，则正式演出的场面当大有可观。唯应劭释"抵"为"相抵触也"，易生误解，以文颖之说较妥帖，"两两相当"，可以是两人、两组、两队，甚或两阵营，故"抵"字释为"抵敌"、抵当或更好。《史记·大宛列传》中则记载了汉武帝时演出角抵戏的盛况："于是大毂抵，出奇戏诸怪物，多聚观者，行赏赐，酒池肉林，令外国客遍观各仓库府藏之积，见汉之广大，倾骇之。及加其眩者之工，而毂抵奇戏岁增变，其盛益兴，自此始。"② 这段话还见于《汉书·张骞李广利传》，文字基本相同，唯"毂抵"二字以"角氏"代之。西汉时的角抵戏开始吸收外来艺术的养分，西域等国的魔术和幻术被融入，因此所谓的"大角氏"实质上又成为以宫廷武乐为主，汇集各地与西域各属国伎艺的大会演。《汉书·张骞李广利传》中有这样一段记载："而大宛诸国发使随汉使来，以大鸟卵及犛轩眩人献于汉，天子大说。师古曰：'……眩读与幻同，即今吞刀吐火、植树种瓜、屠人截马之术皆是也。本从西域来。'"③ 两汉角抵的演出场所多在平乐观④，观众又不光是皇室贵胄及域外之客，还有京师一带的民众。有时竟是主要为京师民众演出。《汉书·武帝纪》中载："三年春，作角抵戏，三百里内皆（来）观……夏，京师民观角抵于上林平乐馆。"⑤ 可证角抵之盛及角抵全民参与的特

---

① 《李斯列传》卷八十七，第 2559、2560 页。
② 《史记·大宛列传》卷一百二十三，中华书局 1962 年版，第 3173 页。
③ 《汉书·张骞李广利传》卷六十一，第 2696 页。
④ 平乐观，亦作"平乐馆"、"平乐苑"。汉代宫观名。汉高祖始建，武帝时增修，在长安上林苑。东汉建都洛阳，明帝取长安飞廉、铜马移洛阳西门外，置平乐观。平乐，寓意一谓和平安乐；二指在平坦广阔的场地上作乐。
⑤ 《汉书·武帝纪》卷六，第 198 页。

点。由是也证明其不太可能都是两两相搂抱的摔跤，而是富于变化，令人惊诧叹羡的多种形式的大型表演。颜师古注："抵者，当也。非谓抵触。文说是也。"

觳抵，后来通称为角抵，但考索"觳"字本义，有"射具"一说①，是知亦与先秦的射礼相关，文颖所谓"角伎艺射御"中的"射御"，明确指此。角抵与《周礼》中的大射与乡射礼，本来也算一脉相承，只因增加了娱乐的成分，增加了淫巧奇戏，便为卫道士所不齿，感叹："先王之礼没于淫乐中矣！"② 两汉是角抵戏扩大增广、走向繁盛的时代。不独好大喜功的汉武帝，不少帝王如西汉宣帝、成帝，东汉明帝、顺帝等，都喜爱此类戏乐。中间虽经元帝、哀帝等罢黜，然散而复聚，声势不减，一直传衍到魏晋南北朝。其名目亦种种不一，曰：角觚、角牴、角氐、角戏、觚角戏等，总不离武戏一途。或也正由于此，人们对角抵戏便有着一些形象化的揣测和解释，较早有南朝梁任昉的《述异记》载："今冀州有乐名蚩尤戏，其民两两三三，头戴牛角而相抵，汉造角抵戏，盖其遗制也。"

宋陈旸《乐书》中对这一传说复加征引，语意虽含混，却也扩大了蚩尤戏即角抵戏，即头戴牛角相抵的表演这种说法。宋吴自牧《梦粱录·角抵》明确称其为"相扑之异名也，又谓之争交"，将角抵等同于摔跤。明王圻《三才图会·人事》卷十有《角觚图》，画两人头戴牛角相斗，亦显然是由蚩尤戏之说而来。这只能是狭义的角抵，是摔跤或相扑表演，与秦汉所谓角抵戏者不同。"目极角抵之观，耳穷郑卫之声"，③ 均是场面恢弘的大景观，与此类摔跤相扑者的单打独斗相去何啻万里。

---

① 《说文解字注》："一曰射具，从角，觳声，读若斛。"上海古籍出版社 1981 年版，第 188 页。徐中舒《甲骨文字典》录两条引文，是知该字在甲骨文中已出现，注解同《说文》。

② 《汉书·刑法志》。

③ 《后汉书·仲长统传》，中华书局 1965 年版。

2. 饮射与武戏

角抵与周朝的射礼、春秋战国时的武乐有着明显的承续演化之迹。

如前所述，角抵所指为"角力"与"角伎"，其核心内容或曰主要形式是射御。射，指射箭；御，指御马之术。在古代"六艺"中，都属于尚武的技艺。"仡仡勇夫，射御不违。"① 当是之时，射与御为军国争战中的基本手段，为治军乃至治国的上上大计，故《周礼》中记载射礼之重：天子择士有大射，诸侯来朝有宾射，宴饮有燕射，乡党有乡射。而田猎一途，更是射与御的完美结合。然不论刚断的帝王还是庸懦的君主，大多对射御中的表演更有兴味。"大阅"的表演色彩远高过实战需求，御林军和围子手也往往只是会些花架子。田猎也是如此，其在年年月月的重复中渐渐弱化其练军的功用，张大其游乐的色彩，恣纵牵缠着悍厉，血腥裹挟着嬉戏，诸多君王乐此不疲。"春曰苗，秋曰冤，冬曰狩"②，其尚武常与尚乐混同杂糅，则武事也常与乐事难分难解。《诗经·秦风·驷序》称"田狩之事，园囿之乐焉"，径将二者视为一体。园囿之乐，即是武乐。

在烽烟连绵的战国时期，射御在"六艺"中必然备受重视，武乐也必然成为主旋律。周之《大武》、汉之《大风》，这些叙创制之艰的史诗性乐章，都着重于百战功成的渲染。由是正如乡饮与乡射、赛社渐相会合，武乐也必会进入社乐，成为社乐最能铺张盛况、感染和激动人心的部分。《史记·鲁周公世家》中载："鲁庄公……二十三年，庄公如齐观社。"集解韦昭曰："齐因祀社，莞军实以示军容，公往观之。"③ 观社，自然是观看社乐或曰社火的演出。而韦注中又指明这次社火的主要内容是武乐，是展示各类军械兵器（军实）以及分列角伎的方阵（军容），类似周礼的大阅和后世的阅兵，其目

---

① 《尚书·秦誓》。
② 《公羊传·桓公四年》。
③ 《史记·鲁周公世家》卷三十三，第1531页。

的便是"用相夸示"。这正是后世角抵的先声。因记述过简，我们不能确知鲁庄公所观看的齐社中有无摔跤，但可肯定摔跤在这次社事中无唱主角的可能。但是那位曾罢斥过角抵的元帝之孙汉哀帝，喜欢看的表演中似乎就有摔跤，《汉书·哀帝纪》载："雅性不好声色，时览卞射武戏"。① 卞射，韦昭注为"皮卞而射"，误。苏林释曰："手搏为卞，角力为武戏也"。注者以"卞"为"手搏"，"射"称"角力"，再一次证明了角力所指是射御方面的竞赛，这种竞赛的规模可大可小，但统称为"武戏"，亦即角抵。而手搏，应释为徒手相搏，其不止是摔跤，而是指包括摔跤、相扑在内的各种武术表演。从文句上研判，"卞"是不宜单独称为武戏的。

自有社祭和社火，军中乐和武戏便是其最壮观最令人激动的组成部分。社火的"火"，较早是一种兵制单位。"五人为列，二列为火，五火为队。"② 后世也将冲州撞府的流动戏班称为"火"或"夥"，元杂剧《蓝采和》四："是一火村路歧"，便是例证。在先秦礼籍的记载中，后来一团和气的土地神之前身"社主"，则要威严得多。凡是大的战事，社主都会随军而行，那些失误军机的将士、被俘获的敌军将领，常被行刑或杀戮于社主（社的神位，载车上）之前。这时的社被称为"军社"，"若大师，则帅有司而立军社。［郑玄注］王出军，必先有事于社，及迁庙，而以其主行，社主曰军社。［贾公彦疏］社主曰军社者，以其载社在于军中，故以军社言之"。③祭与戎，是当时的国家大事，社主随军而行，被称为"军社"，亦是祭与戎的统一。这种统一在早期即体现于社祭与社火中，体现在角抵武戏中。

3. 百戏与张衡《西京赋》

"百戏"一词，今知较早见于《后汉书·孝安帝纪》："……乙

---

① 《汉书·哀帝纪》卷十一，第 345 页。
② （唐）杜佑：《通典·兵一》，中华书局 1988 年版。
③ 《周礼·春宫·小宗伯》。

酉，罢鱼龙曼延百戏。"① 这次罢遣发生在东汉殇帝延平元年（公元107 年）冬十二月，是时殇帝新丧，13 岁的刘祜刚自外藩入登大位，主政者仍是邓太后，罢斥之旨当由太后决定。何谓"鱼龙曼延百戏"？曼延应是似后来舞龙之类的巨兽表演，鱼龙即鱼龙变化，注引《汉官典职》对此释之甚详："作九宾乐。舍利之兽从西方来，戏于庭，入前殿，激水化成比目鱼。嗽水作雾，化成黄龙，长八丈，出水遨戏于庭，炫耀日光"。② 鱼龙曼延的描写已见于《汉书·西域传赞》，然其与"百戏"的连称则应重视。同类连称还有更重要的一处，《后汉书·南匈奴列传》载："诏太常、大鸿胪与诸国侍子于广阳城门外祖会，飨赐作乐，角抵百戏。顺帝幸胡桃宫临观之"。③ 此处与角抵相连称，语义上又从属于角抵，无非是要补说角抵戏中包含的演出门类之多，《史记·大宛列传》中"觳抵奇戏"所指为一物，都是在注解角抵戏，故而该处集注曰"角抵之戏则鱼龙爵马之属"，简述其品种，自然间又略去那个"百"字。

无论西汉抑或东汉，百戏就是角抵戏。东汉时虽出现了"百戏"一词，但还远不如"角抵戏"之称普遍，还要与"鱼龙曼延"、"角抵"等连称，而未见单独使用。在更多的时候，这种包容众伎的演出还是称之为角抵戏，曩来为曲学家重视的东汉张衡《西京赋》对此作了形象的描绘，其描写却常被误读和曲解，今将此节文字分段抄录如下："大驾幸乎平乐，张甲乙而袭翠被。攒珍宝之玩好，纷瑰丽以多靡。临迥望之广场，程角抵之妙戏：乌获扛鼎，都卢寻橦；冲狭燕濯，胸突铦锋；跳丸剑之挥霍，走索上而相逢"。④ 张衡是以帝王为中心写西京盛景的。这时的帝王在众人拱卫下，经过上林禁苑的田猎、昆明之池的水嬉，来到了平乐观，供御览的大帐迅速搭成，花样翻新的角抵戏接连上场。首先出现的演出多类乎今日的杂

① 《后汉书·孝安帝纪》卷五，第 205 页。
② 《后汉书》卷五，第 206 页。
③ 《后汉书·南匈奴列传》卷八十九，第 2963 页。
④ （东汉）张衡：《西京赋》，中华书局影清胡克家刻本 1977 年版。

技、举重、杆技、跳丸、走索，要求的都是力量、速度和惊险刺激，体现的仍是尚武精神。请注意，作者是以"角抵妙戏"总括众伎和以下的表演的。

扛鼎寻橦，冲狭燕濯等传统节目之后，是有着巨大布景造作的化装演唱，似乎这才更符合广场演出："华岳峨峨，冈峦参差，神木灵草，朱实离离，总会仙倡，戏豹舞罴，白虎鼓瑟，苍龙吹篪，女娥坐而长歌，声清畅而委蛇；洪涯立而指麾，被毛羽之襂襹。度曲未终，云起雪飞，初若飘飘，后遂霏霏。复陆重阁，转石成雷，礔砺激而增响，磅礚象乎天威"。[1]"总会仙倡"是扮演为众仙人的大型歌舞，一个"总"字，点出其规模，也点出其变化：壮丽的机关布景、庞大的化装乐队、清畅激越的长歌、出人意表的视听效果，这都证明了演出水准之高，诚然是在"角抵"旗帜下的"妙戏"。"巨兽百寻，是为曼延；神山崔巍，欻从背见，熊虎升而拏攫，猿狖超而高援；怪兽陆梁，大雀踆踆；白象行孕，垂鼻辚囷；海鳞变而成龙，状蜿蜿以蝹蝹；舍利飐飐，化为仙车，骊驾四鹿，芝盖九葩；蟾蜍与龟，水人弄蛇。奇幻倏忽，易貌分形，吞刀吐火，云雾杳冥，画地成川，流渭通泾"。[2]虽比《史记》、《汉书》中有关描写略有增饰，但仍是汉武帝时"角抵奇戏"的路数，"岁增其变"，历两百年后当会如此。而其尚奇尚幻、尚武尚险的艺术精神则未变。《西京赋》记述了在角抵总称下的杂技、歌舞、魔术幻术以及"东海黄公"之类有故事情节的演出，我们也从赋体的铺张渲染文字中拣读出"角力"、"角伎"的内涵，更明白无误的描写则在这段记载的末尾："尔乃建戏车，树脩旃，侲僮程材，上下翩翻，突倒投而跟挂，譬陨绝而复联，百马同辔，骋足并驰，橦末之伎，态不可弥；弯弓射乎西羌，又顾发乎鲜卑"。[3]射与御永远是角抵戏的主题，是广场演出的主题。在这里，马戏、战车、军乐总汇成激昂的时代旋律，抗击

---

[1] （东汉）张衡：《西京赋》，中华书局影清胡克家刻本1977年版。
[2] 同上。
[3] 同上。

外族入侵、保家卫国的爱国热情与民族自豪感升腾于广场之上，"寓教于乐"其来也久矣。

拨除赋体可能的文句夸张，张衡《西京赋》中对角抵戏演出盛况的记叙大体可信，于史有征。《汉书·西域传下》写汉武帝时演出角抵戏，本身就有炫耀武力和展示富强之意："于是广开上林，穿昆明池，营千门万户之宫，立神明通天之台，兴造甲乙之帐，落以随珠和璧，天子负黼依，袭翠被，凭玉几，而处其中，设酒池肉林以飨四夷之客，作巴俞都卢、海中砀极、漫衍鱼龙角抵之戏以观视之……"[1] 与张衡赋中所述极相吻合。传称之为"角抵之戏"，张赋中称之为"角抵之妙戏"，亦基本相同。张庚、郭汉城《中国戏曲通史·戏曲的起源与形成》曰"张衡《西京赋》总称之为'百戏'"，似误，《西京赋》中未见这一总称。

同样的情况还有许多，如汉墓中一些汉画像砖、画像石或帛画中反映的杂技歌舞演出图，总被人标以"百戏"的名称，如"汉代百戏画像砖"、"汉代架舞百戏画像砖"，实则称角抵戏更准确。

通过上述考证我们得出以下几点结论：

一是角抵戏与商周社乐、春秋战国"讲武之礼"有着最直接的血缘关系，是一种主要由宫廷运作的祭祀活动，传递着先秦社祭、蜡祭、傩仪。

二是角抵逐渐扩展为民间艺人积极参与的表演活动，包括各项杂艺与歌舞。

三是百戏与角抵戏为一物之异名，然其概念较为晚出，两汉时仍以"角抵"为通称，魏晋以降"百戏"一名才渐渐流行，这大约也与各种伎艺的积累增广有关。

---

[1] 《汉书·西域传下》卷九十六，第3928页。

第二节　唐宋时期的相扑

秦汉时期的角抵戏，发展到魏晋称为百戏，到了唐代又有了新的变化，角抵从角抵戏中逐步分化出来，成为一项独立的体育项目。我们把这种从角抵戏中分离出来的唐代角抵称为相扑。唐代相扑的独立发展，是唐代开拓进取精神风貌的一个折射。在崇尚豪侠勇武的时代，从统治阶级到士卒百姓都不满足于"并四夷之乐，杂以奇幻，有若鬼神"的重在戏剧性表演的角抵戏，而注重于能展示勇气、考量技巧智慧、决出胜负、动作敏捷、使观看者远离怯懦成为勇士的相扑运动。

关于唐宋时期的相扑，我们从敦煌唐代壁画中就能看到：如敦煌莫高窟北周第290窟、初唐第321窟、盛唐第176窟的摔跤图和北周第428窟、五代第61窟的金刚力士图，以及藏经洞出土美术品中的一些画面。我们从中国古代文献中也可看到关于相扑的记载。据虞溥《江表传》中记载："（孙皓）使尚方以金作步摇假髻以千数，令宫人著以相扑，早成夕败，辄命更作。"① 《角力记》引《荆楚岁时记》云："荆楚之人，五月间相伴为相拂之戏，即相扑也。"② 《太平御览》卷755有详细的描述："王隐晋书曰：颍川襄城二郡班宣相会，累欲作乐，襄城太守责功曹刘子笃曰：'卿郡人不如颍川人相扑'。笃曰：'相扑下伎，不足以别两国优劣。请使二郡更对论经国大理、人物得失。'"③

唐代相扑可从以下四个方面来理解：

第一，角抵是唐代宫廷宴飨时的助兴内容之一。

---

① 翁士勋校注：《角力记》，人民体育出版社1990年版。
② 《太平御览》第4卷，中华书局1960年版。
③ 《俄藏敦煌文献》第10册，上海古籍出版社1998年版。

唐代角抵，气势磅礴。明人胡震亨把角抵归入散乐的"杂戏"之中，他说："角力戏，凡陈诸戏毕，左右两军擂大鼓，引壮士裸袒相搏教力，以分胜负。"① 唐代皇帝常在宴飨中观看角抵表演。如唐玄宗"每赐宴设酺会，则上御勤政楼……府县教坊大陈山东、旱船、寻橦、走索、丸剑、角抵、戏马、斗鸡……"② 唐宪宗于元和十三年（公元 818 年）二月乙亥，御麟德殿大宴群臣及公主、郡主等"观击鞠、角抵之战，大合乐，极欢而罢"。③ 除宴飨时观看角抵外，一些皇帝或"幸左神策单观角抵及杂戏，日昃而罢"；或"御三殿，观两岸、教坊、内园分朋驴鞠，角抵……至一更二更方罢"；或"幸勤政殿观角抵"。④

第二，唐代有专门从事角抵的专业队伍。

据文献记载，早在东魏、北齐时，皇宫卫士中就有"角抵队"的建制⑤。到了唐代，有了专供表演的"相扑朋"组织。晚唐角抵能手蒙万赢就是在唐懿宗咸通年前（公元 860 年—873 年）选入相扑朋的。唐僖宗时，"内园恒排角抵之徒以备卒召"。⑥ 内园中的"角抵之徒"是有组织的从事角抵的专业人员。"文宗将有事南郊，祀前，本司进相扑人，上曰：'方清斋，岂合观此事？'左右曰：'旧例也，已在外祗侯'。"⑦ 这说明唐代已有了专门管辖"相扑人"的组织结构。

唐代角抵专业队伍的出现，推动了唐代角抵技术的发展，并涌现了一批角抵能手，蒙万赢就是一个在僖宗、昭宗二朝，累累供奉，受赐丰厚，并享有"万赢"称号的专业角抵名家。

第三，军队以角抵练兵。

---

① 《唐音癸签》（卷十四），中华书局 1955 年版，第 131 页。
② （唐）郑处海《明皇杂录》第 8 页，载《丛书集成初编》第 3833 册。
③ 《册府元龟·帝王部·宴享第三》，中华书局 1960 年影印本，第 1316 页。
④ 《旧唐书·文宗本纪》。
⑤ 参见《隋书·礼仪志七》，第 280 页。
⑥ 《角力记·考古》第 5 页。
⑦ （宋）王谠：《唐语林》卷三，上海古籍出版社 1928 年版，第 89 页。

角抵是"两两相当"的竞力性项目。经常从事角抵可以培养人的力量与勇气，"使之斗敌，至敢死者"①。因此，受到历代兵家的重视，列为军队训练的内容之一。"李相绅督大梁曰，闻缑海军进健卒四人，一曰富仓龙，二曰沈万石，三曰冯五千，四曰钱子涛，悉能拔橛角抵之戏。"② 这可看做军队有角抵训练的一个佐证。唐玄宗天宝（公元742年—756年）以后，由于府兵制的变废，六军宿卫中原有的军士，"官者贩缯彩、食粱肉，壮者为角抵、拔河、翘木、扛铁之戏"。③ 退伍士兵以"角抵"谋生，也说明角抵曾是军队中的一个训练项目。

第四，民间角抵开展广泛。

角抵是唐代民间经常开展的体育项目之一。角抵高手蒙万赢在宫廷相扑朋供职期间，经常为慕名而来的民间角抵爱好者传授武艺。"五陵少年，幽燕任侠，相从诣教者数百。"④ 这充分反映了当时民间对角抵的重视。

据唐人张文规《吴兴杂录》说："七月中元节，俗好角力相扑。"⑤ 在吴兴附近建都的吴越国（公元907年—975年）也盛行角抵。《旧五代史·世袭列传·钱镠传》说，武肃王钱镠"少拳勇，喜任侠"。唐之后，蒙万赢投奔钱镠，"待之甚丰"，"年老，王令指教数人"。④浙中人李青洲，扬州人王愚子、谢建，江南人姚结耳等，都是十国时期江南地区的角抵名手。

《俄藏敦煌文献》第10册刊布的八 x02822 号文书，原名《蒙学字书》，参照张金泉、许建平《敦煌音义汇考》可知其名应为《杂集时要用字》，该文书可能出自莫高窟北区，时代为西夏。在这份残存长达259行、约2400字的写本中，按义类分为20部（类），详细

---

① 《角力记·述旨》，第1页。
② （宋）王谠：《唐语林·卷四·豪爽》，第124页。
③ 《新唐书·兵志》，第1327页。
④ 《角力记·考古》，第7页。
⑤ （唐）张文规：《吴兴杂录》，转引自《角力记·考古》，第4页。

列出了每一部（类）的常用词语，反映了当时社会生产、生活和交往活动的各个方面。虽然《杂集时要用字》中并没有专门的古代体育、竞技类词语，但穿插在有关部（类）别中的相关词语，如身体部、音乐部、器用物部、药物部等，却为我们提供了相当宝贵的古代体育词语，以及有关体育活动的历史证据。而"相扑"一词，即出自《杂集时要用字》"音乐部第九"。下面是相关的录文：

音乐部第九

龙笛	风管	篡筝	琵琶	弦管
声律	双韵	裕琴	单集	云箫
笙摸	七星	影戏	杂剧	傀儡
舞馆	拓枝	宫商	丈鼓	水盏
相扑	曲破	把色	笙簧	散唱
遏云	合格	角微	欣悦	和众
雅奏	八情	拍板	三弦	六弦
勒波	笛子

《杂集时要用字》为"相扑"原为一种乐舞表演形式提供了有力的证据。"相扑"被分在《杂集时要用字》的音乐部，而音乐部的词语大多是乐器，其次是影戏、杂剧，这说明"相扑"与乐舞有关，而且是乐舞的表现形式。因此，我们可以认定，"相扑"原为一种乐舞表演形式。在古代汉语中，"相"是一种击打的乐器，"扑"是搏击、扑打之意，"相扑"是一种在击打乐器伴奏下相互扑击的活动形式。在唐代，官方的相扑活动开始前往往要擂以大鼓，营造气氛。这就是中国相扑的本来面目和传统形式。

据日本《相扑上览记》等书所述，古代日本进行"相扑"时，左右各有大鼓五面，并说此乃"古式"，便是进一步的明证。此外我们还可以从其他方面找到证据，如《日本书纪》中记载，雄略天皇时期（约公元470年左右），天皇曾叫来宫中的彩女，让她们一个个脱去衣裙，进行相扑。这段文字中彩女随时应召表演相扑，说明相扑当时已是宫中一种常见的娱乐形式。同时还记载在圣武天皇（725—748 年）之神龟年中，国富民安，因而相扑之事盛起。这又说明相扑当时在日本民间也是一种供观赏、娱乐和庆典的活动。在日本兵库县、大阪古墓出土的两件须惠器上面都有相扑的画面，两件文物的推断年代是公元 6 世纪初中期，也就是公元 500—550 年。日本古代工匠将他们熟悉的相扑活动内容，变为日用器皿上的艺术修饰，反映了相扑与当时社会文化生活的关系。

敦煌壁画中莫高窟第 428 窟的"相扑"画面，与其他的伎乐金刚同绘于一壁，无论是否为相扑，首先它本身就说明其应该属于乐舞的性质。这与《杂集时要用字·音乐部》所记相扑是一致的，与中国传统的"相扑"的意义也是一致的。综上所述，敦煌壁画中的"相扑"画面和敦煌文献中的"相扑"一词所展示的意义，是源于中国古代的一种用来欣赏和娱乐的乐舞表演形式，它与现代日本流行的相扑运动在性质意义等方面有一定的区别。

第十二章
敦煌养生

　　敦煌的石窟、塑像、遗书、简牍中保存了大量有关古代人类养生的资料。其中重要内容有：佛教"抛弃俗念"意在精神的心理疗法，瑜伽修持，道教的炼丹、辟谷、内丹导引、吐纳、房中术等。例如敦煌遗书：P. 3777、P. 3244《澄心沦》、《导凡趣圣悟解脱宗修心要论一卷》、《五辛文书》、P. 3477《玄感脉经》，P. 2378、P. 2755、P. 2115《张仲景五脏论》，S. 202《伤寒论·辨脉法》、S. 5614《占五脏声色源侯》、S. 6245《五脏脉侯》、P. 2539《天地阴阳交欢大乐赋》、S. 6168《灸经人体图》、S. 76《食疗本草》等。在这些文献中，古人以中国传统哲学中的阴阳五行理论和呼吸导引的观念为指导，阐述了人体解剖、人体生理现象、体医知识、生态环境与人体生命的关系，尤其是《五脏论》、《玄感脉经》中的系统观和人体呼吸与脉搏频率比例等论述，在中国传统医学发展史上占有重要的一页。

　　本章通过敦煌养生史料，从四个方面来梳理中国古代养生，一是养生的发端；二是静呼吸类养生；三是动呼吸类养生，四是服食类养生。

第一节　养生的发端

中国古代养生的发端，当与古代医术和传统哲学之发展关系极大。

夏商医术有了初步发展。但是，在崇信巫术的情况下，医术也掌握在巫的手中。古代医字写作"醫"，从医，其中为矢；又从殳，殳是一种兵器；表明古代医术可能与战争中治疗伤员有关。又从巫，说明由巫主持。由于当时有了较纯质的酒，传说禹臣仪狄造旨酒，对医病治伤起了很大作用，所以医字原型又写作"醫"。

医术的发展，与当时力求长寿的养生思想有关。

关于长寿的最早记载，当推殷商典籍《尚书》。《尚书·洪范》中谓："五福，一曰寿，二曰富，三曰康宁，四曰攸好德，五曰考终命"。其中的"寿"、"康宁"、"考终命"都是关于健康长寿的，在"五福"中占了三项。

该篇在"五福"之后，接着又提出了"六极"："一曰凶短折，二曰疾，三曰忧，四曰贫，五曰恶，六曰弱。"其中的"凶短折"（短命夭折）、"疾"（疾病）、"忧"（忧虑）、"弱"（身体衰弱）都是关于不得健康长寿的，占"六极"（祸）的大部分。这些都说明古代人类对健康长寿的重视，而不得健康长寿，则被视为极大的灾难与祸事。

西周时期的典籍中也有关于养生思想的反映，如《诗经》中即有"永锡难老"，"执子之手，与子偕老"，"为此春酒，以介眉寿"，"万寿无疆"，"如南山之寿"等等词句。有了健康长寿的思想，就必然导致养生方法的产生。因此，殷周的养生思想在原始导引的基础上产生，反过来又促进了养生术的逐步形成和发展。

作为养生思想发端的另一重要事件，是在此时期我国出现了一部十分有名的哲学著作——《周易》。其中就有关于养生的思想。

周易思想起始于夏先，成书于殷末周初。它是古人对于宇宙万物，以及人类社会各种原理的朴素认知。它原非儒家之作，因为孔子对《周易》作"传"十篇，被称作"十翼"。"翼"是助，辅助阐明"经"的意思。后被收入儒家经典，故又称"易经"，简称"易"。

《易经》利用八卦及六十四卦来阐明阴阳消长变化的道理，以揭示天地自然和人类社会的某些客观规律，指导人类如何顺应和利用自然规律去休养生息，反映了古人对生命科学的朴素认识。其中的"传"就从阴阳五行等角度对人的精、气、神、意进行了解释，十分重视人的生命及其规律。如它认为：天地加人为"三才"，人顶天立地，为万物之灵长。人在"性命"，而"性"（神）是生命的本质，从养生上讲是先天元机，处于主宰地位；而"命"（形，即身体）是生命的本源，从养生上讲属于生理机能（先天正气）。因此必须"顺性命之理"，"穷理尽性以至命"。"性"和"命"二者是不可分割的，无"性"则"命"无所适从，无"命"则"性"无所寄托。

第二节　静呼吸类养生

1. 静呼吸类养生的古代思想与方法

春秋战国时期，《老子》的清静无为哲学是静呼吸类养生的指导思想。老子姓李名耳，字伯阳，谥曰聃。作《老子》，出关而去，莫知所终。汉代道教兴起，以《老子》的"道"作为根本教义，尊《老子》为《道德经》。老子哲学中主要包含了"虚无"、"无为"的思想。从这种哲学观点出发，形成了道家"恬淡寡欲"、"清静无为"的养生思想。老子说："致虚极，守静笃。……夫物芸芸，各复

归其根。归根曰静，是谓复命，复命曰常，知常曰明。"① 这段话强调了"致虚"、"守静"，指出虚、静是一切事物最根本的状态。"治人事天，莫若啬。夫谓啬，是谓早服，中服谓之重积德，重积德则无不克；无不克则莫知其极；莫知其极，可以有国；有国之母，可以长久；是谓深根固柢长生久视之道。"② 老子指出大至治国，小至养生，均应作到"啬"，即清静无为。

《庄子》内篇有七，文采宏丽，内容博大，有不少涉及养生的思想。庄子名周，字子休，生活于战国时期，大致与孟子同时。庄子把老子的"无为"思想发展到极端，反对一切追求和作为，导致对一切人间事物的否定。这是庄子哲学的主要方面。但在养生方面，他主张"恬静寂寞虚无无为"，强调顺应自然，提出"养神"的理论，还提出了"心斋"、"坐忘"等精神修养的方法。这些思想为后世养生家所欣赏，他们将"心斋"、"坐忘"拿去作为静功养神状态的描述，并按照后世养生家的理解，对"心斋"、"坐忘"作了种种发挥与解释，成为"静功"的重要内容。《庄子·刻意》中描述了当时导引行气求长寿的人："吹呴呼吸，吐故纳新，熊经鸟伸，为寿而已矣。此道引之士，养形之人，彭祖寿考者之所好也。"导引行气的方士以传说中彭祖为鼻祖。《黄帝内经》所归纳的五种医疗措施把"导引"列为重要的医疗手段。在《素问·异法方宜论》中说："中央者，其地平以湿，故其病多痿厥多寒热，其治宜导引按蹻。"③

"行气"始见于《左传·昭公九年》："味以行气，气以实志，志以定言，言以出令。""气"在我国传统生理、病理学中是一重要的概念。它包含三方面的内容：一是自然界空气，所谓日精月华之类；二是父母阴阳相媾而结为人的初始之"元气"，又叫"先天之气"；三是通过饮食物质所化生维持生命活动的营养，称之为"水谷之气"，又叫"后天之气"。中医生理学认为，随着人的成长，"先天之气"也

---

① 国学整理社纂辑：《诸子集成》第三册，第16章，中华书局1959年版。

② 同上。

③ 《素问·异法方宜论》，人民卫生出版社1956年影印本。

逐渐被损耗，而须用"后天之气"加以补充。"行气"的目的就在于通过专门的呼吸练习，促使"后天之气"不断转化为"先天之气"，以保持"元气"的充盈。因此，"行气"是一种自我控制的使内循环运动的呼吸方法。《老子》中就有很多关于"行气"的记载："虚其心，实其腹，弱其志，强其骨。"①"绵绵若存，用之不勤"，②"专气致柔，能婴儿乎"。③ 这些都是关于"行气"的具体要求。

出土于战国初年的"行气玉佩铭"详细地描述了"行气"的路线。据考证是现存最早专讲静呼吸类养生的实物（如图1）。行气铭玉杖首，高5.2厘米，底径3.4厘米，玉制。作十二面棱柱体，中空。在十二面中，每面竖刻三字，并有重文符号8个，共45字铭，扼要地讲述了行气的要领、过程和作用。

> 行气，深则蓄，蓄则伸，伸则下，下则定，定则固，固则萌，萌则长，长则退，退则天。天机春在上，地机春在下。顺则生，逆则死。

郭沫若先生考证译文认为，这是讲深呼吸的一个回合，大意是说吸气深入则多其量，使之往下伸，往下伸则定而固，然后呼出，如草木之萌芽，往上涨，与深入之道相反而退，退而绝顶，这样，天机便朝上动，地机便往下动，顺行之则生，逆行之则死。气功界普遍认为这是一种有规律的调整深呼吸法，亦即今之顺势呼吸法；也有人认为这是讲练气功时"内气"（真气）运行的全过程。

秦汉时期，"行气"的方法与理论有了较大的发展，在方法上分为主要的两派。一派继承老庄"抱神守一"行气法。强调以守一修性，以"内气"养形。《太平经》上就有意守的记载："使空室内傍无人，画像随其藏色，与四时气相应，悬之窗光之中而思之。上有

---

① 国学整理社纂辑：《诸子集成》第三册，第3章，中华书局1959年版。
② 国学整理社纂辑：《诸子集成》第三册，第6章，中华书局1959年版。
③ 同上。

图1　行气铭玉杖首

藏象，下有十乡，卧即念以近悬象，思之不止，五藏神能报二十四时气，五行神具来救助之，万疾皆愈。"① "守一精明之时，若火始生时，急守之勿失。始正赤，终正白，久久正青，洞明绝远复远，还以治一，内无不明也，百病除去，守之无懈。"② 这两段文献讲了"守一"法行气的过程。此派行气的方法以意守为主要特征，通过意念固守身体某一部位，反观内照，凝神入穴，从而达到养生的目的。另一派导源于"行气铭"，后世称之为"周天行气法"。这种功法重视行气路线的规定，一呼一吸为一循环是其基本特征。《老子河上公章句》说："治身者，呼吸精气，元令耳闻也。……治身天门谓鼻孔。开，谓喘息；阖，谓呼吸也。"③ 《申鉴·俗嫌》载："善治气

---

① 王明：《太平经合校》，中华书局1960年版，第14页。
② 同上书，第16页。
③ 《老子河上公章句》，《四库丛刊·能为第十》，商务印书馆1922年版。

者，由禹之治水也。……邻脐二寸谓之关；关者，所以关藏呼吸之气，以禀授回气也。……故道者，常致气于关，是谓要求。"① 这里所讲的"关"，就是后来人们说的"丹田"，"致气于关"即气沉丹田之谓。这一时期的"周天行气法"虽然还没有大小周天的具体描述，但对行气路线有了一定的要求，产生了后世"周天行气法"的某些术语。

秦汉时期的"行气"理论主要就是用阴阳五行思想与"精、气、神"原理阐释行气的过程。"夫人本生浑沌之气，气生精，精生神，神生明。本于阴阳之气，气转为精，精转为神，神转为明。欲寿者，当守气而合神，精不去其形，念此三合为一，久则彬彬自见。……修其内，反应于外。内以致寿，外以致理，冲用筋力，自然而致太平矣。"② 强调了行气以"精、气、神""三合为一"为其炼养基础。"人有气则有神，有神则有气，神去则气绝，气绝则神去，故无神亦死，无气亦死。"③ 指出神、气不可分离。在这基础上，东汉人魏伯阳写成了著名的《周易参同契》一书，构筑了"行气"的理论体系。

魏晋南北朝时期是神仙思想泛滥的时期。两晋间的葛洪、齐梁时的陶弘景、北魏的寇谦之，都是显赫一时的神仙道教养生方法的创立者。而与他们相比，持完全不同的养生思想的首推颜之推。他首先认为，养生要从立身出发，继承了先秦儒家的"重生"、"贵生"，但不"贪生"、"偷生"的养生思想。其次，他认为只要"爱养神明，调护气息，慎节起卧，均适暄寒，禁忌食欲，将饵药物，遂其所禀，不为夭折者"，④ 就能起到很好的养生作用。而这些方法都是被前人实践证明是行之有效的。

隋唐时期，孙思邈医道相兼的养生术是当时最重要的养生理论与方法。孙思邈既是著名的医学家，又是著名的养生家、道教的虔

---

① 国学整理社纂辑：《诸子集成》第八册，中华书局 1959 年版。
② 王明：《太平经合校》，中华书局 1960 年版，第 739 页。
③ 同上书，第 96 页。
④ 颜之推：《颜氏家训》，北京燕山出版社 1996 年版。

诚信徒。他在《千金方》、《福禄论》、《摄生真录》、《摄养枕中方》等书中论述了养生的理论和方法。孙思邈虽是道教徒，但他的养生思想和养生实践却不是为了肉身成仙，而是从医学角度出发，吸收了道教养生修炼的方法，既养身，又养心，身心兼养，"消未起之患，治未病之病"，从而达到祛病延年的目的。在养心方面，他提倡清心寡欲与平和的心态。孙思邈非常重视行气养生，他的一些著作中就记载了不少的行气方法。如"调气法"、"内视法"、"禅观法"、"六字诀"、"胎息法"。

敦煌遗书《呼吸静功妙诀》前一部分与现存于湖南省博物馆的宋代龟咽鹤息以及明代龚延贤所著《寿世保元·呼吸静功妙诀》都是当时静呼吸类养生的理论。敦煌 P. 3810 写本《呼吸静功妙诀》全卷共分为两个部分：前一部分是《呼吸静功妙诀》正文，共 13 行，273 字。后一部分是附录的"神仙粥"，共 4 行，73 字，这是关于服食类养生的理论，我们以后将深入讨论。卷子完好无缺，唯抄写水平较劣，全文不分段，仅以圈断句，无抄者姓名与抄写年代。有学者认为，从字迹上看此卷子可能出自唐代道人的传抄本，历代史志未见著录（如图 2）。这里将 P. 3810 卷录于下。

呼吸静功妙诀：

人生以气为本，以息为元，以心为根，以肾为蒂。天地相去八万四千里，人心肾相去八寸四分，此肾是内肾，脐［下］一寸三分是也。中有一脉，以通元息之浮沉。息终百脉，一呼则百脉皆开，一吸则百脉皆合。天地化工流行，亦不出呼吸二字。人呼吸常在心肾之间，则血气自顺，元气自固，七情不帜（炽），百病不治自消矣。每子午卯西（酉）时，于静室中，原（厚）褥铺于杨（榻）上，盘脚大坐。瞑目视脐，以绵塞耳，心绝念虑，以意随呼吸一来一往，上下于心肾之间，勿亟勿徐，任其自然。坐一炷香后，觉得口鼻之气粗，渐渐和柔。又一炷香后，觉得口鼻之气，似无出入，后然（然后）缓缓伸脚开目，

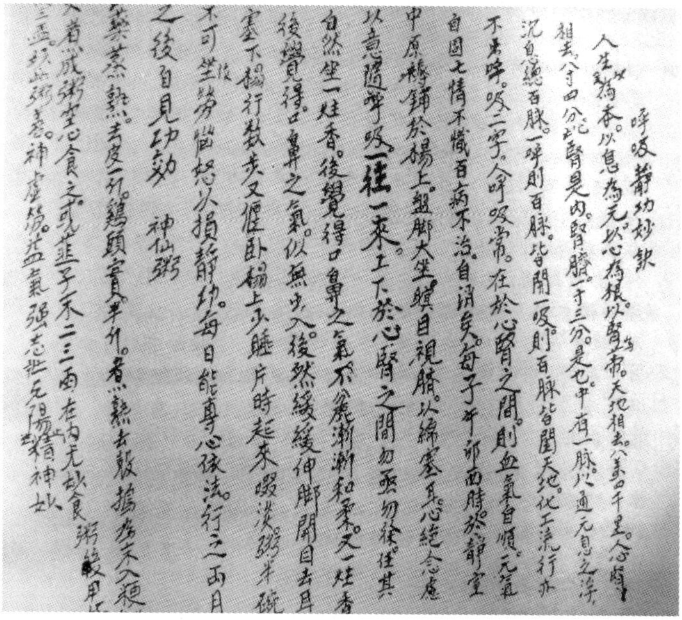

图 2　敦煌遗书 P. 3810 写本《呼吸静功妙诀》

去耳塞，下榻行数步。又偃卧榻上，少睡片时起来，啜淡粥半碗。不可坐（作）劳恼怒，以损静功。每日能专心依法行之，两月之后，自见功效。

现代体育科学认为，人类生命活动的关键是能量转换。而大多数机体细胞的能量转换又依赖于氧气，因此，氧气供应便为维持生命所必需。而氧气的运送又得依赖心血管系统来完成。所以《呼吸静功妙诀》称："人生以气为本，以息为元，以心为根……天地化工流行，亦不出呼吸二字。"可见古人对呼吸意义已有认识，提出通过功法来提高通气控制能力。写本称："人心肾相去八寸四分，此肾是内肾，脐［下］一寸三分是也。"以解剖学的角度来阐述呼吸系统结构及其相应的循环系统；并通过对脉、息之沉浮来揭示呼吸的物理与生理机制。总之，《呼吸静功妙诀》仅仅用了百余字，就高度精辟地概括出人类生命与呼吸之关系，人体呼吸系统的结构与它的循环所构成的物理与生理机制，以及提高呼吸功能的功法，充分体现了

《呼吸静功妙诀》所蕴藏的极其丰富的生命学内涵和本质属性。

敦煌早期石窟现存的壁画和塑像中的菩萨，有一个奇特的共同点，即肚脐均十分突出，就连飞天、伎乐天也同样显现肚脐。从禅观佛经和密宗佛经中可知，脐中是修定时使心灵确立于静面观的集中点，它是佛教修定的主要方法。古人把肚脐称之为脐中、神关、气舍、气合等，认为脐中乃是人体精血之海，水火之灾，三焦之源，呼吸之根，精神之舍，生命之根蒂。现代医学也提出，脐与大脑、心脏、生殖器及诸脉相互贯通，对维持人体生命起着重要的作用，也是保持人体健康不可缺少的作用点（如图3、图4）。

图 3　北凉　莫高窟第 272 窟西壁　脐密　　图 4　北凉　莫高窟第 272 窟西壁　脐密

佛教经过汉魏长时期的传播与发展，已适应了当时中国社会的需要。所以中国的养生思想中也有了以佛家教义为内涵的方法。关于佛家的养生思想和理论我们在敦煌史料中都可看到，如敦煌遗书 P.3777、P.3244《澄心沦》《导凡趣圣悟解脱宗修心要论一卷》《五辛文书》，这些均是以佛家教义为理论的有关精神和心理调治的养生方法。P.3833、P.2914 王梵志《有生皆有灭》诗云："气聚则成我，气散即成空。"在天水麦积山、永靖炳灵寺、张掖马蹄寺、安西榆林窟、敦煌莫高窟、新疆克孜尔石窟的壁画和塑像中可以看到大量的禅定图,有结跏趺坐,有半跏,有交腿或倚坐,有站立,双手接"禅定印"或接"转法轮印"等,均与聚气有关。

敦煌莫高窟中保存有密教画,例如敦煌莫高窟第465窟保存有双身合修壁画。表现修持者运用一定的功法,对体能进行控制和引导,达到以欲制欲,以染达净的目的。另外,在敦煌石窟中也保存有不少与导引相关的壁画和塑像。

(1)禅定壁画图像

敦煌莫高窟西魏285窟《禅定图》,表现了禅修的僧人,形体放松自然,坐禅冥想,口结真言,手结印契,心观曼荼罗坛场,通过瑜伽入定达到与佛合一。从254窟、239窟、263窟、272窟、259窟、288窟、290窟等窟中同样也可看到修行僧人像、禅定僧人像、禅观僧人像。他们有的双盘腿(结跏趺坐);有的单盘腿(半跏);有的交腿或倚坐(善跏);有的站立,双手接"禅定印"或接"转法轮印"等等。比丘通过不同的坐姿和不同的手印变化,使体内的气血按经络运行,以通周天,达到气血运行,营养全身的目的,同时也使心率下降,提高心脏功能(如图5)。

图5　西魏　莫高窟第285窟东顶南侧

　　敦煌莫高窟第8窟、15窟、19窟、44窟、45窟、66窟、76窟、92窟、113窟、118窟、129窟、155窟、160窟、171窟、180窟、188窟、201窟、320窟、343窟、370窟等窟中均绘有《观无量寿经变》画，形象地反映了僧人跌跏坐地，修习十六观（如图6）。

图6　盛唐　莫高窟第45窟北壁西侧

（2）禅定塑像

敦煌莫高窟晚唐第 17 窟（藏经洞）中的彩塑高僧洪芉像，他身披通肩袈裟，作禅定状。第 254 窟、257 窟、259 窟、263 窟、288 窟中均塑有禅定佛。第 96 窟、130 窟的"弥勒佛像"，第 148 窟、158 窟绘有"涅槃像"。上述列举的塑像均处在导引、吐纳之中（如图 7）。

图 7　北魏　莫高窟 295 窟北壁禅定像

2. 静呼吸类养生的作用

其一，在功法上要通过意念使自己心无杂念，控制呼吸，做到身心合一。也就是我们所说的"神"不散，当可以熟练运用功法安

静下来后，就可以让自己的思想彻底休息，不为外在事情产生的烦扰所左右，这时人的"神"才真正得到放松，这样一来人的精力就可以保存下来了。通过锻炼，还可减轻或消除大脑皮层的不良刺激，调节中枢神经系统功能，促进大脑皮层和全身脏器得到调养，增加脑供氧量，对于开发大脑具有积极的作用，能够促进记忆力的提高从而开发智力。

其二，在行气的过程中有促进血液循环的功效，对防治冠心病、脑动脉硬化等心血管疾病和其他血液循环病症都有良好的作用。据南京医科大学第一附属医院周士枋、曹国华等医学工作者发表的《静气功对冠心病人 PGI2—TXA2 平衡及心缩期间的影响》一文可以得出，目前虽还没有记载通过静气功治愈冠心病的先例，但静气功对冠心病人 PGI2—TXA2 平衡有着积极的促进作用，对正常人防治冠心病可起到积极作用。长期坚持静功的锻炼，不仅可以增强心脏的功能，促进血液循环，还可减少异型血管的生成数量。这说明静气功对改善心血管系统的功能有很大的促进作用。

其三，静气功是一种耗能较低的健身运动，它能减慢人体新陈代谢，增加能量储存，有利于养生保健，抗衰防老，延年益寿。现代体育科学认为，有利于健身长寿的健身锻炼是那些项目事宜、运动灵活轻松、不拘形式、强度较小、耗能较低的低能运动。即每周从运动中消耗1800～2200卡的热量或运动的代谢当量为4～5.5梅脱时最有益健康。坚持从事低能运动锻炼的人比不参加运动或偶尔运动且运动剧烈的人其死亡率低1.5倍，脑心血管病、糖尿病、癌症、早老性痴呆的发病率减少35%，其寿命明显延长4～6年。总之，练习静气功可以增强体质、预防疾病、延年益寿、开发智力、陶冶情操、开发潜能，对养生有积极的促进作用。但要使静气功发挥强身健体的作用，一定要坚持不懈、加强理解、尊重科学、杜绝迷信。而且并非所有人都可用静气功来健身，精神病或有癔病者、神志不清者、大出血者、急性病患者、心脑和肝脏器的疾病和肾功能衰竭者不宜练习静气功。

第三节　动呼吸类养生

1. 动呼吸类养生的理论

《吕氏春秋》一书是秦时丞相吕不韦组织门客撰写的集体著作，据《史记·吕不韦列传》载成书于战国末秦统一前。《吕氏春秋》一书融合诸子百家，保留了不少先秦的亡书遗说。其中《本生》、《重己》、《贵生》、《情欲》、《尽数》诸篇，有着系统的养生思想与方法的叙述，可看成是先秦养生知识的一个总结。《吕氏春秋·尽数》中说："流水不腐，户枢不蝼，动也。形气亦然，形不动则精不流，精不流则气郁。郁，处头则为肿为风，处耳则为挶为聋，处目则为䁆为盲，处鼻则为鼽为窒，处腹则为张为疛，处足则为痿为蹷。"① 这段文献分析了缺乏运动所引起的一系列疾病，说明不动的危害性。《吕氏春秋》积极主张"动以养生"的思想。

《荀子》一书中，全面涉及了动以养身与静以养神的问题，如《天论篇》谓："养备而动时，则天不能病"。认为只要注意保养身体并经常运动，就不会生病。《荣辱篇》谓："乐易者常寿长，忧险者常夭折"。意即心情上保持欢乐，乐易恬淡的人，往往长寿；反之，心情总是忧愁、自危的人，往往夭折（早死）。以上两段文字，可以说是把养形和养神两方面的重要性都包括在内了。

《易传》从"一阴一阳之谓道"② 出发，肯定了自然界中存在着阴与阳、动与静、刚与柔等两种相反势力的"相摩"、"相荡"，是事物变化的普遍规律。主张生命的运动决定于阴阳二气的动静聚散。

---

① 吕不韦：《吕氏春秋·尽数》。
② 乔万民译注：《白话易经》，天津古籍出版社2004年版，第269页。

　　《黄帝内经》是我国古代生理学、医学、养生学等方面最早的经典性著作，为中国古代医学和养生奠定了古代人体生理的基础理论。它包括《内经》十八卷，《外经》三十七卷，《外经》已亡佚。《内经》包括现存的《素问》、《灵枢》两部分。《内经》中已有若干人体解剖的知识，对人体生理功能与病变亦有了初步的认识。

　　先秦时期的导引术主要是行气，见于文献的"熊经鸟伸"是几个简单的模仿动物形态的动作。到了汉代，导引术就成了有规律的呼吸配合很多动作的养生方法了。

　　魏晋时期，葛洪作为医学家，非常重视养生之道，他在强调行气的同时，继承和发展了前人导引养生的理论和方法。葛洪的导引方法，不拘泥于传统的导引术，"不在于立名众物……或伸屈，或俯仰，或行卧，或倚立，或踟蹰，或徐步，或吟，或思，皆导引也"。①他主张不必在早晨练习，在身体不舒服的时候练习就行，练习方法灵活随意。葛洪的导引方法是对传统方法的发展，有利于当时社会的普及。陶弘景导引按摩的方法都记录在他的《养性延命录》一书中。他的养生思想脱胎于老庄思想和葛洪神仙学说，并杂有儒佛观点。《养性延命录》共两卷六篇，上卷主要为"教诫"、"食诫"等内容；下卷主要为"服食疗病"、"导引按摩"、"御女损益"等内容。首篇"教诫"中汇集了先秦至魏晋间的《神农经》、《道德经》、《庄子》、《列子》、《老君指归》《孔子家语》、《大有经》、《子有经》、《黄庭经》、《内经·素问》等书以及彭祖、仲长统、陈元方、张湛、封君达等人有关养生的观点和内容。陶弘景在总结前人有关养生思想的过程中，实际上也表达了自己的养生观，表达了他对生的追求以及"我命在我不在天"的养生思想。

　　隋唐时期，孙思邈在注重静呼吸养生的同时，也以"流水不腐，户枢不蠹"为例，极力主张适度运动的动呼吸养生方法。他在《备急千金药方·道林养性》中说："养性之道，常欲小劳，但莫大疲及

---

　　① 王明：《抱朴子内篇校释》，中华书局1985年版。

强所不堪耳。且流水不腐，户枢不蠹，以其运动故也"。① "小劳"就是根据身体情况量力而行，不以"大疲"为限度。本着"常欲小劳"的原则，孙思邈非常重视按摩，如摩面、摩耳、摩腹、押头、挽发、鸣鼓、松腰、叩齿等。他在著作中介绍了很多按摩方法。饭后摩腹、步行都是孙思邈在长期的实践中总结出的养生方法。

在宋代，养身方法有了较大的发展，具体说就是体现在行气、按摩和体操三个方面。宋代道士蒲虔贯少年时体弱多病，从锻炼出发，他对养生做了许多研究。他在《保生要录·调肢体门》一书中就提出了以按摩为主的锻炼方法，称之为"小劳术"。就是用活动量不是很大的运动进行养生的方法。据洪迈的《夷志·夷坚乙志·卷九》中说，北宋政和七年的起居郎李似矩创编了"八段锦"健身操，其实也是一种导引之术。

2. 动呼吸类养生的方法

（1）西汉时期的导引术

这一时期的导引术主要是仿生类动作和其他动作结合规律性呼吸的导引术。1973 年，湖南长沙的马王堆三号西汉墓中出土了一幅用朱色、褐色、蓝色、黑色单线平涂的《导引图》。图中绘有 44 个各种不同人物的导引姿态。《导引图》中的动作可以分为两类：一类为模仿动物形态动作再结合呼吸的导引术，从仿熊、鸟的动作发展到仿狼、猿、燕、蟾、龙等的动作；一类是根据人体形态特征提炼日常生活动作，结合规律呼吸的导引术（如图 8）。

同先秦时期的静呼吸导引术相比，西汉时期的导引术发展变化较快，导引术的动作姿势明显增多，重视动作幅度，并配合规律性呼吸，以疗疾治病的单动作反复练习的导引方法为主。

（2）东汉时期华佗的导引术

东汉后，华佗《五禽戏》的问世，标志着导引术发展到一个新

---

① （唐）孙思邈：《备急千金药方·道林养性》。

图8 导引图复原件

的水平。《三国志·魏书·方伎》说华佗"年且百岁而犹有壮容"。他不仅精于医道，擅长外科手术，而且对保健长寿也很有研究。今天所能看到的五禽戏最早的术势是陶弘景在其《养性延命录·卷下·导引按摩第五》辑录的《五禽戏诀》，这是研究华佗《五禽戏》的重要文献依据。

《五禽戏诀》原文如下：

> 虎戏者：四肢距地，前三踯（掷），却二踯（掷）；长引腰，侧脚（乍却），仰天，即返距行，前、却各七过也。

> 鹿戏者：四肢距地，引项反顾，左三右二，伸左右（左右伸）脚，伸缩亦三亦二也。

> 熊戏者：正仰，以两手抱膝下，举头，左擗（僻）地七，右亦七；蹲地，以手左右托地。

> 猿戏者：攀物自悬，伸缩身体，上下一七；以脚拘物自悬左右七，手钩却立，按头各七。

> 鸟戏者：双立手，翘一足，伸两臂，扬眉用（鼓）力，各（右）二七；坐伸脚，手挽、足趾（距）各七，缩、伸二臂各七也。夫五禽戏任力为之，以汗出为度。

（3）魏晋南北朝时期陶弘景的导引按摩法

陶弘景在《养性延命录》中汇辑的导引按摩方法，包括啄齿、嗽唾咽津、握固、按摩和肢体运动。

啄齿：啄齿即叩齿。经常啄齿，可以令牙齿坚固，不得各种牙病。啄齿多在"清旦"进行："清旦未起，先啄齿二七"，"常每旦啄齿三十六通，能至三百，弥佳"（引《导引经》与《内解》）。

嗽唾咽津：啄齿之后，便嗽唾（刺激唾液分泌的一种方法），分三次下咽。"清旦未起……嗽漏唾，三咽"，"以舌搅嗽口中津液，满口咽之，三过止"，"含枣核咽之，令人爱气生津液，此大要也，（谓取津液，非咽核也）"。（引《内解》）

握固：握固就是屈大拇指于四指下，如婴儿拳手。握固可以"固精、明目"，是"留年还白之法"，"若能终日握之，邪气百毒不及人"。"清旦未起……闭目握固……下床，握固不息"。（引《导引经》）

按摩：《素问·血气形志》已有这一名词。《汉书·艺文志》有《黄帝歧伯按摩》三卷，其中也有按摩的记载。"每旦初起，以两手又两耳极，上下热餧之，二七止，令人耳不聋。"（引《导引经》）"平旦起来梳洗前峻坐，以左手握右手于左髀下，前却尽势援左髀三；又以右手握左手于右髀上，前却援右胜亦三次"。（引《内解》）"平旦以两手掌相摩令热，熨眼三过"。（引《导引经》）"摩指少阳，令热以熨目，满二七止，令人目明"。"摩手令热以摩面，从上至下，去邪气，令人面上有光彩"（引《内解》）。"摩手令热，雷摩身体，从上至下，名曰干浴，令人胜风寒、时气热、头痛，百病皆除。夜欲卧时，常以两手指摩身体，名曰干浴，辟风邪"。（引《内解》）这些记载都是按摩方法。

肢体运动：肢体运动方面，除介绍"挽弓式"、"单手托天式"等单个导引动作姿势外，还记录了华佗的"五禽戏诀"。这是现存的最早的关于华佗"五禽戏"内容的文字记载。

第四节　服食类养生

"服食"最初可能导源于古代的"食养"。《周礼》上就记载了很多关于饮食搭配的要求；《山海经》里也记载了某些食物或药物食用后有"善走"、"不夭"、"不忘"、"多力"、"美人色"的作用。战国末期，这些方法被方士们作为成仙的主要方式而称之为"服食"。

《周易》包括两部分，一部分为"易经"；一部分为"易传"。"易传"一般认为是战国至秦汉之际以孔子为首的儒家学者们的作品，并非出自一时一人之手，它是"易经"最古老的注解。其中就有服食类养生理论的记载："物（稺稚）不可不养也，故受之以需，需者，饮食之道也"。这是主张养生要注意饮食调节。

秦汉以来，统治阶级一直在追求长生不老，所以，方仙术颇为流行，而"服食"就是常用的方法之一。东汉时期的《神农本草》把药物分为上、中、下三类，认为上药主养命，可以使人"轻身益气，不老延年"，反映出医家对"服食"的重视。华佗也采用这一方法来强身防病。他配制了可以"利五藏，轻体，使人头不白"的"漆叶青粘散"。①

1973 年，湖南长沙马王堆 3 号西汉墓中出土了一部写在缯帛上的养生专著——《却谷食气》，较之《行气铭玉杖首》所载更为详尽具体，原文大意是：食用五谷配合滑剂而使生命延续，食用自然之气主要是呼吸，吐故纳新，在每日起床和上床时进行，自鼻腔吸入自然之气，由口腔呼出人体暖气，年龄二十者，早上二十次，晚上二十次，第二日晚上二百次，随年龄增长而类推。其作用在于：春天进行吹呴呼吸可以祛除浊阳之邪，使人体之气和自然界的铣光，

---

① （晋）陈寿：《三国志·魏志·方伎传》，上海古籍出版社 2002 年版。

朝霞之气相合；夏天为之则可去汤风之邪，使人体之气和自然界的沆瀣、朝霞之气相合；秋天为之，可祛除霜雾之邪，和自然界的输阳、铣光之气相合；冬天为之，可祛除凌阴之邪，和正阳、铣光、输阳、沦阳之气相合，食用谷物是食用地气，食用自然之气则是食用天气，地气、天气相合才能使人体健康。

魏晋南北朝时期，社会流行追求神仙方术，从"服食"中派生出了一种为了成仙而"服丹"的方法。葛洪是战国以来神仙理论和神仙方术的集大成者，他所著的《抱朴子·内篇》中，不但论证了神仙的存在，而且详尽介绍了"服丹"成仙的方法。他认为："服金者寿如金，服玉者寿如玉"①。北齐颜之推指出："金玉之费，炉器所须，益非贫士所办。学若牛毛，成如麟角，华山之下，白骨如莽，何有可遂之理？"② 这实际是一种诱人的谎言，炼成仙的没有，可是服用了有毒丹药的人，白骨却堆成了山。葛洪为追求长生成仙而鼓吹服食金丹，给魏晋时期兴起的"服食"风气火上加油，给魏晋南北朝时期以及隋唐时期的养生事业带来了严重的危害。

隋唐时期，在"服食"养生方面也主要是以追求成仙为目的的服用丹药的方式。唐太宗即是服用丹药而死的。那时的有识之士已经认识到"丹药"的主要成分"八石"、"四黄"是有毒之物，"八石"主要指曾青、空青、石胆、砒霜、朱砂、戎盐、白薯、马牙硝；"四黄"主要指雄黄、雌黄、硫黄、砒黄。随着人们认识的提高，猖獗一时的服食丹药的风气逐渐销声匿迹。

敦煌遗书《呼吸静功妙诀》后一部分"神仙粥"就是关于服食类养生的内容。

　　神仙粥
　　山药蒸熟，去皮，一斤。鸡头实半斤，煮熟去壳，捣为末，

---

① 王明：《抱朴子内篇校释·仙药》，中华书局1985年版，第49页。
② 王利器集解：《颜氏家训集解·养生》，上海古籍出版社1982年版，第327页。

入粳半升，慢火煮成粥，空心食之。或韭子末二三雨（两）在内尤妙。食粥后用好热酒饮三杯，妙。此粥善补虚劳，益气强志，壮元阳，止泄，精神妙。

对这一材料的研究我们发现，在民间，还是多以接近现代食补的方法养生。

第十四章
敦煌游戏

　　古代人们在闲暇之余为了放松、娱乐身心，也要进行休闲的游戏活动，这些游戏活动有宫廷贵族的也有民间百姓的，有成人的也有小孩的，游戏内容丰富多彩。游戏这种身体活动既属于体育范畴，也属于民俗学研究的范畴。通过研究这些游戏活动，我们可以了解当时社会的民俗文化，也可以了解产生这些游戏活动的其他社会文化背景，同时还要深入研究这些游戏活动的方法、规则、意义及起源，最终还原这些古代游戏活动的历史原貌。敦煌石窟壁画和遗书中，有大量关于中古时代人类进行游戏活动的图像和文字记载，这些敦煌游戏史料为我们研究古代游戏提供了珍贵的素材。

第一节　敦煌"聚沙"

敦煌莫高窟盛唐第23窟北壁中的"雨中耕作与起塔供养"图中描绘出这样一幅画面（如图1）：左下方绘有一塔，塔前一人跪地拜佛，一人翩翩起舞，六人席地而坐，各持乐器伴奏。右侧绘有四名童子，其形态各异，均在沙堆前玩耍。画面表现了经文中"聚沙成塔"的典故。

图1　盛唐《聚沙图》敦煌莫高窟第23窟

画面上部，乌云弥漫，时雨霏霏，一农夫在田里挥鞭策牛，辛勤耕作。另一农夫肩挑麦捆，冒着大雨，急步归家。下部在山花烂漫的野外，父子捧碗吃饭，农妇亲切注视着。共同构成了《法华经·药草喻品与方便品》中的一幅画面。"聚沙成塔"原为儿童嬉戏之事，但与此画面中的"一人在塔前虔诚地跪拜"联系在一起，便被赋予了更多的佛学意义。我们试图借助历代印行的原始文献

（包括诗词、佛教典故等）来阐述"聚沙成塔"所蕴涵的体育文化和佛学意义，使世人更深刻地理解"聚沙成塔"这一童子游戏。

1. 聚沙游戏是我国古代一种童子游戏

聚沙成塔，即把细沙聚成宝塔，也称为"积沙成塔"，其原本为儿童嬉戏之事，佛家也据此称儿童时代为"聚沙之年"。见于唐于志宁《大唐西域记·序》："奇阙之岁，霞轩月举，聚沙之年，兰薰桂馥。"唐末著名诗僧齐已有诗《寄怀江西僧达禅翁》云："长忆旧山日，与君同聚沙。未能精贝叶，便学咏杨花……"① 借聚沙之戏来追忆自己与友人孩提时代的情谊。又有唐代诗人修雅的《闻诵〈法华经〉歌》中云："我亦当年狎儿戏，将谓光阴半虚弃。今日亲闻诵此经，始觉聚沙非小事"，诗中讲述作者因亲闻诵《法华经》，听到聚沙这一童年的游戏时，方觉自己童年生活的可贵之处。

关于"聚沙"游戏的起源我们无从得知，但是由上述可知，"聚沙"在唐代民间是一种极为普及的儿童游戏。上述二首诗所及聚沙之处提到了童年生活的快乐或孩提时的情谊，从中表现出对聚沙游戏的喜爱与怀念。

2. 聚沙游戏的佛教文化背景

《妙法莲华经·方便品》："乃至童子戏，聚沙为佛塔。如是诸人等，诸以成佛道。"② 这段话的意思是甚至于儿童所做的游戏——聚沙也能堆成佛塔，像这些各种与佛结下善缘的人皆能成就佛道。又有《生经·佛说五百幼童经》第三十三："闻如是。一时佛游波罗奈国。与大比丘众千二百五十人及诸菩萨俱。尔时五百幼童。行步游戏。同心等意。相结为伴。日日共行。一体无异。一日不见。犹如百日。甚相敬重。彼时一日俱行游戏。近于江水。兴沙塔庙。各自

---

① （清）曹寅等：《全唐诗》卷804，中华书局1999年版，第9542页。
② 李森、郭俊峰：《妙法莲华经》，时代文艺出版社2001年版，第53页。

说言。吾塔甚好。卿效吾作。其五百童。虽有善心。宿命福薄。……此儿五百世。宿命应然。今虽寿终。生兜率天。皆同发心。为菩萨行。"从生经里这段佛学故事中可以看出，聚沙成塔有"生天上见弥勒佛，唯加慈泽"之福报。然而聚沙所能成就佛道有一个关键之处：必须将细沙聚成佛塔的形状，这就说明塔在佛塔中所处地位之超然，因此下文也将通过对佛塔的研究进一步揭示"聚沙成塔"的佛学意义。

（1）关于"佛塔"

在人们的概念中，塔就是佛塔，而佛塔的下面一般都有佛的舍利子，不论是真身的还是法身的。因此，佛塔就是佛祖的象征，就是佛教信众的主要供奉物和崇拜物。佛塔的无处不在，正是释迦牟尼教法无所不及的绝好反映，甚至于儿童的游戏中也出现了佛塔，也恰恰与这点相映生辉。

佛塔原是印度梵文 Stupa（窣堵波）的音译，它起源于印度，据有关佛教文献记载，佛祖释迦牟尼涅槃之后，以火焚之，取其舍利，收于窣堵波中，加以供奉。舍利被看做是佛教徒修行正果的象征，舍利也成为了佛塔构造的前提和核心，是佛塔构建的意义所在。

佛祖涅槃之后 200 多年，印度进入阿育王统治时期。阿育王早期在争权夺位、统一印度的过程中，造成大量的血腥屠杀，随后翻然悔悟，皈依佛教，在全国范围内颁布信奉佛教的敕令和教谕，兴建了 84000 座奉祀佛骨的佛舍利塔。此时，佛教在印度发展达到顶峰，佛塔建筑也进入了空前的繁荣时期。阿育王虽没有传教到过中国，但中国建造的 19 座阿育王塔说明这种佛塔模式早已传入中国，显示了阿育王传教对中国的影响，进一步证明塔是外来建筑，来自于印度。

"救人一命，胜造七级浮屠"，"浮屠"即指佛塔。佛塔起初是安置佛陀舍利和遗物的特殊宗教建筑物，随着"佛"的象征意义日渐凸显，佛塔作为坟墓的含义逐渐弱化，塔的地位在提升，以致成为人们顶礼膜拜，瞻仰佛陀的神圣建筑。佛塔的内涵早已超越了坟墓——死亡符号这一极度恐怖的概念范畴，而上升到埋葬佛陀舍利这一至高无上的充满灵气的佛的境界。另外，佛塔不是一般意义上的坟墓，因为佛陀涅槃不是一般意义上的死亡。在古印度人的观念中，普遍认为人并非一死百了，死仅是此世肉身的终结，生命远未结束，它又会进入一个新生的物体，在广大的空间和无限的时间中进行着生—死—生……的无穷轮回，佛陀之为佛陀，就是他超越芸芸众生不可避免的生死之轮回。因此佛塔在形式上是坟墓，但在内容上则是佛教的终极目标和最高境界——涅槃的象征。佛塔作为佛教徒的崇拜对象，在拜塔如拜佛的思想观念指导下，出于对佛教的信仰和佛陀的崇拜，佛教徒耗费大量财力、物力、人力来建造佛塔，对他们而言，根深蒂固的信仰已形成一股不可阻挡的力量，这种力量又与把佛伟大化、神圣化的佛陀观发展并行，他们相信佛塔与佛舍利中存在佛的神性，由此佛塔便成了佛教徒至高无上的崇拜对象。[①]

（2）"聚沙"的佛学思想

佛教于东汉初年传入中国，经过汉、魏、两晋、南北朝漫长的时间，传布日广，到隋朝时兴盛起来。唐朝时，统治阶级大力宣扬佛教，唐太宗、高宗作《大唐三藏圣教序》和《序记》，武后广建佛像，肃宗、代宗在宫内设道场，宪宗命中使杜英奇到凤翔法门寺迎佛骨，这些崇信佛教的事迹无疑推动了佛教文化在中原达到鼎盛，此时佛经、佛教哲理大量散播，又出现了一些佛教宗派，如法相宗、华严宗、禅宗等。[②] 我们可以通过聚沙之戏来看佛教文化在中原的兴盛。

历史典籍、诗词中有很多皆提及聚沙这一童子游戏，其所蕴涵的内容往往超越它本身所代表的体育文化，跟佛教的活动紧密相连。

唐代著名诗人孟浩然的《登总持寺浮图》："累劫从初地，为童

① 华瑞·索南才让:《中国佛塔》,青海人民出版社 2002 年版。
② 韩国磐:《隋唐五代史纲（修订本）》,人民出版社 1977 年版。

忆聚沙。一窥功德见，弥益道心加。"① 诗中的"累劫从初地"指佛教讲从初地欢喜地修至七地远行地，须经一大阿僧只劫，从八地不动地至成佛，还须经一大阿僧只劫。而"为童忆聚沙"也是因为跟佛的种种因缘有关，说明成就佛道须经过诸多艰辛。另外，"初地"可引申为塔的建立并非平地而起，而须从地上累土积累而成，这二句皆与塔有关，进一步说明塔在佛教中的重要性。又有唐末诗人陈陶的《题居上人法华新院》关于聚沙的记载："一尘多宝塔，千佛大牛车。能诱泥犁客，超然识聚沙。"② 这首诗指出了像聚沙这种信受佛法的行为也能将众生引出六道轮回的苦海里，到达解脱的彼岸。作者从中认识到聚沙之戏的离尘脱俗之处，颠覆了其昔日对聚沙的印象。另外南宋文学家岳珂所著《桯史》也记载了聚沙之戏，其云："若夫即心是佛，因佛见性，善男子、善女子，有能于一切法一切相而生敬心，则聚沙为塔，画地成佛，皆是道场。"③

　　闲云居士所著的《禅的智慧故事全集》中有一则关于聚沙成塔的故事：有个叫铁眼的年轻和尚，发誓要用募捐来的钱修建一个佛的金身。这件事虽然功德无量，但是困难巨大。然而，铁眼和尚一旦立下了宏愿，就决不退缩。募款的第一天，他早早就来到了最繁华的地方，向过路人乞讨施舍。不一会儿，过来一个武士，铁眼和尚施礼道："贫僧誓愿塑佛金身，请施主捐一点儿吧！"武士都没正眼看他，像是没听见的样子，迈着大步走了。铁眼和尚急忙追上去，低声乞求道："给多少都行！"武士厌烦地挥手，十分干脆地拒绝道："不！"武士在前面走，铁眼在后面跟着，一直走了十多里路。那个武士无可奈何地随手扔下一文钱。铁眼从地上捡起那文钱，朝武士行礼致谢。武士觉得奇怪，问道："一文钱也值得你这样高兴？"铁

---

① （清）曹寅等：《全唐诗》卷 804，中华书局 1999 年版，第 1665 页。
② 同上书，第 8563 页。
③ 《桯史》，中国宋代朝野见闻笔记。南宋岳珂（1183—1234）撰。共 15 卷，140 条。分别记叙两宋人物、政事、旧闻等，其中南宋部分系作者亲身见闻，尤为可信。有一定史料价值，为历代史家所重视。

眼和尚回答道:"这是贫僧行乞修建佛身的第一天,如果不能化到这一文钱,或许贫僧的心志就会产生动摇。如今承蒙您慷慨施舍,贫僧对于成就大愿已经确信无疑,所以感到无限欣喜。"说完便引身告退,按照原路回去继续化缘。暑去冬来,经过无数个风雨霜雪的日子,铁眼和尚终于筹足了资金,完成了自己的心愿。①

这则禅林小故事虽然简单,但却能生动的直指人心,道出人生哲理,为了修建佛身矢志不渝,最终达成所愿。因此"集腋成裘,聚沙成塔"也常用来比喻积少成多、积小成大。在佛教文化中比喻积小善为大行,亦指年幼慕道,学佛论道。

综上所述,聚沙随着佛教文化在中原的广为传布,已从一种单纯的儿童游戏转变成为一种信受佛法的行法,至后代发展成为了一种为善男信女祈福消灾的宗教仪式,即"聚沙成塔,画地成佛,皆是道场"。

3. 敦煌壁画中的聚沙游戏

聚沙游戏出现在敦煌莫高窟盛唐第 23 窟北壁中的"雨中耕作与起塔供养"图中,它不仅代表一种体育文化,而且通过其独有的形式向世人传递佛教文化。要深层次地发掘其所体现的价值,我们必须从壁画、石窟的建造背景、意义进行进一步的探讨。

石窟,就是开凿于山石、崖壁间的洞室,最初是佛教徒修行之地。石窟与佛塔一道,作为佛教的主要艺术形式产生于印度,呈显出一种独特的宗教—审美世界。古印度石窟分为有塔和无塔两种,它们都相当于我国的佛教寺院,无塔石窟佛殿正中是佛像,而有塔石窟正中是佛塔。石窟向人们昭示的意义就是塔的意义,是佛陀超越生死轮回的涅槃。同时,佛塔对石窟艺术的渗透和对修行僧日常生活的影响也是多方面的,石窟沐浴在塔的意义光照之中。以塔为

---

① 闲云居士:《禅的智慧故事全集》,中国长安出版社 2009 年版。

中心的石窟为雕刻和绘画艺术的形成和成熟提供了表现空间，石窟艺术所反映的是建筑、雕刻、壁画的综合整体形象，三者都围绕石窟的主题——佛陀涅槃而进行艺术创作。雕刻和壁画所表现的内容都是讲佛塔的主题——佛陀诞生至涅槃的故事。①

敦煌石窟艺术是客观而形象的佛教艺术，同时也是对历史客观而形象的记录与反映，而构成敦煌石窟艺术主要内容的洞窟壁画艺术是最为典型的代表。敦煌石窟现存壁画约五万平方米，从十六国时期到蒙元时代，历千年而不衰。敦煌石窟壁画在内容上主要包括尊像画、经变画、故事画、供养人画像和装饰图案，反映了不同时代、不同民族、不同阶层的各种各样的事物，是古代中国历史真实而形象的记录和反映。透过敦煌艺术表面的佛教色彩，便会发现一部记录和再现当时人们生产生活的百科画卷。②

我们研究敦煌石窟壁画中的聚沙游戏，就要先从聚沙游戏所在石窟所反映的主题着手，因为一所石窟总有一个总体的设计思想与主题，开窟绝不是没有目的的造一个洞窟，一所洞窟的主题统摄着洞窟内的所有内容。敦煌莫高窟第 23 窟建于盛唐时期，壁画题材以《法华经》为主。《法华经》又称《妙法莲华经》，是大乘佛教的一部重要经典，该经集大、小乘佛教思想之大成。而北壁西侧的"雨中耕作与起塔供养"图则是依法华经药草喻品所绘，画面中的乌云密布、大雨滂沱代表佛的平等智慧即一味之雨，整幅图是说三千大千世界的大小长短诸种草木，悉受一味之雨润泽成长，如同佛以一相一味之法，平等利益一切众生。画面左侧下方一人在塔前跪拜的情形更是对石窟主题的直接反映，画面右侧下方的四名童子在沙堆前玩耍的情景，一方面是对当时民间生活的直观记录，即盛唐时期存在聚沙这种游戏；另一方面，通过聚沙游戏昭示佛塔的意义。由上述可以看出，聚沙游戏在敦煌石窟壁画中的出现并非凭空捏造、

---

① 华瑞·索南才让：《中国佛塔》，青海人民出版社 2002 年版。
② 郑炳林、沙武田：《敦煌石窟艺术概论》，甘肃文化出版社 2005 年版。

天马行空，它与第 23 窟所反映的主题思想相互对应，也与彼时的民间生活融为一体，为我们揭示了体育文化的一角。

4. 聚沙游戏是中国古代的一种体育文化

壁画是佛教文化的一种主要的传布方式。虽然绘画与佛教是两种不同的意识形态，前者以审美和形象思维为基本特征，后者以信仰和抽象思维为基本特征，但是二者相互影响、相互渗透、相互转化、相互贯通。在石窟壁画中，壁画的内容一般以佛教教义为题材，并以宣传佛教教义为目的，如本生故事画、因缘故事画、佛传故事画、佛教史迹故事画、尊像画等。敦煌石窟壁画除了宣扬佛教教义之外，在壁画中还出现了纯粹作为历史图像的画面，如当时敦煌地方长官生活场面的"出行图"、供养人画像等；另外壁画中还存在大量体育游戏资料，如马球、武术、角抵、百戏等。

体育作为一种身体活动的方式，随着人类社会的不断发展而发展、完善，人们对体育的认识逐渐由感性认识过渡到理性认识，这些身体活动的方式也作为一种社会文化代代相传。体育本身来源于人类的生产、生活，它具有直观、通俗易懂的特点，因此它也常常成为佛教活动的一部分。敦煌石窟壁画中的佛传故事画中出现了很多体育画面的场景，如莫高窟五代第 61 窟中的角技议婚，太子为婆善觉王之女裴夷与全城释种男子角逐技艺；莫高窟北周第 290 窟的箭穿七鼓，悉达太子与诸释子进行最后的射箭比赛，其他射手均未射穿七鼓，太子揽弓放箭，一箭即射穿七鼓，二箭穿七鼓而后入地，三箭穿七鼓而后射入靶后的铁围山上，令众人惊叹不已。

敦煌石窟壁画中的聚沙游戏与上述比武、射箭等体育活动有明显的不同之处，后者主要单纯作为佛教弟子参与的实践活动，而前者除了作为一种民间儿童游戏，还蕴涵着佛教的教义，通过聚沙游戏一方面展现出佛塔的意义，即佛教的终极目标和最高境界——涅槃；另一方面说明聚沙游戏本身就是一种崇信佛教的行为，即凡是与佛有种种因缘的人，可以不拘泥于固定的地点（寺院、佛窟等）、

形式（宗教仪式），即使通过对细沙所堆成佛塔的信仰，也可达到拜佛的目的。由此看来，聚沙游戏是佛教文化与中国古代体育文化的一种融合，这种融合更好地促进了佛教教义的宣扬，使佛教文化深入到民间，不局限于寺庙，得到了更广泛的群众基础。

第二节　敦煌"投壶"

　　敦煌莫高窟晚唐第9窟中心柱南平顶的密迹金刚图中绘有投壶的场景（如图2）。画面中悉达太子与四释子围绕一台，台子的右上角有一壶，几人正在比赛往壶里投掷箭镞一类的东西。五代第61窟西壁《佛传故事》屏风画第21扇绘有投壶画面。敦煌遗书 P. 3866李翔《涉道诗》中描述了投壶是修道之人经常进行的一种优雅的游戏。这些史料对有关投壶的其他文献记载起到了相互印证的作用。

　　投壶这项游戏活动盛行于春秋战国时期的贵族之间，士大夫中

图2　晚唐　投壶图　敦煌莫高窟第9窟主室中心柱南平顶

甚为流行，在举行歌舞宴乐的时候进行投壶活动。春秋战国时期，诸侯宴请宾客时的礼仪之一就是请客人射箭。那时，成年男子不会射箭被视为耻辱，主人请客人射箭，客人是不能推辞的。后来，有的客人确实不会射箭，就用箭投酒壶代替。久而久之，投壶就代替了射箭成为宴饮时的一种游戏。

投壶在战国、两汉、三国时期得到相当充分的发展，当时的文者倾向于内心修养，投壶这种从容安详、讲究礼节的活动，正适合他们的需要。此外，由于社会发展，民间以投壶为乐的现象越来越普遍。《礼记·投壶》说："投壶者，主人与客燕饮讲论才艺之礼也。"《左传》曾记载过晋昭公大宴诸国君主，举行投壶之戏的事。

两晋南北朝时期，由于门阀士族宴饮成风，投壶继续得到发展；对酒设宴，高歌投壶，成为一时风气。投壶成为两晋南北朝时期深受欢迎的娱乐游戏活动。这时已出现了批判封建礼教和传统社会观念的思潮，表现在投壶这一贵族士大夫的游戏活动中就是摈弃早期投壶的礼教，而孜孜于追求投壶本身的乐趣，在游戏中满足身心的需要。这一时期的人们改变了投壶游戏的方法，增加了难度。如改革用壶，突出"骁"的技法，就是在壶口两旁各增加一个比壶口小的小耳，"'骁'者，似投入而复跃出，挂于壶之口耳而名"。[1] 对投壶器具的改变，增加了游戏的乐趣。又如"闭目投壶"、"隔屏风投之"等等方法都增加了投壶游戏的难度和乐趣。

宋代司马光曾著有《投壶新格》一书，详细记载了壶具的尺寸、投矢的名目和计分方法。宋代以后，投壶游戏逐渐衰落下去，不再像汉唐那样盛行，仅断续地在士大夫中进行。

投壶既是一种礼仪，又是一种游戏。《礼记》《大戴礼记》都有《投壶》篇专门记述。投壶礼举行时，宾主双方轮流以无镞之矢投于壶中，每人四矢，多中者为胜，负方饮酒作罚。《左传·昭公十二年》载："晋侯以齐侯宴，中行穆子相，投壶。"在两国诸侯宴饮中

---

① 《颜氏家训集解》，第 530 页。

也举行投壶，可见投壶在春秋时代已成为一种正规礼仪。

投壶源自于射礼，郑注《礼记》云："投壶，射之细也。"又司马光《投壶新格》云："其始必于燕饮之间，谋以乐宾，或病于不能射也，举席间之器以寄射节焉。"由此可知，投壶是由于场地因素或个人因素的限制不能举行射礼而采取的权宜之计。因此投壶与射礼在仪节上有许多相似之处，如二者都以司射为仪式的主持者，二者都用《狸首》为节等等。作为礼仪的一种，投壶不仅继承了射礼的仪节，还继承了射礼正己修身的礼义，正如清徐士恺《投壶仪节》所云："投壶乃射礼之变也。"

投壶之礼，需将箭矢的端首掷入壶内才算投中；要依次投矢，抢先连投者投入亦不予计分；投中获胜者罚不胜者饮酒。

投壶的程序：

（1）宾主就位。宾主于各自席位上。投壶之礼开始。

（2）三请三让。主人奉矢到宾面前。主人请曰："某有枉矢哨壶，请乐宾。"宾曰："子有旨酒嘉肴，又重以乐，敢辞。"主人曰："枉矢哨壶，不足辞也，敢以请。"宾曰："某赐旨酒嘉肴，又重以乐，敢固辞。"主人曰："枉矢哨壶，不足辞也，敢固以请。"宾对曰："某固辞不得命，敢不敬从？"宾向主人行拜礼，接受主人奉上的四只矢。主人答拜。宾主相互行揖礼，于宾主席上正坐，面对壶所在的席之方位，做好投壶准备。

（3）进壶。司射把两尊壶放到宾主席对面的席子上（壶离主宾席位的距离为二矢半），分别正对宾与主人。返回司射席位。向宾主宣布比赛规则：投壶之礼，需将箭矢的端首掷入壶内才算投中；要依次投矢，抢先连投者投入亦不予计分；投中获胜者罚不胜者饮酒。再令乐工奏《狸首》。比赛开始。《狸首》，诗经名篇，瑟曲，已失传。今可用琴曲《鹿鸣》替代。投壶动作应与节奏相和。

（4）投壶宾主依次投壶，将八只矢投完为一局。

第三节 敦煌竹马、风筝

1. 竹马

竹马是古代一种儿童游戏，最初是小孩模仿大人骑马，跨根竹竿当马骑。《后汉书·郭伋传》："始至行部，到西河美稷，有童儿数百，各骑竹马，道次迎拜。"后用为称颂地方官吏之典。唐代，儿童竹马游戏十分盛行，从唐诗中许多关于竹马的诗句可以得到印证。许浑的《送人之任邛州》诗："群童竹马交迎日，二老兰觞初见时。"白居易有"笑看儿童骑竹马"，赵嘏有"旌旗影前横竹马"，等等。其中，李白的《长干行》是写竹马最有影响的诗篇："妾发初覆额，折花门前剧；郎骑竹马来，绕床弄青梅。同居长干里，两小无嫌猜。"宋代的苏轼在《次前韵再送周正孺》中曰："竹马迎细侯，大钱送刘宠。"清代王端履《文斋笔录》卷五："先君集中有《依韵答卢石甫明府二律》，皆再任时倡和之作也，敬录于左：'迎来竹马又三年，爱景薰风话果然。'"

敦煌莫高窟壁画和遗书均保存有古代儿童骑竹马的图像和文字记载。敦煌莫高窟晚唐第 9 窟西壁北侧绘有童子骑竹马图（如图3），敦煌佛爷庙湾魏晋古墓 36 号墓中绘有一幅描绘母子嬉乐的砖画（如图 4）。母亲身着白裙红袍，跪坐，哄弄一名下身全裸正在骑竹马的儿童。另外，敦煌藏经洞遗书中也有关于骑竹马的记述。P. 2418《父母恩重经讲经文》载："婴孩渐长作童儿，两颊桃花色整辉，五五相随骑竹马，三三结伴趁猢儿。"

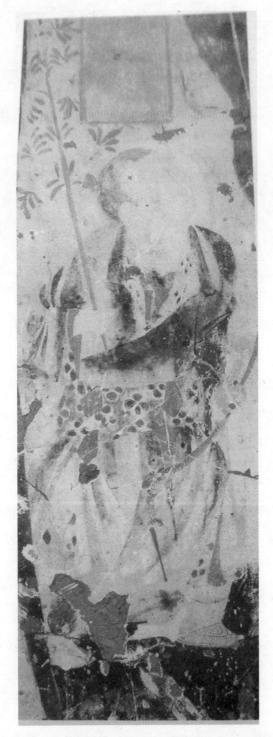

图 3　晚唐　骑竹马　敦煌莫高窟第 9 窟东壁门南侧

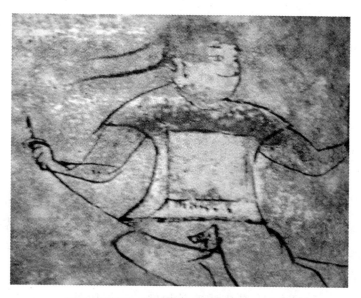

图4　骑竹马　敦煌佛爷庙魏晋古墓 36 号墓

2. 风筝

放风筝这种活动在远古时代其实就是部落首领"巫"与天地沟通、请神降临禳灾祛病的一种巫术行为。

中古以来，放风筝常常用于军事行动，用来侦察敌情，或通信联络，还用来散发瓦解敌人军心的宣传品。《魏书·萧衍传》记载公元 549 年，萧纲用风筝跟建康城外的援军联络，是风筝用于军事行动的第一次可靠记载："景既至，便围其城，纵火烧……内外断绝。衍数募人出战，常为景所执获。有一小儿请以飞鹊传致消息，纲乃作数千丈绳，缀纸鹊于绳端，缚书其背，又提鹊曰：'若有得鹊送援军者赏银百两。'纲出太极殿，因西北风而飏之，频放数鹊，景令走马射取之，竟不能达也。"

放风筝，又名飞鹊、飞鸢、纸鸢等等。"鹊"指的是天鹅，"鸢"指的是老鹰。文献记载，早在战国时代就有人制成了类似风筝的木质鸢和竹质鹊。据《列子》记载，墨子用三年时间做成木质飞鸢，上天飞了一日。又据《墨子》记载，能工巧匠公输班用竹子做成竹鹊，在空中飞了三天。

纸鸢为什么又叫风筝呢？因为在纸鸢的头上用竹作笛，风吹竹笛声如筝鸣，所以叫风筝。

清代李声振《百戏竹枝词》载："百丈游丝放纸鸢，芳郊三五禁烟前。风筝可惜名空好，不及雷琴张七弦。"

从古代文献记载中可以看出，风筝与风琴及天乐都有着密切的联系。敦煌遗书 S.5511《降魔变文》载："琴筝县在四隅头……"S.4571《维摩诘讲经文》也有类似的描写。

敦煌壁画中的"天乐"图像，不需要人拿乐器奏乐，乐器好像有生命一样自己在空中自由飞翔，并奏出动听的乐章，这种想象有可能就来自于放飞风筝的启发。敦煌遗书 P.2122、P.3079、P.2073等卷子中均有记载。风筝游戏自古代一直传至现代，并已成为世界性的游戏。我国除了每年春季有放风筝的习俗以外，同时还有"风筝节"，每年在山东潍坊举行国际比赛。

第四节　敦煌秋千

敦煌莫高窟藏经洞中出土的中古时代的文献卷子中有大量关于秋千的描述。

传说秋千原为山戎之戏。春秋战国时，齐桓公伐山戎，带回此戏，其后逐渐在中原地区流行。秋千以彩绳悬树立架而成，故又名彩索、彩绳，有的绳是用丝线做的，有紫的、碧色的秋千搭的较高，唐人常用百尺来形容其高。秋千是隋唐五代妇女、儿童喜爱的体育活动。寒食节荡秋千最盛。每当清明前后，妇女们就竞相在庭院里、草地上或树下竖起秋千架，缀上各种彩色丝线制作的彩绳，有的秋千高达百尺。唐明皇时，每至寒食节，宫中"竞竖秋千，令宫嫔荡秋千，呼为半仙之戏"。从宫中传出后"都中士民相与仿之"[1]。在

----

① 《开元天宝遗事》。

兴庆宫勤政楼前，"每年三日作秋千（一作千秋）"①。民间"秋千竞出垂杨里"②。"万里秋千习俗同"③，即寒食节荡秋千是全国一致的习俗。

唐中后期"寒食秋千满地"④。在濛濛百花里，身着罗绮的姑娘们争强斗胜："傍人送上那足贵，终赌鸣珰斗自起。回回若与高树齐，头上宝钗从坠地。眼前争取难为休，足踏平地看始愁"⑤。有的人荡得很高，依稀云里见秋千，来疑神女从云下，去似恒娥到月边，虽为诗人的夸张，其高也足以惊人。姑娘们往往要荡到兴尽力竭才肯下秋千架。"力尽才瞵见邻圃，下来娇喘未能调。斜倚朱阑久无语，无语兼动所思愁，转眼看天一长吐"⑥。有的人解开罗裙"指点醍醐索（一作酒）一尊"⑦。即饮一杯从牛奶里精炼的饮料或酒解乏。没有荡上秋千的人则愁怨不已。韩偓《闺怨》云："初坼秋千人寂寞，后园青草任他长。"

有些人白天荡秋千尚不尽兴，还继之以月光下荡。"花笼微月竹笼烟，百尺（一作丈）丝绳拂地悬，忆得双文人静后，潜教桃叶送秋千"⑧。"秋千悬在月明中"⑨。有时还在夜雨中荡："夜深斜搭秋千索，楼阁朦胧烟（一作细）雨中"⑩。

荡秋千的活动各地多有。唐京城长安荡秋千最盛。韦庄《长安清明》云："绿［杨］（阳）高映（一作影）画秋千。"其《丙辰年鄜州遇寒食城外醉吟五首》说当地"女郎撩乱送秋千"。曹松在《钟陵寒食日与同年裴颜李先辈郑校书郊外闲游》，目睹"云间影过

① 王建：《楼前》，《全唐诗》卷301。"三日"当为"三月"之讹。
② 王维：《寒食城东即事》，《全唐诗》卷125。
③ 杜甫：《清明二首》，《全唐诗》卷233。
④ 王涯：《宫词》，《全唐诗》卷346。
⑤ 王建：《秋千词》，《全唐诗》卷298。
⑥ 韩偓：《秋千》，《全唐诗》卷683。
⑦ 韩偓：《偶见（一作秋千）》，《全唐诗》卷683。
⑧ 元稹：《杂忆五首》，《全唐诗》卷422。
⑨ 薛能：《寒食日题》，《全唐诗》卷561。
⑩ 韩偓：《夜深（一作寒食节）》，《全唐诗》卷683。

秋千女"。光启三年（887），郑谷进京参加科举擢第后，旅居洛阳南郊村舍，看到农村年轻幼女也喜欢秋千："村落清明近，秋千稚女夸"①。

寒食荡秋千在五代十国时期的某些国家仍很流行。"月明阶下伴秋千"②，显然南唐也有晚上荡秋千的。有的人还陪着幼小的儿女玩此戏："濛濛堤畔柳含烟，疑是阳和二月天。醉里不知时节改，漫随儿女打秋千"③。后蜀有所谓水秋千："内人稀见水秋千，争擘珠帘帐殿前。第一锦标谁夺得，右军输却小龙船"④。这真是别开生面的新创造。曾为官后蜀的王周《无题二首》云："冰雪肌肤力不胜，落花飞絮绕风亭。不知何事秋千下，蹙破愁眉两点青。"诗中虽未讲这位冰雪肌肤的美女为何愁眉不展地坐在秋千架下，但当时有秋千之戏则是无疑的。

① 郑谷：《旅寓洛南村舍》，《全唐诗》卷674。
② 成彦雄：《柳枝词九首》，《全唐诗》卷759。
③ 徐铉：《柳枝词十二首》，《全唐诗》卷752。
④ 花蕊夫人：《宫词》，《全唐诗》卷798。

第十五章 敦煌胡旋舞

《通典》记载："舞急转如风，俗谓之胡旋。"① 胡旋舞作为由西域传入中原的少数民族舞蹈，是唐代最为盛行的舞蹈之一。据相关史料记载，安史之乱以后，由于历史、政治各方面的原因，胡旋舞逐渐走出人们的视野，慢慢销匿，以至于后代仅闻其名，而不见其形。因此，我们有必要对胡旋舞进行系统的研究，探索其兴盛与衰落的具体原因，并寻找其在唐代以后的痕迹。目前国内外学者已经对胡旋舞进行了深入的研究，如早在20世纪前期日本学者石田幹之助所写的《胡旋舞小考》就得到向达先生的赞扬②。敦煌壁画中也有很多关于"胡旋舞"的内容，如第220窟、341窟、335窟、215窟、194窟、217窟、197窟等大量洞窟中所绘的舞姿有可能是"胡旋舞"，学者们对这些壁画进行深入研究得出了不同的结

① 杜佑：《通典》，中华书局1988年版，第3724页。
② 向达：《唐代长安与西域文明》，生活·读书·新知三联书店1957年版，第68页记载：胡旋舞，日本石田幹之助氏有胡旋舞小考一文，考证綦详，余愧无新材料以相印证，兹唯略述其概而已。

论，争论的焦点就是这些壁画中带有旋转舞姿的内容是不是历史文献中所说的胡旋舞。虽然敦煌壁画中的胡旋舞研究没有产生最终的定论，但是我们还是可以以壁画、出土文物、文献中所描述的胡旋舞的特征以及学者们的研究成果作为基础，梳理胡旋舞发生、发展及演变的规律。

第一节　何谓胡旋舞

我们要研究敦煌壁画中带有旋转的舞姿是不是胡旋舞，首先就要搞清楚历史文献和出土文物中记载的胡旋舞是个什么样子。唐代诗人白居易有一首长诗，名为"胡旋女"，描写了关于唐代胡旋舞传入的地域、舞姿的形态、服饰等等的内容，兹录如下：

> 胡旋女，胡旋女，心应弦，手应鼓。
> 弦鼓一声双袖举，回雪飘摇转蓬舞。
> 左旋右转不知疲，千匝万周无已时。
> 人间物类无可比，奔车轮缓旋风迟。
> 曲终再拜谢天子，天子为之微启齿。
> 胡旋女，出康居，徒劳东来万里余。
> 中原自有胡旋者，斗妙争能尔不如。
> 天宝季年时欲变，臣妾人人学圜转。
> 中有太真外禄山，二人最道能胡旋。
> 梨花园中册作妃，金鸡障下养为儿。
> 禄山胡旋迷君眼，兵过黄河疑未反。
> 贵妃胡旋惑君心，死弃马嵬念更深。
> 从兹地轴天维转，五十年来制不禁。
> 胡旋女，莫空舞，数唱此歌悟明主。

这首长诗可以让我们了解很多关于唐代胡旋舞的信息。"弦鼓一声双袖举，回雪飘摇转蓬舞"，胡旋舞的伴奏乐器以鼓为主，在弦鼓声响起的同时，胡旋女双袖举起迅速起舞，就像雪花一样在空中飘摇，像蓬草一样迎风飞舞。"左旋右转不知疲，千匝万周无已时"，

来回的旋转根本不知疲倦，转啊转啊，转了无数圈都没有停止。"人间物类无可比，奔车轮缓旋风迟"，意即连飞奔的车轮都觉得比她慢，连急速的旋风也稍嫌逊色。"胡旋女，出康居"，是说跳胡旋舞的女子来自西域一个叫"康居"的国家。据清代学者魏源在《圣武记》中考证："哈萨克左部游牧逐水草，为古康居"。唐代曾在西域康国（今乌兹别克共和国撒马尔罕一带）设置康居都督府。"康者，一曰萨末鞬，亦曰飒秣建，元魏所谓悉万斤者。其南距史百五十里，西北距西曹百余里，东南属米百里，北中曹五十里。在那密水南，大城三十，小堡三百。君姓温，本月氏人。始居祁连北昭武城，为突厥所破，稍南依葱岭，即有其地……人嗜酒，好歌舞于道。"① 这段文献记载了康国所在地域的具体位置，康国人爱好喝酒和唱歌跳舞，对胡旋舞尤为醉心。"高宗永徽时，以其地为康居都督府，即授其王拂呼缦为都督……开元初，贡锁子铠、水精杯、玛瑙瓶、鸵鸟卵及越诺、朱儒、胡旋女子。"② 这段文献说明当时西域康国、史国、米国等，都曾向唐王朝进献胡旋女。从这些文献记载可以了解到，胡旋舞发端于西域康国，后来传入中原，胡旋舞舞姿的特点就是"快速旋转"。

"舞者，乐之容也，有大垂手、小垂手，或如惊鸿，或如飞燕。婆娑，舞态也；蔓延，舞缀也。古之能者，不可胜记。即有健舞、软舞、子舞、花舞、马舞。健舞曲有《棱大》、《阿连》、《柘枝》、《剑器》、《胡旋》、《胡腾》，软舞曲有《凉州》、《绿腰》、《苏合香》、《屈柘》、《团圆旋》、《甘州》等"。③ 由此可知胡旋舞属于节奏明快、矫捷雄健、动作力度大的健舞。

《通典》、《旧唐书》云："舞急转如风，俗谓之胡旋。"可见"快速旋转"是胡旋舞的一个最基本的特征。《旧唐书》又云："晚年益肥壮，腹垂过膝，重三百三十斤，每行以肩膊左右抬挽其身，

① （宋）欧阳修、宋祁撰：《新唐书》，中华书局 1975 年版，第 6243 页。
② 同上书，第 6244 页。
③ （唐）段安节：《乐府杂录》，中华书局 1988 年版，第 19 页。

方能移步。至玄宗前，作胡旋舞，疾如风焉。"① 这段文字中安禄山的肥胖、行动迟缓与其跳胡旋舞时的"疾如风"形成鲜明对比，更加衬托出胡旋舞的节奏明快、动作轻盈。

元稹《胡旋女》诗云："蓬断霜根羊角疾，竿戴朱盘火轮炫。骊珠迸珥逐飞星，虹晕轻巾掣流电。潜鲸暗吸笪波海，回风乱舞当空霰。万过其谁辨终始，四座安能分背面。"② 从这首诗中，我们可以看出胡旋舞有如骤起的羊角疾风、凌空飞舞的雪霰，飞旋中珠佩更犹如火星迸溅、双袖恰似电光疾闪，旋转到极致方能产生"万过其谁辨终始，四座安能分背面"的效果。

唐代，胡旋舞风靡宫廷，甚至成为一种取悦帝王、权臣的手段。当时长安城里舞胡旋成风，宫廷里人人学圆转，胡旋舞成为最流行、最时髦的舞蹈，而且中原已有从事于教授胡旋舞的专门人才，技艺非常高明。"延秀，承嗣第二子……延秀久在蕃中，解突厥语，常于主第，延秀唱突厥歌，作胡旋舞，有姿媚，主甚喜之。及崇训死，延秀得幸，遂尚公主"。③ 上述文献记载了武延秀因为擅长唱突厥歌，跳胡旋舞，且相貌出众舞姿迷人，受到安乐公主（唐中宗李显幼女）的宠幸，之后娶公主为妻，由此可知胡旋舞在唐朝宫廷中非常盛行。

从这些文献中，我们可以看出胡旋舞是由西域康居传入的少数民族舞蹈，唐代非常盛行，具有节奏明快、动作轻盈、矫捷雄健、旋转如风的特征。

唐代宫廷设置十部乐：《燕乐》《清乐》《西凉乐》《天竺乐》《高丽乐》《龟兹乐》《安国乐》《疏勒乐》《康国乐》《高昌乐》。在十部乐中，除《燕乐》《清乐》外，其余皆为外来舞蹈，胡旋舞从属于健舞，来自于康国乐。

燕乐、清乐、康国乐在乐器使用的数量及种类、舞工的人数等

① （后晋）刘昫：《旧唐书》卷二百上列传第一百五十，中华书局 2000 年版，第 3652 页。
② （清）曹寅等：《全唐诗》卷 419，中华书局 1960 年版，第 4618 页。
③ （后晋）刘昫：《旧唐书》，中华书局 2000 年版，第 3221 页。

方面有较大的差异：燕乐所用乐器种类22种，其中弦乐器6种、管乐器8种、击乐器8种，舞者人数20人；清乐所用乐器种类16种，其中弦乐器8种、管乐器5种、击乐器3种，舞者4人；康国乐所用乐器4种，其中管乐器1种、击乐器3种，舞者2人，没有使用弦乐器。众所周知，在乐器的表现力方面，弦乐器倾向于表现轻微淡远，管乐器倾向于表现抒情的旋律，而击乐器则用于表现热烈明快或气势磅礴的情绪，我们可以通过使用乐器的种类和数量看出乐舞所呈现的不同特征。

关于舞工的服饰方面，燕乐中舞者多着紫袍、绯袍，这两种服饰是唐代宫服中最尊荣的服饰，它的表演在视觉上是非常富丽堂皇的；清乐中舞者多着质地轻盈、画有云凤图案的浅蓝色长大纱裙，配以大袖和紧身小襦……这是唐代时中原的传统服饰，也是当时女性最为华贵的礼服，舞者在徐缓的音乐中从容起舞，婉转典雅；康国乐中舞者着绯袄、锦领袖、绿绫裆裤、赤皮靴、白裤帑，这些因便于骑射而源于游牧民族的短打扮，被称为胡服。其所配音乐也是节奏鲜明、风格独特的鼓舞曲，有着活泼质朴的民间气息。

通过上述几种乐舞在乐器使用种类、数量以及舞工服饰方面的差别可以看出唐代传统乐舞（燕乐、清乐）的主要特征是抒情、含蓄，节奏较为缓慢，而胡旋舞的特征则截然相反，表现出明快、热烈的特征，对于长期欣赏传统乐舞的汉族人民来说，犹如新鲜血液的注入，使人耳目为之一新。传统乐舞因其规模宏大、演出时间长且局限于一些特定的时间和场所，而胡旋舞却较为简约，对人力、物力、财力的要求较低，适合不同规模、场所演出，这是胡旋舞风靡于宫廷、盛行于民间的又一个主要原因。

至宋元时期，由于丝绸之路的断绝、程朱理学的兴起以及戏曲艺术占据主流，胡旋舞随着乐舞文化的日渐式微而逐渐衰落下去，淡出人们的视野，以至于后代仅闻其名，而不见其形。

1986年5月，在安康水电站库区，考古队在紫阳县宦姑乡发现了一套（六块）铸有乐舞人物图像的铜带板（如图1）。这套铜带板经鉴定为北魏（约439年）遗物。六块铜带版中，各铸有男性舞伎一人，乐师五人。其中舞伎上身赤裸，臂有钏，腕有镯，头戴杂宝花头盔，腹部有锦甲相护，身披长巾随风环飘；赤足，双手上举成"虎抱拳"，右腿吸起，左足跟抬起，足尖站立于小圆毯上，似要腾跳而未离地，急旋如风。乐师各执琵琶、笙、腰鼓、羯鼓等（其中一块铜带板上的人物蚀空，所持乐器不可辨认）。此五人一律胡服，敞怀坦腹，盘腿坐在胡毯上，或吹或击，形态各异。有的高鼻深目，鬈须垂胸，心无旁骛的击腰鼓；有的翘鼻努目，虬髯箕张，奋力弹拨琵琶；有的双目圆睁，面颊鼓起，聚精会神的吹笙。整套铜带板上的乐舞人像的舞姿造型和急速旋转的动律特征与上述文献中描述的胡旋舞非常相似，这套有胡人舞姿纹饰的青铜带板，有可能就是胡旋舞的实物资料。由此，还得到一个重要的信息，就是在北魏胡旋舞就已传入中原。这套铜带板上的胡人舞姿与敦煌莫高窟初唐第220窟的北壁东方药师变和南壁西方净土变的乐舞图相比，除手位不同外，其衣着、造型、舞姿均有相似之处。

1 伎乐 胡旋舞

伎乐：吹笙

伎乐：腰鼓

伎乐：羯鼓

图1 紫阳县宦姑乡发现的一块北魏时期铸有胡旋舞的铜带板

　　1985年6月，宁夏盐池县苏步井乡窨子梁发掘的唐墓中的两扇雕有胡旋舞的石刻墓门（如图2）各有男舞伎一人，皆上着窄袖衫、下着短裙、足蹬长筒靴，旋身扬臂舞于一圆形毯上。左边舞伎侧身回首，左脚立圆毯上，右腿后屈，左手微微上举，右臂屈至头顶；右侧舞伎右脚立毯上，左腿前伸，双臂上屈，到头顶上方合拢。两

图2 宁夏盐池县苏步井乡窨子梁发掘的唐墓中的两扇石刻墓门上的胡旋舞

人均手举长巾，熟练挥舞。舞伎腾跃于云气之中，造成流动如飞、体态轻盈健美的特征。

胡旋舞最初应该是在小圆毯子上进行表演，敦煌壁画的胡旋舞、宁夏盐池县苏步井乡窨子梁发掘的唐墓中的两扇雕有胡旋舞的石刻墓门，以及陕西安康紫阳县发现的一块北魏时期铸有胡旋舞的铜带板，皆可证明胡旋舞者立于小圆毯上表演。从这里可以看出，胡旋舞从康国传入中原后依然保留着其西北少数民族所独有的特色。

《新唐书·礼乐志》："胡旋舞，舞者立毬上，旋转如风。"①《乐府杂录·俳优》中载："舞有骨鹿舞、胡旋舞，俱于小圆毯子上舞，纵横腾踏，两足终不离于毯子上，其妙如此也。"这两段文献记载是说跳胡旋舞的方法。学者们争论的焦点就在这个"毬"字上，有学者认为"毬"字是"毯"字之误刊，胡旋舞是在一块小的圆形地毯上跳的舞蹈。也有学者认为，胡旋舞就是在一个圆形球体上跳舞，是和杂技百戏结合起来的一种舞蹈。笔者认为此时的胡旋舞出现了一种新形态，其难度之高，似乎是将杂技百戏与舞蹈进行了糅合，但我们可以想象这种舞蹈的局限性较强，只能由少数专业乐工进行表演，而不能在民间普及。随后《水浒传》中出现了胡旋慢舞②，使我们得知宋朝时胡旋舞又出现了一种以"慢"为特征的形态，不同于唐代胡旋舞"疾如风"的特征。发展到明清之际，出现了舞者手持重约30斤的竹节鞭跳胡旋舞的情形，似乎将舞蹈与武术融为了一体。③ 由此可知，胡旋舞传入中原后，与中原文化融合，并随着历史的变迁呈现出多种形态。

---

① （宋）欧阳修、宋祁：《新唐书》，中华书局1975年版，第470页。
② 《水浒传》云："番官进酒，戎将传杯，歌舞满筵，胡笳聒耳，燕姬美女，各奏戎乐，羯鼓填簴，胡旋慢舞。"
③ 《陶庵梦忆》云："纯卿跳身起，取其竹节鞭，重三十斤，作胡旋舞数缠，大噱而去。"该书为明朝散文家张岱所著，成书于甲申明亡（1644年）之后，其中所记大多是作者亲身经历过的杂事，将种种世相展现在人们面前，具有较强的信服力。

第二节　敦煌"胡旋舞"图像研究述评

目前，学界主要围绕着敦煌莫高窟初唐第 220 窟的北壁东方药师变和南壁西方净土变的乐舞图为代表的壁画展开研究（如图 3、图 4、图 5）。敦煌学界对敦煌壁画中"胡旋舞"的研究有不同的观点。敦煌研究院的胡同庆老师把近 30 年间关于敦煌"胡旋舞"图像的研究成果，按论著发表或出版时间为序，作了整理和分析。笔者认为非常有意义，现节选之，供大家研究参考。

图 3　敦煌莫高窟初唐第 220 窟的北壁东方药师变（左组二舞伎）

图 4　敦煌莫高窟初唐第 220 窟的北壁东方药师变（右组二舞伎）

图 5　敦煌莫高窟初唐第 220 窟南壁西方净土变（二舞伎）

一、不同时期敦煌学专家关于莫高窟"胡旋舞"图像研究的观点

1. 1980 年代的主要观点

1980 年

王克芬在《中国古代舞蹈史话》一书中，介绍莫高窟第 220 窟所绘《东方药师净土变》乐舞场面中的"四个女舞者，横列一排，立于小圆毯上，翩翩起舞……其中有二舞者，正飞舞长巾，衣裙、佩饰随风卷扬，正甩开双臂做快节奏的连续原地旋转动作"，于是认为"这幅画在一定程度上反映了唐代风行一时'急转如风'的'胡旋舞'的一个舞姿"。① 但王克芬对此也有疑问，她发现其中的另外两个舞者的服饰样式和花纹"有盔甲的感觉，很像是美化的军装。舞姿刚劲矫健，有一种用力向上伸展的感觉"，于是又认为其舞蹈形象可能"有某些'剑器舞'的痕迹"。②

董锡玖在《敦煌壁画中的舞蹈艺术——"丝绸之路"上的乐舞之一》一文中，从第 220 窟北壁《东方药师净土变》画面左面一组二舞者的舞姿联想到"公孙大娘雄装舞'剑器'的精彩场面"，同时注意到右面一组二舞者的"动作是大幅度的平面旋转，似乎风驰电掣也不及它的急速"，认为白居易和元稹有关"胡旋女"的诗句"正像在描述这两个舞者的舞姿"。③

此时王克芬先生和董锡玖先生一致认为莫高窟第 220 窟《东方药师净土变》乐舞场面中其中两个舞者的舞姿可能是古代的"剑器舞"，而认为另外两个舞者的舞姿因为其急速旋转的动作与古代"胡旋舞"相像，但均未作确切肯定。

---

① 王克芬编著：《中国古代舞蹈史话》，人民音乐出版社 1980 年版，第 38 页。
② 同上书，第 43 页。
③ 原载于《舞蹈艺术》（一）、（二），1980 年。见董锡玖编《敦煌舞蹈》，中国新疆美术摄影出版社，新西兰霍兰德出版有限公司 1992 年版，第 15—16 页。

1981 年

刘恩伯在《谈经变中的伎乐》一文中，认为"第 220 窟（初唐）北壁东方药师变中的那组伎乐。……是唯一在一组伎乐中有四个舞伎的一铺经变。左边两个舞伎为一对，舞姿挺拔雄健；右边两个正振臂回旋，姿态极为生动，服饰也和其他舞伎略有不同。……这组伎乐和唐代乐舞十分接近。对我们了解研究唐代健舞有很大帮助"。①

刘恩伯先生在这里只谈及第 220 窟《东方药师净土变》中四个舞者的舞姿与唐代健舞可能有关系。

李才秀在《从敦煌壁画中的舞姿看古代西域与内地的乐舞交流》一文中认为，"在宫廷和民间还广泛流传从西域传来的'胡腾舞'、'胡旋舞'、'柘枝舞'等。……当年敦煌的画工们，正是依据这些广为流传的乐舞形象，加工创作成为经变画中丰富多彩的伎乐形象的。如第 220 窟、341 窟、335 窟中所画的舞蹈形象，都给人以正在飞速旋转的强烈感受，可以联想到当时诗人们描述胡旋舞女表演时出现的那种'左旋右转不知疲'、'四座安能分背面'的动人场景"。②

李才秀先生以"飞速旋转"为"胡旋舞"的特征。

董锡玖在《敦煌壁画和唐代舞蹈》一文中认为，古代"健舞中有一种'胡旋'舞"，"这种舞蹈，在敦煌壁画中有生动的描绘"，即第 220 窟北壁《东方药师净土变》中右边一对舞伎的舞姿。"220 窟北壁左边两舞伎与右边的舞姿、服饰迥然不同。……左边的舞姿真有公孙大娘舞剑器的神韵。剑器舞也属健舞类，这个舞伎形象对于了解剑器舞是有参考价值的。"③

这里董锡玖先生较为肯定莫高窟第 220 窟北壁右侧所绘的舞姿为"胡旋舞"，而另外左侧两个舞者的舞姿可能是古代的"剑

---

① 刘恩伯：《谈经变中的伎乐》，文化部文学艺术研究院舞蹈研究室编《敦煌舞姿》，上海文艺出版社 1981 年版，第 133 页。

② 李才秀：《从敦煌壁画中的舞姿看古代西域与内地的乐舞交流》，文化部文学艺术研究院舞蹈研究室编《敦煌舞姿》，上海文艺出版社 1981 年版，第 151 页。

③ 原刊于《文物》1982 年第 12 期。见董锡玖编《敦煌舞蹈》，中国新疆美术摄影出版社，新西兰霍兰德出版有限公司 1992 年版，第 54—55 页。

器舞"。

1983 年

高金荣在《敦煌舞蹈的基本训练》一文中谈到："敦煌莫高窟……第 220 窟中有一组乐舞动作矫健，神情奔放，展现了健舞风貌；还有跳转的姿态。面对着这些不同形式、不同风格、不同气质的舞姿，笔者没有去分辨这是'绿腰舞'还是'霓裳羽衣舞'，是'胡旋舞'还是'胡腾舞'，因为笔者觉得不可能分辨清楚。首先画工们不是舞蹈工作者，也不是专门的舞蹈形象记录者，不可能十分准确地记录每一种舞蹈形象；其次它是描绘天国中伎乐菩萨的舞姿，必然加以'神'化，有着画工们的想象和创造。"①

高金荣先生认为没有必要去搞"不可能分辨清楚"的问题。

许琪在《试论敦煌壁画舞蹈的动律特点》一文中，介绍"第 220 窟中的两幅发辫四散的舞者，从其脚部的位置移动的情况看，似乎是两脚交并移动重心的快速行进旋转"。②

许琪先生这里只是从继承创新的角度对第 220 窟北壁中的舞姿进行客观描述，未谈及"胡旋舞"。

1986 年

彭松在《〈胡旋舞〉辨误》一文中，首先认为莫高窟第 220 窟北壁《东方药师净土变》中的两组舞者和南壁《西方净土变》中的一组舞者，"虽然三组舞人服饰各异，各自独立，但在旋转的姿态上包含着'动作'的连续性"，分别为"初转"、"转半"、"转回"的舞姿。然后对段安节《乐府杂录》和《新唐书·礼乐志》中有关"胡旋舞"的记载进行了分析，认为文中的"毬"字是"毯"字之误刊；因而不同意近代学者关于"骨鹿舞"和"胡旋舞"就是唐代"塌球之戏"的观点，同时介绍了日本人石田干之助《胡旋舞小考》

---

① 原载于《舞蹈论丛》1983 年第 2 期。见董锡玖编《敦煌舞蹈》，中国新疆美术摄影出版社，新西兰霍兰德出版有限公司 1992 年版，第 137、138 页。

② 许琪：《试论敦煌壁画舞蹈的动律特点》，敦煌文物研究所编《1983 年全国敦煌学术讨论会文集·石窟·艺术编》（下册），甘肃人民出版社 1987 年版，第 269 页。

中关于"胡旋舞"有两种,"一种是在地下转,另外一种是人站在球上转"的观点。彭松先生在"是在地下转"的基础上,认为"'胡旋舞'既不是唐代的'蹴球'之技,也不是立于小圆球子上舞",且和"骨鹿舞"都是"限制在一块约二尺直径的小圆毯上表演",认为"'骨鹿舞'可能就是在一块小圆毯子上,纵横腾踏地翻各种跟头而得名"。①

彭松先生这篇文章的观点对后来的相关研究和介绍影响很大。

1987 年

敦煌文物研究所编著的《中国石窟·敦煌莫高窟》(3)中万庚育等人撰写的图版说明明确认为第220窟北壁的相关画面是:"根据《药师琉璃光七佛本愿功德经》绘成。……画面下部中间,画著名的胡旋舞。它出之西北地区的康国。《新唐书·礼乐志》称:'胡旋舞,舞者立毬(毯)上,旋转如风。'唐代大诗人白居易曾有诗咏:'胡旋女,手应弦,心应鼓,弦歌一声双袖举,回雪飘摇转蓬舞。左旋右转不知疲,千匝万周无已时。人间物类无可比,奔车轮转旋风迟。'北壁东方药师变下部的乐舞场面,用中间的灯楼为界,分为左右两组,各有一对舞者,东侧素裹白裙,西侧穿锦衣石榴裙,均在小圆毯上急速旋舞,应该是典型的胡旋舞。"②

该画册图版说明将《新唐书·礼乐志》书中的"毬"字改为"毯"字,并云"画面下部中间,画著名的胡旋舞"、"应该是典型的胡旋舞",将有关画面直接定名为"胡旋舞"。因为《中国石窟·敦煌莫高窟》是具有权威意义的资料性画册,所以该书的图版说明对后来的相关研究和介绍影响也很大。

1989 年

段文杰在《创新以代雄——敦煌石窟初唐壁画概观》一文中,

---

① 原载于《舞蹈论丛》1986年第1期。见董锡玖编《敦煌舞蹈》,中国新疆美术摄影出版社,新西兰霍兰德出版有限公司1992年版,第88—93页。

② 敦煌文物研究所编著:《中国石窟·敦煌莫高窟》(3),文物出版社,(日本)株式会社平凡社1987年版,第224页。

认为第 220 窟北壁《药师经变》中的"两对舞伎挥巾起舞，一对张臂回旋，一对纵横腾踏，发绺飘扬，旋转如风，而终不离小圆毡子。这就是出自中亚、流行于西域、唐初传入长安的胡旋舞或胡腾舞"。①

段文杰先生认为第 220 窟北壁中的两对舞伎之舞姿都是"胡旋舞"或"胡腾舞"；另外在该画册相关图版的文字说明中，介绍第 220 窟南壁《阿弥陀净土变》中的"舞伎二人……就是传自中亚的胡旋舞或胡腾舞"。

郑汝中在《敦煌壁画舞伎研究》一文中分析说："许多学者旁征博引，寄希望于史书，想与壁画对应，在史书上找到创造壁画时的文字依据，笔者在这方面也曾做过一些探索，但结果是似是而非，牵强附会，乃徒劳之举。譬如：哪是坐部伎？哪是立部伎？哪是胡旋舞？哪是胡腾舞？哪是柘枝舞？是否会有秦王破阵乐？……经过仔细地核对，一些文献、诗篇都与壁画不十分吻合；因此实事求是地说，查无实据，不能生搬硬套。"认为："壁画是美术创作，吸取了宫廷和民间的音乐舞蹈的实际情况；但画工根据自己的想象力、知识范围、画技的工拙，都会有不同的表现，必然有一定的杜撰和虚构。"②

郑汝中先生与前述高金荣先生观点类似，认为没有必要去搞"不可能分辨清楚"的问题，要"实事求是"，"不能生搬硬套"。

2. 1990 年代的主要观点

1993 年

高金荣在《敦煌舞蹈》一书中，认为第 220 窟北壁东侧的一组双人舞"从舞蹈的动态分析来看，其吸气抬臂、食指自然伸出的形态，很像朝鲜舞，可能就是古代的'高丽乐'"。而西侧的一组双人

---

① 段文杰：《创新以代雄——敦煌石窟初唐壁画概观》，段文杰主编《中国敦煌壁画全集 5·敦煌初唐》，天津人民美术出版社 1989 年版，第 15 页。

② 郑汝中：《敦煌壁画舞伎研究》，原载于《新疆艺术》1991 年第 2 期。见郑汝中著《敦煌壁画乐舞研究》，甘肃教育出版社 2002 年版，第 70—71 页。

舞，则"可能是一种'健舞'"。①

文中北壁东侧，从观者角度看为画面的右侧；即认为其他学者所说的"胡旋舞"可能是"高丽乐"。

1994 年

袁禾在《中国舞蹈意象论》一书中，认为第 220 窟北壁西侧中的舞蹈形象，其上身服装，纹饰精美，"让人联想到公孙大娘的'玉貌锦衣'"。②

袁禾先生的书中没有谈及胡旋舞。

段文杰主编的《段文杰临摹敦煌壁画》中的图版说明中，介绍第 220 窟的乐舞图："这是贞观十六年阿弥陀净土变中舞乐图……舞伎两人挥舞长巾，相对而舞，脚踏小圆毡子，这是从中亚传来的胡腾舞或胡旋舞。"③

段文杰先生认为第 220 窟舞乐图表现的是胡腾舞或胡旋舞。

谢生保在《敦煌壁画中的唐代"胡风"——之一〈胡乐胡舞〉》一文中，认为"初唐第 220 窟，334 窟，335 窟，341 窟，331 窟；盛唐第 129 窟，180 窟，190 窟，215 窟；中唐第 197 窟经变画中的伎乐菩萨，可能都是唐代画师参照'胡旋舞'和'胡腾舞'的舞姿所绘"。"表演'胡旋舞'或'胡腾舞'最宏伟、热烈、生动的情景，是初唐第 220 窟北壁《东方药师经变》中的乐舞图。……这两对舞伎舞姿有所不同：一对展臂挥巾，发绺飘扬，背身旋转；一对举臂提腿，纵横腾踏。像似同时表演'胡旋舞'和'胡腾舞'。"④

谢生保先生认为凡是"脚踩小花毯，手持巾带，急身旋转，跳跃腾踏的舞伎形象"，可能便是在表演"胡旋舞"和"胡腾舞"。

---

① 高金荣：《敦煌舞蹈》，敦煌文艺出版社 1993 年版，第 5 页。
② 袁禾：《中国舞蹈意象论》，文化艺术出版社 1994 年版，第 246 页。
③ 段文杰主编：《段文杰临摹敦煌壁画》，（日本）株式会社见闻社 1994 年版，第 64 页，图版 77。
④ 谢生保：《敦煌壁画中的唐代"胡风"——之一〈胡乐胡舞〉》，《社科纵横》1994 年第 4 期，第 57、58 页。

第十五章 敦煌胡旋舞

1996 年

王克芬、苏祖谦在《中国舞蹈史》一书中，认为"胡旋舞"与杂技结合而成另一种表演形式——踏球胡旋的可能性也是存在的。文中分析说："《乐府杂录》'俳优'条载有另一种在圆球上表演的'胡旋舞'：'舞有'骨鹿舞'、'胡旋舞'，俱于一小圆毬（球）子上舞，纵横腾踏两足终不离于毬子上。其妙如此也。'有史学家认为，'毬'字是'毯'字之误刊。新疆石窟与敦煌洞窟的壁画中，也确有一些颇具旋转动势的舞蹈形象，如敦煌 220 窟'东方药师净土变'中的两个伎乐天，展臂旋转、佩带飘绕，表现了类似'胡旋舞'急转如风的动态，却都是足立于一小圆毯子上作舞。其形象似可证明刊误之说。但同时我们也应看到，唐代的各种表演艺术都很兴旺，不同艺术形式之间的交融吸收也很盛行，流行广泛的某些舞蹈被移植于杂技表演中的现象相当普遍。教坊戴杆艺人石火胡，让其五个养女在高杆之上舞'破阵乐'，就是一个突出的实例。"①

王克芬、苏祖谦先生的这段分析颇有道理，可惜没有专文对此深入研究，故在学术界影响不大。

1998 年

彭松在为《敦煌学大辞典》撰写的词条中，以其《〈胡旋舞〉辨误》文中的观点为基础，解释"胡旋舞"道："敦煌壁画中的乐舞。见于初唐第 220 窟北壁东方药师经变。……舞人的长巾环飘，头带高扬，璎珞横飞，辫发散披肩上，旋转动作如疾风电闪，生动地表现出这是一种以快速旋转为主要特征的舞蹈。这种舞蹈正与史书所载的'胡旋舞'相合。"该词条中在引用《新唐书·西域传》、《旧唐书·音乐志》等历史文献时，直接将段安节《乐府杂录》书中的"毬"字改为了"毯"字。②

作为权威性的工具书，该词条影响甚大。而这里将段安节《乐

① 王克芬、苏祖谦：《中国舞蹈史》，（台北）文津出版社 1996 年版，第 189—190 页。
② 季羡林主编：《敦煌学大辞典》，上海辞书出版社 1998 年版，第 270 页。

府杂录》中的"毯"字直接改为"毬"字，显然不妥。另外，这段引文中还有错误，如"骨塵舞"应是"骨鹿舞"，"其妙若（此）"应是"其妙如此也"。

1999 年

高国藩在《敦煌俗文化学》一书中介绍说："敦煌壁画中精彩地描绘了唐人少女跳胡旋舞，一个个都神采奕奕。跳舞的少女，分别在一块小圆毯上跳'胡旋舞'。为什么叫'胡旋舞'？正如唐段安节在《乐府杂录·俳优》中指出的：'舞有骨鹿舞、胡旋舞，俱于一小圆毯子上舞，纵横腾踏，两足终不离于毯子上，其妙如此也。'骨鹿舞与胡旋舞都是在小圆毯上跳舞，骨鹿舞带有杂技性，它是将小圆毯铺在大的木盘上，舞蹈演员在木盘的圆毯上旋转舞蹈，在纵横腾踏之时，进退旋转之中，带动了木盘旋转，发出了'骨，骨'的声响，所以叫做'骨鹿舞'，与胡旋舞将小圆毯铺在地上少女在上面舞蹈，情况完全不同。"认为"旋转"为"胡旋舞"基本特征，同时认为"唐代初期的胡旋舞明显的特征是所有跳舞的少女都是赤足的"，"露脐，是盛唐胡旋舞的特征"，认为第 220 窟、194 窟、217 窟、197 窟等窟中的舞姿都是"胡旋舞"。①

高国藩书中注明段安节《乐府杂录·俳优》这段文字系转引自中国戏剧出版社 1959 年版《中国古典戏曲论著集成》第 1 册第 49—50 页。但查该书，原文为"毬"字，只是其注云"宋本御览引作'毯'"。高国藩先生径写为"毯"，显然不妥。又，所说"骨鹿舞……是将小圆毯铺在大的木盘上，舞蹈演员在木盘的圆毯上旋转舞蹈……带动了木盘旋转，发出了'骨，骨'的声响，所以叫做'骨鹿舞'"，这样解释不知有何依据，还是高先生的主观臆测？另外，所说的初唐胡旋舞的特征是"赤足"、盛唐胡旋舞的特征是"露脐"，其前提是将敦煌壁画中许多并未确切定名的舞姿都定名为"胡旋舞"，也显然不妥。

---

① 高国藩著：《敦煌俗文化学》，上海三联书店 1999 年版，第 113—127 页。

3. 21 世纪初的观点

2000 年

马德主编《敦煌石窟知识辞典》一书解释"胡旋舞"曰:"壁画乐舞,见于第 220 窟。其阵形为:舞者四人分左右两组,每组的两人,呈相对旋转而舞之状,是为旋舞,又因此舞以女子为主,来自西域,故名'胡旋舞'。"①

此书作为辞典类工具书,具有较大影响。

高金荣《敦煌石窟舞乐艺术》一书,在比较详细地介绍了初唐 220 窟北壁的舞乐场面之后,特别指出:"有不少专家认为这就是胡旋舞,笔者尚有不同看法,另撰专文分析。"②

此时高金荣先生仍然对第 220 窟北壁乐舞图中的所谓"胡旋舞"表示怀疑。

高金荣在《高丽乐在敦煌壁画舞姿中的反映》一文中,认为第 220 窟北壁东侧双人舞图中"'双双并立而舞'的对舞形式同书中所记载高丽乐的舞蹈特点相一致","舞伎旋转张开的手臂向前伸出的手形和朝鲜舞的柳手完全相同",从·"高丽乐传入的历史背景来看,高丽乐吸收西域的胡旋舞是完全可能的","从舞蹈的角度看,第 220 窟这一幅双人对舞旋转图,我们不妨称之为高丽乐中的胡旋舞"。③

1993 年高金荣先生曾在《敦煌舞蹈》一书中说第 220 窟北壁东侧双人舞"很像朝鲜舞,可能就是古代的'高丽乐'",这里认为"高丽乐吸收西域的胡旋舞是完全可能的",提出了"高丽乐中的胡旋舞"这一说法。

---

① 马德主编:《敦煌石窟知识辞典》,甘肃人民美术出版社 2000 年版,第 124 页。

② 高金荣:《敦煌石窟舞乐艺术》,甘肃人民出版社 2000 年版,第 45—46 页。

③ 高金荣:《高丽乐在敦煌壁画舞姿中的反映》,载于敦煌研究院编《2000 年敦煌学国际学术讨论会文集:纪念敦煌藏经洞发现暨敦煌学百年·石窟艺术卷》,甘肃民族出版社 2003 年版,第 56—60 页。

李玉辉《凝结的艺术——历史的概化——临莫高窟 220 窟舞乐图有感》一文中叙述道："莫高窟第 220 窟北壁之舞乐图……图中所表现的立于小圆毯中的舞者，却是表演的典型的西域胡舞之一的'胡旋舞'。"①

该文的内容主要源于第二手资料，但由此也可了解有关观点影响之大。

2001 年

王克芬主编的《敦煌石窟全集·舞蹈画卷》中，介绍第 220 窟北壁右侧"舞伎的旋转舞姿……颇似唐代风行的西域舞蹈'胡旋舞'。"②

2002 年

罗雄岩在《"胡旋舞"与绿洲文化传承新考》一文中介绍说："舞蹈史学家彭松先生在《〈胡旋舞〉辨误》一文中明确指出：敦煌莫高窟 220 窟乐舞图中，北壁《东方药师变》四名舞伎与南壁《西方净土变》两名舞伎在圆毯上起舞的不同图像，衔接起来是'胡旋舞'的'动态'形象。"③

由此可见彭松先生《〈胡旋舞〉辨误》一文影响之大。

2003 年

王克芬在《敦煌舞蹈壁画研究》一文中，介绍"220 窟的初唐'东方药师变'中，发带飞扬急转如风的舞伎，与唐诗中描绘'健舞'、'胡旋舞'的诗句……是何等相似！在同一画面中出现的另一对舞伎……其服装纹饰，令人有身着盔甲的感觉……有可能在一定程度上，反映了唐代著名'剑器舞'的风貌"。④

---

① 李玉辉：《凝结的艺术——历史的概化——临莫高窟 220 窟舞乐图有感》，《天水师范学院学报》2000 年第 20 卷第 4 期，第 89 页。

② 王克芬主编：《敦煌石窟全集·舞蹈画卷》，商务印书馆（香港）有限公司 2001 年版，第 85 页，图 55。

③ 罗雄岩：《"胡旋舞"与绿洲文化传承新考》，《北京舞蹈学院学报》2002 年第 4 期，第 41 页。

④ 王克芬：《敦煌舞蹈壁画研究》，载于项楚、郑阿财主编《新世纪敦煌学论集》，巴蜀书社 2003 年版，第 749—750 页。

王克芬在《图说敦煌舞蹈壁画》中进一步强调,"敦煌220窟有两个疾转如风的伎乐天,许多学者,包括我,都认为这是唐代'胡旋舞'形态的反映",同时认为另外两个伎乐天"很可能反映的是当时唐代非常著名的……'剑器舞'"。①

王克芬先生仍然坚持以前的观点,认为第220窟北壁乐舞图右侧的舞姿像"胡旋舞",左侧的舞姿像"剑器舞"。

樊锦诗、刘永增编《敦煌鉴赏》一书中,认为"第220窟北壁……下方通壁画乐舞图,画面中央的两组舞者,一白裙素裹,一锦衣严身,在小圆毯上飞速旋转,应该是西域传来的胡旋舞"。②

樊锦诗先生和刘永增先生这里认为第220窟北壁中的两组舞姿都是"胡旋舞"。

2004年

张艳梅在《游访敦煌莫高窟·未湮没的宝藏》一书中,介绍第220窟北壁的两组舞伎:"左边这组舞伎,动作刚健有力,脚作腾踏,似有很强的节奏感;右侧的这一组体态轻柔,手舞飘带,身体旋转,舞姿轻盈。有人认为这就是唐朝的'胡腾舞'和'胡旋舞'。"③

张艳梅女士的这段介绍比较客观。

2005年

樊锦诗在《〈敦煌艺术大展〉总论》一文中认为,"莫高窟第220窟乐舞图,是不同巾舞的表现。南壁的阿弥陀经变二舞伎作'吸腿'姿立于小圆毯上,双手一上一下对称挥巾起舞,两侧各有八个乐伎伴奏;北壁药师经变在明亮的灯轮和灯树照耀下,中间四个舞伎站在小圆毯上执巾翩翩起舞,左面一组身着似盔甲的军装,舞

① 王克芬:《图说敦煌舞蹈壁画》(一)(二),载国家图书馆善本部敦煌吐鲁番学资料研究中心编《敦煌与丝路文化学术讲座》(第一辑),北京图书馆出版社2003年版,第282—283页。

② 樊锦诗、刘永增编著:《敦煌鉴赏》,江苏美术出版社2003年版,第70页。

③ 张艳梅:《游访敦煌莫高窟·未湮没的宝藏》,上海古籍出版社2004年版,第59页。

姿雄豪刚健，右面一组舞姿优美舒缓，从风格上看，前者为‘健舞’，后者为‘软舞’”。①

樊锦诗先生的这段介绍比较客观。

王克芬在《多元荟萃　归根中华——敦煌舞蹈壁画研究》一文中，述及“220 窟的初唐‘东方药师经变’中，发带飞扬急转如风的舞伎，与唐诗中描绘‘健舞’‘胡旋舞’的诗句……何等相似！……另一对舞伎……反映了唐代著名‘剑器舞’的风貌。”②

王克芬先生的观点依旧。

2006 年

董锡玖在《燕乐舞蹈文化的高峰——隋、唐、五代时期的舞蹈》一文中认为：“‘胡旋舞’是通过丝绸之路传来的西域旋转性的舞种。……敦煌 220 窟南壁‘西方净土变’双人舞，二舞伎戴宝石冠，上身裸，下着石榴裙，戴璎珞臂钏，身披飘带，手执飘带旋转，似欲乘风归去，左侧舞伎举右手吸左腿，右侧舞伎举右手吸右腿，立于小圆毯上相对旋转。220 窟北壁‘东方药师变’，则是敦煌初唐格外吸引人的洞窟，右二舞伎上身裸，下着裙，披肩发数绺分开散于肩上，戴宝石冠，手握长带平转，飘带萦绕，旋转急促。220 窟南北两壁均可视为‘胡旋舞’形象的珍贵遗宝。”③

董锡玖先生这里认为第 220 窟南北两壁所绘的舞姿都可以视为“胡旋舞”形象。

巩恩馥在《莫高窟第 220 窟“胡旋舞”质疑》一文中，认为“莫高窟第 220 窟壁画中的‘胡旋舞’与典籍记载中的‘胡旋舞’在年代、衣冠、乐队、乐器等方面的歧异”甚多，“因而很难认为第

---

① 樊锦诗：《〈敦煌艺术大展〉总论》，台南艺术大学艺术交流研究中心编辑《荒漠传奇·璀璨再现——敦煌艺术大展》，（台湾）国立台南艺术大学，历史博物馆等 2005 年版，第 18—19 页。

② 王克芬：《多元荟萃　归根中华——敦煌舞蹈壁画研究》，《敦煌研究》2005 年第 3 期，第 43—44 页。

③ 董锡玖：《缤纷舞蹈文化之路：董锡玖舞蹈史论集》，敦煌文艺出版社 2006 年版，第 30 页。

220 窟舞蹈为'胡旋舞'",认为"第 220 窟的双人舞,究竟为何名,还需要挖掘更多的资料进一步探究"。①

巩恩馥文中关于年代、衣冠、乐队、乐器等方面的具体论述,因文字较长,故这里没有引述,但值得关注。

欧阳琳在《敦煌壁画解读》一书中,从线描的角度介绍:"第 220 窟,舞乐菩萨轻歌曼舞,回旋转动,受到西域传入的胡旋舞的启发,有所改变。双人菩萨舞蹈,是朱红色的铁线描,描绘底线并造型。然后再描淡墨线和墨线,确定准确的人体形象。"②

由此可以了解"胡旋舞"的观点对其他学者的影响。

2007 年

郑汝中在《佛国的天籁之音》一书中,介绍说"敦煌莫高窟第 220 窟北壁的药师经变中有类似于胡旋舞场面的描绘。……左面一对身着类似武装美服的舞伎,背向而立,一腿后勾;一手用力向上托伸,一手侧垂作'提襟'姿,舞姿刚劲矫捷,分明是一幅'健舞'图。右面一对舞伎,正从相反方向,对称旋转。舞蹈姿态和白居易《胡旋舞》中的描述十分吻合"。其书中插图 3—10—1 也名曰"胡旋舞演出场面"。③

郑汝中曾于 1991 年在《敦煌壁画舞伎研究》一文中认为"哪是胡旋舞?哪是胡腾舞?哪是柘枝舞?是否会有秦王破阵乐?……经过仔细地核对,一些文献、诗篇都与壁画不十分吻合",这里观点有所变化,不知出于什么理由。

王克芬在《天上人间舞蹁跹》一书中,介绍"敦煌壁画莫高窟第 220 窟北壁的药师经变中的两个伎乐天……舞蹈姿态和白居易《胡旋舞》中的描述十分吻合"。④

① 巩恩馥:《莫高窟第 220 窟"胡旋舞"质疑》,《敦煌研究》2006 年第 2 期,第 16—17 页。

② 欧阳琳:《敦煌壁画解读》,甘肃文化出版社 2006 年版,第 43 页。

③ 郑汝中:《佛国的天籁之音》,上海人民出版社 2007 年版,第 134—136 页。

④ 王克芬:《天上人间舞蹁跹》,上海人民出版社 2007 年版,第 72—74 页。

王克芬先生以前说第 220 窟的舞姿与"胡旋舞"的诗句相似，这里改为"十分吻合"。

王克芬、柴剑虹在《箫管霓裳：敦煌乐舞》一书中，介绍"莫高窟第 220 窟盛唐时期所绘的大幅经变画中，既有动作相对缓慢的双人舞（可看做是胡旋的起始形象），又有特征明显的急速胡旋图（图 62）。其南壁经变画下端中间，有两位身着裙衫的舞伎正侧向对舞，二人均做'吸腿'之姿单足站立于小圆毯上……正在做急速旋转前的准备动作。其北壁药师经变图下端，则绘有场面辉煌的胡旋舞图（图 63—图 65）——四位舞伎，分成文、武两组，都足踏小圆花毯翩翩起舞。左（西）边一对舞伎……一手抓巾用力上伸，一手握巾侧垂做'提襟'之姿。……右（东）边一对舞伎……正在做急速的旋转，不禁让我们想起了元白等诗人对胡旋女舞姿的描写"。①

王克芬、柴剑虹先生这里所作的叙述，与彭松先生《〈胡旋舞〉辨误》一文中的观点类似，即认为第 220 窟北壁《东方药师净土变》中的两组舞者和南壁《西方净土变》中的一组舞者，"虽然三组舞人服饰各异，各自独立，但在旋转的姿态上包含着'动作'的连续性"，分别为"初转"、"转半"、"转回"的舞姿。

李重申、李金梅在《忘忧清乐：敦煌的体育》一书中认为，"胡旋舞的表演者多为女性，胡腾舞却是一种典型的男子独舞……'胡旋舞'跳起来由旋转如风而得名。'胡腾舞'却有腾踏缤纷的明快特色。有关'胡旋舞'与'胡腾舞'的具体形象，在敦煌石窟中保存有许多精彩的画面。如，初唐第 331 窟、241 窟、335 窟，盛唐第 215 窟、129 窟，中唐第 112 窟、197 窟等，晚唐第 12 窟，156 窟，五代 61 窟。敦煌莫高窟初唐第 220 窟北壁'药师净土变'还有两组双人胡旋舞之画面。"②

---

① 王克芬、柴剑虹：《箫管霓裳：敦煌乐舞》，甘肃教育出版社 2007 年版，第 52—56 页。

② 李重申、李金梅：《忘忧清乐：敦煌的体育》，甘肃教育出版社 2007 年版，第 54—56 页。

李重申先生和李金梅女士认为"旋转如风"和"腾踏缤纷"分别是"胡旋舞"与"胡腾舞"的特点。

2010 年

解梅、陈红在《唐代的胡旋舞略谈》一文中介绍说,"敦煌莫高窟 220 窟(初唐),有学者研究其北壁中央四个舞伎以及南壁的两个舞伎均为跳胡旋舞的舞姿","这种手执长巾,急身旋转的胡旋舞形象亦见于其他洞窟,如 332 窟(初唐)、334 窟(初唐)、331 窟(初唐),335 窟(初唐)、341 窟(初唐)、129 窟(盛唐)、180 窟(盛唐)、215 窟(盛唐)、194 窟(盛唐)、197 窟(中唐)等"。①

由此可见相关学者观点的影响,同时也可看到人们已经把"急身旋转"作为"胡旋舞"的唯一特征了。

二、对敦煌"胡旋舞"图像研究观点的梳理总结

综上所述,关于敦煌壁画胡旋舞的观点大致可以分为以下几种:

1. 认为第 220 窟北壁《东方药师净土变》和南壁《西方净土变》中的舞姿都是"胡旋舞":

(1)认为段安节《乐府杂录》和《新唐书·礼乐志》文中有关"胡旋舞"的"毬"字是"毯"字之误刊;在此基础上认为"胡旋舞"既不是唐代的"蹴球"之技,也不是立于小圆球子上舞,而是和"骨鹿舞"都限制在一块约二尺直径的小圆毯上的表演。同时认为第 220 窟北壁《东方药师净土变》中的两组舞者和南壁《西方净土变》中的一组舞者分别为"初转"、"转半"、"转回"的舞姿,均为"胡旋舞"之形象描绘。如彭松先生所述。

(2)认为第 220 窟舞乐图中的两队舞伎之舞姿表现的是胡腾舞或胡旋舞。如段文杰先生所述。

(3)明确介绍第 220 窟北壁相关画面为"胡旋舞"。如《中国

---

① 解梅、陈红:《唐代的胡旋舞略谈》,《兰台世界》2010 年第 7 期,第 78、79 页。

石窟·敦煌莫高窟》、《敦煌学大辞典》、《敦煌石窟知识辞典》、《敦煌鉴赏》、《敦煌壁画解读》等画册、辞典或通俗读物中所述。这类画册和通俗读物颇多，由于篇幅所限，文中未能尽述。

2. 认为第 220 窟、341 窟、335 窟、215 窟等大量洞窟中所绘的舞姿都是"胡旋舞"：

（1）以"飞速旋转"为"胡旋舞"的特征，认为第 220 窟、341 窟、335 窟等洞窟中所绘的舞姿都是"胡旋舞"。如李才秀、谢生保、李重申、李金梅等人所述。

（2）以"旋转"为"胡旋舞"基本特征，并认为初唐胡旋舞的特征是"赤足"、盛唐胡旋舞的特征是"露脐"，认为第 220 窟、194 窟、217 窟、197 窟等窟中的舞姿都是"胡旋舞"。如高国藩先生所述。

3. 认为第 220 窟《东方药师净土变》乐舞画面西侧两个舞者的舞姿可能是古代的"剑器舞"，而认为东侧两个舞者的舞姿因为其急速旋转的动作与古代"胡旋舞"相像。王克芬先生基本上一直坚持这一观点；董锡玖先生最初持这一观点，后来有所改变，认为第 220 窟南北两壁所绘的舞姿都可以视为"胡旋舞"形象。

4. 只谈及第 220 窟《东方药师净土变》中四个舞者的舞姿与唐代健舞或剑器舞可能有关系，未谈及胡旋舞。如刘恩伯、袁禾先生所述。

5. 只是从继承创新的角度对第 220 窟北壁中的舞姿进行客观描述，未谈及"胡旋舞"。如许琪先生所述。

6. 不同意彭松先生所谓"毬"字是"毯"字之误刊的观点，认为"胡旋舞"与杂技结合而成另一种表演形式——踏球胡旋的可能性也是存在的。如王克芬、苏祖谦《中国舞蹈史》一书中所述。

7. 不同意将第 220 窟中所绘舞姿定名为"胡旋舞"：

（1）认为一些文献、诗篇都与壁画不十分吻合，而画工们不可能十分准确地记录每一种舞蹈形象，画面中有着画工们的想象和创造。因此没有必要去搞"不可能分辨清楚"的问题，要"实事求

是"，"不能生搬硬套"。如高金荣先生和郑汝中先生所述。郑汝中先生后来的观点有所改变。

（2）认为第220窟中的所谓"胡旋舞"，可能是"高丽乐"。如高金荣先生所述。

（3）认为壁画中的"胡旋舞"与典籍记载中的"胡旋舞"在年代、衣冠、乐队、乐器等方面的歧异甚多，因而很难认定第220窟舞蹈为"胡旋舞"。如巩恩馥先生所述。

从以上情况可以看到，有关敦煌壁画中"胡旋舞"是与非的观点分歧很大，众说纷纭。即使在认为敦煌壁画中存在"胡旋舞"的看法中，也有很大区别，如彭松先生只认为第220窟北壁《东方药师净土变》和南壁《西方净土变》中所绘的舞姿是"胡旋舞"，段文杰先生认为第220窟舞乐图中的两队舞伎表现的是胡腾舞或胡旋舞，而李才秀、谢生保、李重申、李金梅等先生则认为第220窟、341窟、335窟、215窟等大量洞窟中所绘的舞姿都是"胡旋舞"，高国藩先生还认为第194窟、217窟、197窟等窟中的舞姿也是"胡旋舞"。重要的是，其他大多数是画册、辞典、通俗读物或论文引述中的定论性概括介绍，而这些介绍大多属于人云亦云的性质。

然而，长期以来也有很多人从不同角度就敦煌壁画中的所谓"胡旋舞"提出不同意见，如高金荣、郑汝中先生认为画工们不可能十分准确地记录每一种舞蹈形象，高金荣先生认为第220窟的所谓"胡旋舞"可能是"高丽乐"，王克芬、苏祖谦先生认为"胡旋舞"有可能与杂技结合而成另一种表演形式——踏球胡旋，巩恩馥先生从年代、衣冠、乐队、乐器等方面也提出质疑，等等。

其他的观点，如王克芬先生认为第220窟《东方药师净土变》画面西侧的舞姿可能是"剑器舞"，东侧的舞姿与"胡旋舞"相像；又如刘恩伯、袁禾先生只谈及第220窟《东方药师净土变》中的舞姿与唐代健舞或剑器舞可能有关系，而回避谈胡旋舞。另外，如樊锦诗先生和张艳梅女士较为客观地介绍画面内容和有关学者的观点。

由此可见，关于敦煌壁画中"胡旋舞"的是与非，至今并无定论。而对于一些"不可能分辨清楚"的问题，笔者同意高金荣先生和郑汝中先生的意见，要"实事求是"，"不能生搬硬套"，亦正如向达先生所云："胡旋舞，日本石田幹之助《胡旋舞小考》一文，考证綦详，余愧无新材料以相印证，兹唯略述其概而已。"①

---

① 向达：《唐代长安与西域文明》，《燕京学报》专号之二，1933 年 10 月出版，引自河北教育出版社 2007 年版，第 70 页。